ÁLEX GRIJELMO

DEFENSA APASIONADA DEL IDIOMA ESPAÑOL

TAURUS

TAURUS

PENSAMIENTO

© 1998, Álex Grijelmo
© De esta edición:
   Grupo Santillana de Ediciones, S. A., 1998
   Torrelaguna, 60. 28043 Madrid
   Teléfono   91 744 90 60
   Telefax   91 744 92 24

• Aguilar, Altea, Taurus, Alfaguara, S. A.
Beazley, 3860. 1437 Buenos Aires
• Aguilar, Altea, Taurus, Alfaguara, S. A. de C. V.
Avda. Universidad, 767, Col. del Valle,
México, D.F. C. P. 03100
• Distribuidora y Editora Aguilar, Altea, Taurus, Alfaguara, S. A.
Calle 80, n.º 10-23
Teléfono: 635 12 00
Santafé de Bogotá, Colombia

Diseño de cubierta: Pep Carrió y Sonia Sánchez
ISBN: 84-306-0327-1
Dep. Legal: M-38.873-2000
Printed in Spain - Impreso en España

Primera edición: noviembre 1998
Segunda edición: octubre 2000

ÍNDICE

Para Álvar, a quien tanto siento

I. Una lengua en deterioro

El letrero colocado en el portal de mi casa decía textualmente: "El servicio de T.V. vía satélite, estará suspendido, alrededor de cuatro días, plazo estimado para la impermeabilización de la zona donde están ancladas las mismas. La comunidad de propietarios".

Así que al repasar esas frases me he preguntado por fin si alguna vez podré leer un cartel, rótulo, aviso, indicador, comunicado, anuncio, prospecto, bando, ordenanza, ley, nota, periódico, sentencia, carta, folleto, mensaje, catálogo, acta, tríptico, manual de instrucciones o aviso en general que aparezca redactado no ya con originalidad o talento sino con la más sencilla corrección ortográfica.

Seguramente el gestor de la junta de vecinos pertenece al Colegio Territorial de Administradores de Fincas, habrá cursado la carrera de tres años que le faculta para esa misión profesional y se mostrará muy educado ante quienes viven en el edificio; y nunca consentiría que cayese en el escrito una mancha de aceite de su bocadillo de sardinas; y vestirá siempre con elegancia para situarse en la mesa presidencial de las asambleas que reúnen a las familias residentes en el bloque de viviendas, y se cuidará el cabello para no parecer un desharrapado. El gestor de la comunidad de vecinos atiende a todos esos detalles con la dedicación que les ha de procurar quien cree que en ellos reside su imagen, el concepto que los prójimos se formarán sobre su competencia en el oficio y su capacidad para gobernar los problemas que produzcan el suministro de gasóleo o el impago de las cuotas de la comunidad de algunos morosos, y administrar con tiento las amonestaciones al portero si se excede en el número de días libres. Una persona mal vestida, con el pelo sucio y ademanes groseros jamás recibiría este empleo ni podría encargarse de la impermeabilización de las antenas ni de nada.

Sin embargo, el administrador estampó su comunicación en el tablón de anuncios del portal sin ningún pudor, con las comas derramadas sobre el papel, llena de errores de lengua y sin importarle que pudiera acarrear el rídículo ante cualquier persona que, simplemente, haya estudiado los primeros cursos del bachillerato.

¿Y por qué no tuvo ningún recato? Tal vez porque tampoco a quien incluso haya terminado con éxito el bachillerato le importa demasiado tal disloque sintáctico. Porque se ha perdido la vergüenza por no escribir bien y ya no se reclama cierta elegancia en ello; y ningún vecino habrá avisado al autor del texto de que "las mismas" no tiene antecedente alguno (se le ha olvidado poner la palabra "antenas"), o que "el plazo estimado" incluye un calco del inglés, porque "estimar" significa en español tener aprecio; y quizá a todos les haya pasado inadvertido incluso que el archisílabo "impermeabilización" es un quiero y no puedo cuyo estilo presumido desecha el más sencillo "hacer impermeables".

Pero sí se habrán dado cuenta mis vecinos, en cambio, de que la nota olvida precisar a partir de cuándo contarán esos cuatro días en que los satélites no conectarán con nuestras casas, porque el dato sobre el comienzo de la suspensión del servicio no se incluye, ni la nota tiene una fecha que sirva como referencia para el momento en que empieza tal plazo.

Y no es de extrañar que le ocurriera eso. Quien no comprende la estructura del lenguaje, la más sencilla de todas las estructuras posibles, difícilmente aprehenderá cualquier otra lógica de la comunicación; y quien no repara en cómo dice las ideas olvidará incluso las ideas mismas: en este caso, durante cuánto tiempo nos perderíamos los programas de Eurosport, la RAI y la CNN. Los fallos de lenguaje muestran en la superficie de la alberca la falta de depuración del fondo.

El empleado del concesionario de automóviles vestirá de traje, zapatos a tono y pañuelo que combine con la corbata. Intentará quedar bien con el cliente, y le hablará de válvulas y de potencia, buscará un lenguaje elegante como su propia ropa, y finalmente no podrá resistir la tentación de citar el *airbag* y el *reprise* para estropearlo todo. Porque en su oficio colocar palabras extranjeras se tiene por algo prestigioso.

El hombre joven que atiende al público en una de las mesas de la sucursal bancaria manejará con soltura el vocabulario de los créditos y los intereses, y reconvendrá al cliente con amabilidad si éste no sabe diferenciar entre crédito y préstamo, pero sin ninguna vergüenza le preguntará luego si quiere "aperturar" una cuenta.

La falta de respeto por el patrimonio común que constituye el idioma español provoca que en España —su cuna— las señales de tráfico contengan notables faltas de ortografía —"autovia", sin acento; "desvio", sin acento; "Alcala" sin acento—, o que al "alto" o al "pare" que se emplean en Latinoamérica les sustituya la palabra *stop*.

En los vagones de la compañía ferroviaria estatal Renfe se rotula "coches camas" en lugar de "coches cama"; y las azafatas de Iberia dicen a los pasajeros desde hace lustros "bienvenidos a Barcelona", cuando ellas han hecho el viaje en la misma aeronave. En puridad, tendría que subir al avión en Barcelona un empleado de la compañía para darnos con buen criterio la bienvenida, un acto de hospitalidad y educación; porque así como nadie nos puede invitar a una casa de la que no sea dueño, ni nadie puede profetizar el pasado, no cabe que la gentil aeromoza nos considere "venidos", ni bien ni mal, si ella no estaba previamente allí.

Esa bienvenida, pronunciada en un aparato que tantos miedos genera, ejercerá cierto desasosiego en quienes hayan viajado en el avión, por más que el vuelo haya concluido; porque este desarreglo lingüístico invita a preguntarse si la compañía habrá puesto el mismo cuidado en la seguridad aérea que en el idioma que habla en público su tripulación, siendo esto menos complicado que aquello.

Los fumadores españoles han leído durante lustros, inscrita en las cajetillas, la siguiente leyenda: "Las Autoridades Sanitarias advierten que el tabaco perjudica seriamente la salud". Mala propaganda se hacen las autoridades sanitarias, de quienes habrá que esperar igualmente que velen mejor por la competencia de sus médicos que por la de sus publicistas: nada menos que cinco errores en apenas 11 palabras. En tal alineación de vocablos sólo se han escrito correctamente "Las", "tabaco" y "salud". Porque no hay razón para las mayúsculas en "autoridades sanitarias"; "advertir" en este caso precisa la preposición "de": "advertir de que"; "seriamente" es un calco del inglés y ocupa sin razón el lugar de "gravemente"; y "perjudicar" necesita también una preposición: "el tabaco perjudica *a* la salud". El error se ha reproducido en el título de una divertida película de Manuel Gómez Pereira: *El amor perjudica seriamente la salud*. Y la fórmula se repite ya de título en título, perjudicando así gravemente al idioma [1].

No se trata, en estos últimos casos, de errores privados, pecadillos que cada cual purga a su manera, sino de desidias de la Adminisitración pública y de sus empresas en lo que atañe a la propia imagen del Estado. Y al ejemplo que se muestra a los ciudadanos.

El 20 de julio de 1988, el Ministerio de Educación hizo públicas veinte medidas para mejorar la enseñanza en España, principalmente en las asignaturas de humanidades. Se trataba de dos decenas de puntos elaborados durante largo tiempo, después de un informe previo aportado por una comisión de expertos. La redacción de tal documento ministerial, se supone que escrito por personas responsables de la educación de los españoles, reúne frases incomprensibles de sintaxis errónea y deficiente puntuación, y un vocabulario técnico

---

[1] Un ejemplo: "El cine perjudica seriamente la salud", titular de *El País*, de Madrid, del 9 de agosto de 1998, que encabeza un reportaje relativo a que "las tabaqueras" —debería decir "las tabacaleras"— "burlan las restricciones publicitarias en las películas".

ajeno a los ciudadanos. Leyéndolo, podemos averiguar, no sin sorpresa, que el primer objetivo de la reforma educativa consiste en "reforzar las materias troncales básicas" (con el pleonasmo "troncales básicas", dos palabras que quieren decir lo mismo), lo que se logrará "aumentando la carga horaria de algunas de ellas" (lo cual habremos de traducir por un aumento de las horas, seguramente). En el apartado número 12 se habla del "refuerzo de la segunda lengua extranjera", de modo que el alumno que lo desee pueda elegirla "ampliando el horario, además de la otra obtativa [*sic*]". Y el punto 13 aporta, por ejemplo, bajo el epígrafe "Medidas relativas a las materias de la Modalidad de Humanidades y Ciencias Sociales", la siguiente frase incomprensible: "Este modelo permite la configuración el primer curso común de modalidad y dos opciones, una de humanidades y otra de ciencias sociales, en el segundo curso".

Tales genialidades sintácticas y semánticas fueron difundidas a los más importantes medios informativos españoles, sin rubor alguno ni fe de errores posterior. En fin, éste es el lenguaje del que hace gala el Ministerio de Educación español, responsable de la formación de millones de incautos escolares.

Su colega el Ministerio de Sanidad no dispone de la letra *ñ* en 17.152 terminales de sus dependencias, ni tampoco de los signos de apertura de interrogación y exclamación, según se publicó en marzo de 1998. Y el catálogo en disco óptico de la Biblioteca Nacional omitió también esta letra tan significativa. Y el Ministerio de Asuntos Exteriores anduvo una buena temporada enviando sus resúmenes de prensa a las embajadas españolas sin incluir en los textos la alegre virgulilla.

Los manuales de instrucciones de ciertos productos necesitan a su vez unos manuales de instrucciones que nos permitan entenderlos.

El fabricante habrá cuidado con mimo el diseño del aparato, la publicidad en televisión, incluso la tipografía utilizada en el folleto. Pero prescindirá de que el texto resulte no ya correcto, sino al menos inteligible. Mezclará palabras de distintos idiomas, utilizará conceptos técnicos desconocidos por el público al que se dirige, llevará a la desesperación a quien aspire a comprenderlo. Y al final, paradójicamente, mostrará la falta de instrucción del que nos da las instrucciones.

Si además se trata de un artículo informático, el desavisado cliente sufrirá entre *megas*, *bytes* y otras palabras que le servirán de calentamiento para cuando realmente se ponga al teclado con el sano afán de comunicarse por Internet.

Los políticos, por su parte, inventan palabras ampulosas y vacías, abusan del instrumento que la sociedad se ha dado para la comunicación y el entendimiento, y lo distorsionan con el deseo de que el pueblo no se interese por sus propios problemas, de modo que puedan así hacer y deshacer a su antojo.

Desde 1997, cometer faltas de ortografía no supone en España el suspenso automático en la enseñanza preuniversitaria. (Y en la universitaria tampoco). Ya parece trasnochada la buena costumbre de guardar las formas, las *formas* que logran la *formación* de la persona. Como si se hubiera olvidado el principio jurídico de que las formas son el fondo.

El filólogo Francisco Rodríguez Adrados proclamó hace unos años, con motivo de su ingreso en la Real Academia: "Un cierto menosprecio de la lengua, su reducción a niveles ínfimos y su sustitución por una cultura de la mera imagen, está en el ambiente. Hay, en suma, un cierto desprecio por la literatura. Los políticos ya no hacen citas literarias. Ser un poeta ya no es una categoría social y pública. La literatura, que ha sido la vía de la inteligencia, de la crítica, de la enseñanza, tiende a reducirse a un pequeño grupo de gente marginal que apenas cuenta si no es para recibir de tarde en tarde un premio. Nos movemos en el círculo de lo práctico, de lo medible y comprobable, de lo simple y al alcance de todos, de lo aséptico" [2].

---

[2] Discurso de ingreso en la Real Academia, "Alabanza y vituperio de la lengua".

El informe oficial sobre la enseñanza secundaria obligatoria elaborado en España en 1998 —con una muestra de 56.555 estudiantes y 3.287 profesores— arrojó a la cara de los cuidadanos de bien unas cuantas sorpresas: sólo 5 de cada 100 estudiantes de dieciséis años comprende la lógica de los acentos, el 72 por ciento se enreda con la *h* y el 53 por ciento confunde la *ll* con la *y*. En un dictado de 71 palabras, los alumnos cometieron una media de 5 faltas relacionadas con las tildes, sobre un total de 20 posibles. Y, lo que es peor pero consecuencia de lo anterior, sólo el 18 por ciento de los alumnos de catorce años se muestra capaz de elaborar un relato bien desarrollado, y el 15 por ciento no sabe escribir una historia básica; sólo uno de cada cuatro muchachos de dieciséis años reconoce las ideas secundarias y los enunciados de sintaxis compleja, y la misma escasa proporción de alumnos se apercibe del doble sentido de las palabras o de las expresiones figuradas [3].

No lo dicen las conclusiones del sondeo, pero cabe aventurar sin excesivo riesgo que quienes cometen más faltas de ortografía coinciden sin duda con los que no saben expresarse.

Y si la encuesta se aplicara a los conocimientos ortográficos de los profesores —los de matemáticas, ciencias o geografía…— también nos veríamos ante algunas desagradables sorpresas.

Fernando Lázaro Carreter declaró en su calidad de director de la Real Academia Española: "Es una barbaridad. La lengua española está maltratada en los planes de estudios. Es una actitud casi suicida de la sociedad el renunciar a un idioma mejor. Someter a la población a una pobreza expresiva enorme supone separar a algunas personas para que nunca asciendan en la escala social. Vamos de mal en peor. La muestra del retroceso es que multitud de chicos, incluso universitarios, no entienden el lenguaje del profesor. Son generaciones de jóvenes mudos, que emplean un lenguaje gestual,

---

[3] Carlos Arroyo, *El País*, "Primera radiografía de la ESO", suplemento de Educación y sección Sociedad, Madrid, 3 y 4 de marzo de 1998.

interjectivo y de empujón. Esta situación hay que denunciarla. Ya sé que parecería ridículo si un partido político inscribiera en su programa semejante reivindicación; sin embargo, no sería, ni mucho menos, insensato" [4].

Las voces de alarma no sólo llegan de instituciones como la Academia, obligada por sus estatutos a encender la luz roja centelleante cuando lo crea necesario.

Ha dicho el economista y escritor español José Luis Sampedro: "Son rechazables unos programas de enseñanzas que, deslumbrados por los éxitos de las ciencias *duras*, postergan y subestiman los saberes relativos a la vida en sociedad y atraen hacia esas disciplinas a los estudiantes más prometedores, entrenados además en acatar la supremacía del lucro económico sobre todos los valores" [5].

El filósofo español Fernando Savater, uno de esos vigías intelectuales con los que la sociedad española tiene la suerte de contar, opina que "se observa sobre todo en la juventud pobreza de vocabulario y desprecio por la galanura de la lengua" [6].

Y, en efecto, a veces uno sufre si le pregunta a un muchacho por dónde debe dirigirse a determinada calle, porque habrá de disculparle con paciencia sus dificultades —y disimular el bochorno— cuando intente describirnos el trayecto y sólo con tartamudeos pueda salir de su triste jerga juvenil.

Por supuesto, no se trata de un fenómeno sólo español. El lingüista y coordinador de lenguaje de la Universidad Peruana de Ciencias Aplicadas, Max Hamann, sostiene que "los alumnos escriben como si hablaran", y que además no hablan bien: "Llegan a las aulas universitarias con un vocabulario limitado al del ámbito familiar, al de las amistades, al del círculo de diversión. Por tanto, ingresan sin la habilidad desarrollada para dar nombres específicos y utilizan palabras genéricas como 'cosa', 'esto', 'aquello' o 'eso'. Si les preguntas ¿qué es

---

[4] Declaraciones a Joaquín Vidal en *El País*, 9 de febrero de 1996.

[5] VV. AA.: *El territorio de la Mancha*, Madrid, Alfaguara, 1998.

[6] Fernando Savater, "Un arte en desuso", en *El País*, 16 de agosto de 1998.

el amor? te responderán 'el amor es cuando por ejemplo...'
o 'es una cosa que...'" [7].

Un sondeo elaborado por la Editorial Alfaguara en 1998
—que tomaba como encuestados a libreros, escritores, traductores, periodistas, editores, profesores, agregados culturales... especialistas de España y de toda la América hispana
relacionados con la literatura y el libro— señala como conclusión inequívoca que los principales riesgos para el futuro del
español radican en "el descenso en la importancia de las humanidades (lengua, literatura, historia) en los distintos planes de enseñanza" (7,1 puntos de media en una escala de
10); y a continuación, en "el predominio del inglés" (6,6), problema que empata con "el empobrecimiento del lenguaje por
parte de los medios de comunicación y de cuantos hablan
en público".

Los presentadores de los espacios infantiles figuran en esa
privilegiada clase social. Pero, lejos de asumir su responsabilidad, acudirán continuamente en su gorgojeo a expresiones
comodín, como lo "guay" que les ha parecido una película,
anulando en los pequeños espectadores las diferencias entre "buena", "interesante", "divertida", "entretenida", "ape-
tecible", "admirable", "graciosa", "estupenda", "ágil", "artís-
tica", "sorprendente", "sobrecogedora"... Cualquiera de esos
conceptos se puede sustituir por este recién llegado "guay", y
la eventual riqueza de vocabulario y de ideas quedará tapo-
nada por la pobreza mental de quienes constituyen la más
decisiva referencia de comunicación social que tienen millones de niños, a los que nunca enseñarán nada si hablan exactamente como ellos. Para colmo, la palabra "guay" quedará
anticuada dentro de unos años, y no les servirá de nada en su
edad adulta, ni siquiera adolescente, como el "chipén" que
encandilaba a nuestros abuelos (antes de serlo) y que ya nadie utiliza. Como el "qué legal" que se exclamaba en Perú
donde ahora se dice "qué mostro". Como apenas diez años

---

[7] Max Hamann, declaraciones a Paola Cairo en el diario *El Comercio*, Lima,
23 de abril de 1998.

atrás los jóvenes españoles llamaban "carrozas" a los mayores, y ahora la palabra se ha quedado también "carrozona", seguramente porque los jóvenes de entonces son los carrozas ahora. Palabras que sirven para tanto y que, sospechosamente, duran tan poco.

Después, en la adolescencia, una gran parte de esos jóvenes de expresión limitada por la penosa televisión infantil leerá con cuentagotas, y se comunicará sólo en las discotecas; y escasamente. Estos locales, por si fuera poco todo lo anterior, se llamarán *Fashion* o *Young Play*, por poner ejemplos reales, y en ellos la música a gran volumen permitirá sólo el diálogo de los cuerpos. Que no está nada mal con tal de que no sea el único.

Cuando se aburran de la discoteca, lo cual suele ocurrir sólo provisionalmente, acudirán a un *Aquapark*, se pasearán en bicicleta —una *mountain-bike*, claro— hasta la urbanización de la sierra *Cotos-park*, y tomarán una cerveza en el bar de la esquina, que se llama *Alfredo's*, con genitivo sajón para darse importancia. O acompañarán a su padres a comprar macetas en algún lugar llamado *Jardiland* o *Garden Center*.

Y si han nacido en México, podrán observar los escaparates de un gigantesco centro comercial del sur de la capital cuyos establecimientos hacen relampaguear nombres como *Helens's ice cream; La baguette, Robert's, High Life, Rue Rivoli, Prête à porter, La chanson esthétique, Moda Fiorenza...*

Sólo la mitad de los comercios de este magno complejo se hace llamar con un nombre español.

Los planes de estudio cada vez atienden menos a la lectura, las lenguas clásicas —el latín, el griego— casi han desaparecido de la enseñanza primaria y de la secundaria en muchos países de habla hispana, igual que la literatura o la historia... Y eso implica un mal terrible: el desprecio del pasado. El olvido de los orígenes del idioma acarrea que los jóvenes no tengan inconveniente en aplicar también la goma de borrar a la historia del hombre. El arrinconamiento del latín y del griego influye inexorable en el desprecio por lo antiguo.

Los jueces redactan sentencias confusas, de sintaxis complicada y errática, con palabras ajenas a los justiciables, llenas de gerundios incorrectos, subordinadas imposibles. Sin embargo, los magistrados habrán hecho esfuerzos inhumanos durante el juicio para imponer las formas, mantener el decoro; y habrán acudido a la sala con su toga y su prestancia seculares porque eso les parece muy significativo de su función. ¿Por qué desprecian entonces las formas del idioma? Tal vez porque eso los distancia de los ciudadanos, les garantiza su propio rincón inaccesible, porque el lenguaje constituye también un instrumento de poder. Y porque nadie en su aprendizaje les habló de la importancia de comunicarse con claridad.

Incluso los departamentos de Lengua Española de las universidades tienen sus encargados del *soft* y del *hard* en los trabajos informáticos, tan rigurosos que se muestran ellos con sus alumnos para que conozcan y respeten la tradición literaria que les imparten [8].

El deterioro de la lengua que se emplea en público ha llegado al hecho, impensable en otras épocas, de que incluso algún miembro de la Real Academia Española escriba de manera pedestre, lejos del ejemplo con el que se supone debe predicar un integrante de la docta casa [9].

---

[8] Cuenta esta triste anécdota el prestigioso catedrático José Manuel Blecua, autor del libro de estilo del periódico español *La Vanguardia,* entre otras obras, en unas declaraciones que recoge Eduardo de Benito en *La palabra americana*, Santiago de Chile, Editorial Los Andes, 1992.

[9] *Vid.*, por ejemplo, algunas frases de un artículo de Luis María Anson publicado en el diario *Abc*, de Madrid, el 16 de febrero de 1998, con errores de concordancia que debería identificar cualquier alumno que haya concluido el bachillerato: "La condena de Barrionuevo supone que Felipe González encontraría gravísimas dificultades para continuar..." ("supone que encontraría", en lugar de "supondría que encontrase". También es correcto "supone que encontrará", pero en aquel momento la condena no se había producido aún). "Si González y su equipo consiguen que Barrionuevo no sea condenado, el ex presidente quedaría a salvo" (Anson escribe "si consiguen, quedaría", en lugar de los correctos "si consiguiesen, quedaría" o "si consiguen, quedará"). Se trata de un error muy habi-

La prensa no se puede presentar como ejemplo para los escolares, que, sin embargo, entran en el mundo de la letra impresa a través de las páginas que los diarios conciben para ellos: suplementos musicales, espacios deportivos... Pero un grupo de alumnos españoles analizó en clase un periódico de difusión nacional especializado en deportes y halló en él nada menos que 700 errores en un solo número, entre faltas de ortografía, desatinos en la construcción y fallos tipográficos [10].

Los locutores de radio y televisión olvidan las más elementales costumbres de la prosodia que rigen en los ámbitos cultos de su entorno. En España, por ejemplo, pronuncian "tamién", "ventiuno", "sétimo", "Estao" (que es un sustantivo, y no un participio donde podríamos tolerar ese uso) "Madríestá vacío" (en vez de "Madri-destá vacío"), y se pasan la vida repitiendo que el árbitro "señalizó la falta", como si hubiera colocado un palo en cada lugar donde algún defensa zancadilleó a un atacante contrario.

Para rematarlo, estarán acompañados en sus retransmisiones de uno o dos ex deportistas que en su época profesional habrán mirado con denuedo los vídeos de sus propios partidos para observar qué estilo mostraron, qué ordenada compostura en la palomita y el centro de rosca, en el derechazo cruzado o la dejada armoniosa; y no lo habrán hecho por una cuestión de eficacia en el resultado (a esos efectos poco importa el estilo, sólo la contundencia) sino por salvaguardar su imagen de personas competentes en lo que hacen. Pero nunca se plantearán qué imagen dejan con sus palabras.

Y cualquier agente de viajes prometerá una semana maravillosa en "Mayami" por si acaso el comprador no se ha dado cuenta de que Miami se halla en Estados Unidos y además ignora que "Miami" era el nombre indígena que tenía aquel lugar antes de que fuera conquistado por nadie y antes de que

---

tual en la prensa que se aborda con diversos ejemplos en *El estilo del periodista,* Madrid, Taurus, 1997.

[10] Dato tomado de la revista *Alacena,* agosto de 1998.

aparecieran incluso por allí el idioma inglés y el ferrocarril de Henry Flager para llamarlo "Mayami". Eso sí, el agente de viajes procurará no usar el gentilicio —seguramente lo desconoce, de todas formas— porque el "miamés" que corresponde no suena muy anglosajón (no importa: pronto inventarán "mayamés", para que haga juego).

En las películas que seguimos en versión original, los subtítulos incluyen a menudo faltas de ortografía y errores de transcripción, además de expresiones incorrectas y malas traducciones. Sin embargo, el distribuidor de la cinta en el país de habla hispana del que se trate habrá cuidado los carteles que anuncian la obra, y el sonido, y que la copia se halle en perfecto estado. Después la traducción ¿qué más da?

Nadie parece considerar las repercusiones del escaparate que constituyen las palabras: su influencia en cómo se ve a sí misma toda una comunidad, incluso en cómo *es* la sociedad que habla una misma lengua y cómo goza y sufre a través de ella. Con el uso que cada uno da al lenguaje quedan retratados el político, el deportista, el actor, el vendedor de lavadoras. Adivinamos si tras las palabras se halla una persona cultivada, un gañán, una víctima de la sociedad, un aburrido, un ególatra, un brillante conversador, una persona inteligente o alguien que no ha sido acostumbrado a razonar, un candidato interesante para el empleo que ofrecemos —incluso el de presidente del Gobierno— o alguien en quien jamás se habrá de confiar... Podremos fijarnos en los que usan desmedidamente la primera persona, en los que nunca pronuncian el nombre de su interlocutor, en los que lo emplean continuamente, en quienes manejan el subjuntivo con soltura y en los que no saben conjugarlo, en quienes intentan darse importancia con palabras que les vienen grandes —"voy a hacer una observancia", interrumpió alguien desde el público con ánimo de que el conferenciante le tuviera en cuenta—, en los que definen con precisión los conceptos y muestran con ello una mente ordenada, en los que no saben explicarse y, por tanto, tal vez no saben entenderse...

Eso sí, cualquiera de quienes desprecian su propio lenguaje y se expresan con lamentable pobreza apreciará el talento de los escritores y los dramaturgos, y de algunos periodistas, tal vez también el de un poeta clásico. Pero lo verán como una virtud meramente profesional. Algo que no les atañe a ellos, sino sólo a quienes viven del oficio de juntar palabras.

Sin embargo, la elegancia de los actores y de las actrices, o su agraciado rudimento indumentario, o su cara bonita, constituyen un bagaje profesional que ellos aprovechan y nosotros admiramos, y que también desearíamos todos en nuestro catálogo personal sin necesidad de utilizarlo para aumentar los ingresos, sino sólo como mera cualidad social que nos atraiga el cariño y el respeto de los demás. No querremos convertirnos en profesionales del tenis, pero cualquier aficionado desea golpear la bola con estilo y quedar bien ante los espectadores del barrio, y a ser posible ganar la partida al amigo que se ha puesto enfrente.

¿Por qué no sucede nada de esto con el lenguaje, algo que entendemos ajeno y que, sin embargo, nos pertenece tanto?

Las modas sociales invitan por doquier al cuidado de cuanto pueda reflejar en el exterior lo que somos por dentro, incitan al culto de todas las apariencias: la casa, la decoración, el coche, la ropa… excepto de la apariencia que mana de lo más profundo de nuestro intelecto: el idioma. Incluso quienes hacen gala de un dominio eficaz del lenguaje se ven a menudo descalificados como cursis o sabihondos. Se les critica por sus virtudes. Un conocidísimo locutor deportivo español, José María García, cuya torpeza sintáctica sólo puede situarse a la altura de los insultos que profiere en antena, ha intentado reiteradamente descalificar a uno de los escasos hombres del fútbol que se expresa con belleza y espontaneidad, Jorge Valdano. Le llama una y otra vez "el rapsoda". El escritor Antonio Gala, que sabe escribir mediante la propia voz con la precisión de su propia letra, ocupa uno de los primeros lugares de referencia entre los imitadores profesionales de las televisiones españolas, que intentan ridiculizar sus metáforas y las presentan amaneradas y vacuas. El comentarista deportivo Matías Prats (padre) ha sido calificado a menudo de barroco y rebuscado, cuando su verbo fácil y preciso ha servido para re-crear con exactitud cientos de partidos de fútbol oídos por la radio pero imaginados por los oyentes tal y como sucedían en el estadio, gracias a sus palabras.

Hoy todo parece evolucionar en contra de la expresión eficaz y de lo que significa. Siempre hubo soflamas —ciertamente— sobre los peligros que acechan al español, y generalmente no se cumplieron (en algunos lugares sí, como Filipinas; tal vez dentro de poco Guinea Ecuatorial…). Pero nunca como ahora se ha producido esa mezcla de complejos y de desidia entre nosotros, jamás nuestros comercios habían proclamado tanta palabra extraña para atraer a los propios, jamás la educación lingüística ha recibido menos atención. Y, sobre todo, nunca hasta ahora los fenómenos de deterioro de la lengua habían contado con el inmenso acelerador de partículas que forman los descomunales medios de comunicación y la ya gigantesca red informática.

Ahora los nuevos periodistas llegan a los medios informativos con una cultura más audiovisual que literaria. Los avances tecnológicos incorporan otros idiomas que se mezclan con el nuestro (no tienen nada de malo esas lenguas, como nada tienen de malo el agua y el vino siempre que nos permitan beberlos por separado). El vocabulario de las personas se reduce paulatinamente, lo que redunda en que también disminuyan sus ideas. Ha dicho el escritor Francisco Ayala: "La costumbre de recibir información a través del televisor está apartando a mucha gente de la práctica de la lectura, pero no menos cierto es que la pérdida del hábito de leer, a que la invasora información audiovisual induce, tiene por efecto la atrofia de las capacidades imaginativas y de las capacidades raciocinantes. Las nociones absorbidas por la vista, acompañadas o no de un mensaje auditivo, tienen un carácter sensorial directo y tienden a provocar en el sujeto una reacción inmediata, quizá mecánica e irreflexiva, en contraste con las nociones adquiridas a través de la escritura, que exigen elaboración mental por parte del lector, activando así sus potencias discursivas, estimulando su conciencia crítica y obligándole a transformar en imágenes de propia creación los signos del lenguaje"[11].

Perdemos vocablos y conceptos como perdemos capacidad de ideación y observación. Ya nadie distingue los pájaros, nadie diferencia el gorjeo de un gorrión del silbido de un mirlo, ni un hayedo de un robledal, ni un endrino de una encina. Los intelectuales pierden peso en la sociedad, y lo ganan los cantantes, los presentadores de televisión y los hijos de los anteriores. El gran vínculo de las masas no son ya las novelas donde brillan las palabras, sino el cine y la televisión, donde se deforman.

Con semejante panorama, no podía resultar más inoportuna aquella propuesta de Gabriel García Márquez, premio Nobel de literatura, en el I Congreso Internacional de la Lengua Española celebrado en Zacatecas (México) en abril de 1997...

---

[11] VV. AA.: *Op. cit.*

24

II. La democracia de la lengua

" ...Me atrevería a sugerir ante esta sabia audiencia que simplifiquemos la gramática antes de que la gramática termine por simplificarnos a nosotros. Humanicemos sus leyes, aprendamos de las lenguas indígenas, a las que tanto debemos, lo mucho que tienen todavía que enseñarnos y enriquecernos, asimilemos pronto y bien los neologismos técnicos y científicos antes de que se nos infiltren sin digerir, negociemos de buen corazón con los gerundios bárbaros, los ques endémicos, el dequeísmo parasitario, y devolvamos al subjuntivo presente el esplendor de sus esdrújulas: váyamos en vez de vayamos, cántemos en lugar de cantemos, o el armonioso muéramos en vez del siniestro muramos. Jubilemos la ortografía, terror del ser humano desde la cuna: enterremos las haches rupestres, firmemos un tratado de límites entre la ge y la jota, y pongamos más uso de razón en los acentos escritos, que al fin y al cabo nadie ha de leer lagrima donde diga lágrima, ni confundirá revolver con revólver. ¿Y qué de nuestra be de burro y nuestra ve de vaca, que los abuelos españoles nos trajeron como si fueran dos y siempre sobra una?".

Tanto revuelo originaron estas palabras de Gabriel García Márquez, que se vio obligado a aclararlas en una entrevista con Joaquín Estefanía, en el diario *El País,* de Madrid, publicada esa misma semana. He aquí algunas de sus frases:

"Mi ortografía me la corrigen los correctores de pruebas. Si fuera un hombre de mala fe diría que ésta es una demostración más de que la gramática no sirve para nada. Sin embargo, la justicia es otra: si cometo pocos errores gramaticales es porque he aprendido a escribir leyendo al derecho y al revés a los autores que inventaron la literatura española y a los que siguen inventándola porque aprendieron con aquéllos. No hay otra manera de aprender a escribir. [...] Dije y repito que debería jubilarse la ortografía. Me refiero, por supuesto, a la ortografía vigente, como una consecuencia inmediata de la humanización general de la gramática. No dije que se elimine la letra hache, sino las haches rupestres. Es decir, las que nos vienen de la edad de piedra. No muchas otras, que todavía tienen algún sentido, o alguna función importante, como en la conformación del sonido che, que por fortuna desapareció como letra independiente. [...]. No faltan los cursis de salón o de radio y televisión que pronuncian la be y la ve como labiales o labidentales, al igual que en las otras lenguas romances. Pero nunca dije que se eliminara una de las dos, sino que señalé el caso con la esperanza de que se busque algún remedio para otro de los más grandes tormentos de la escuela. Tampoco dije que se eliminaran la ge o la jota. Juan Ramón Jiménez reemplazó la ge por la jota, cuando sonaba como tal, y no sirvió de nada. Lo que sugería es más difícil de hacer pero más necesario: que se firme un tratado de límites entre las dos para que se sepa dónde va cada una. [...]. Creo que lo más conservador que he dicho en mi vida fue lo que dije sobre los acentos: pongamos más uso de razón en los acentos escritos. Como están hoy, con perdón de los señores puristas, no tienen ninguna lógica. Y lo único que se está logrando con estas leyes marciales es que los estudiantes odien el idioma".

La entrevista se remataba con la repetición de una frase pronunciada en Zacatecas: "Simplifiquemos la gramática antes de que la gramática termine por simplificarnos a nosotros".

Gabriel García Márquez se ha ganado con sus novelas el título de escritor más fascinante de cuantos han empleado el idioma español en el siglo xx. Y aún le queda el xxi. Pero seguramente no hemos entendido sus digresiones lingüísticas tan bien como su obra literaria.

La frase "simplifiquemos la gramática antes de que la gramática termine por simplificarnos a nosotros" está construida con ritmo y con gracia. Y, sin embargo, no resulta fácil hallarle fundamento. Antes al contrario, cuando simplifiquemos la gramática nos habremos simplificado nosotros mismos.

Para empezar, las normas de los acentos no pueden ser más simples. Se basan en una combinación tal, que una vez conocida no cabe posibilidad alguna de dudar sobre la pronunciación de un vocablo escrito, ni sobre la manera de escribirlo una vez pronunciado. Parten de que la mayoría de las voces del español son llanas (acento prosódico en la penúltima sílaba) y establecen con arreglo a ello que no llevan tilde las palabras que no la necesitan. Si precisan el acento ortográfico, eso significa que sin él se leerían (y en muchos casos se entenderían) de otra manera. Cierto que aún se pueden reformar algunos criterios (por ejemplo, ¿por qué "guión" lleva acento si no se lo ponemos a "dio" o "vio", o "dios"? ¿y por qué "cénit" no lo tiene?), pero la regla general no presenta demasiadas dificultades de aprendizaje. Además, casi nadie escribe cada palabra tras pensar en cuantas normas gramaticales le son aplicables, sino que su correcta ortografía surge limpia desde el fondo de todas nuestras lecturas.

El español ha aceptado en su historia muchas reformas, pero nunca una ruptura con lo inmediatamente anterior. Y siempre decididas por los propios hablantes.

Tales modificaciones resultaban más sencillas siglos atrás, cuando el ser vivo aún se hallaba creciendo y engordando, en periodo de formación y de aprendizaje.

El lenguaje representa lo más democrático que la civilización humana se ha dado. Hablamos como el pueblo ha querido que hablemos. Las lenguas han evolucionado por decisión de sus propios dueños, sin interferencias unilaterales de los poderes; aún más: en un principio han impuesto los pueblos su lengua a los poderes.

La historia de nuestro idioma sirve de ejemplo para comprender cómo los pueblos pueden gobernar sus destinos.

Nebrija dedicó su *Gramática Española* [1] "a la mui alta y assi esclarecida princesa doña Isabel, Reina y señora natural de España y las Islas de Nuestro Mar", a fin de que fuera consciente de cómo ella misma en su inmenso poder cumplía unas leyes que no eran suyas, las leyes de la lengua. Hablamos de unos tiempos en que miles y miles de habitantes de la Península podían morirse sin haber oído jamás el castellano que empleaba la mayoría, el castellano "normal". Y el sabio Nebrija emprende su trabajo cuando aún nadie imagina que Rodrigo de Triana gritará "¡tierra!" y que ésa será la primera palabra del español pronunciada en América; pero el gramático sevillano explica ya a Isabel la Católica que "siempre la lengua fue compañera del imperio, y de tal manera lo siguió que juntamente començaron, crecieron y florecieron, y después junta fue la caída de entrambos", como les ocurrió a "assirios, indos, sicionios y egipcios". Y al latín también: "De allí, començando a declinar el imperio de los romanos, junta mente començó a caducar la lengua latina, hasta que vino al estado en que la recebimos de nuestros padres, cierto tal que, cotejada con la de aquellos tiempos, poco más tiene que hazer con ella que con la aráviga".

Nebrija escribe también en su prólogo (agosto de 1492): "Cuando en Salamanca di la muestra de aquesta obra a vuestra real majestad e me preguntó que para qué podía aprovechar, el mui reverendo padre obispo de Ávila me arrebató la respuesta; e respondiendo por mí, dixo que después que vuestra alteça metiesse debaxo de su yugo muchos pueblos bárbaros e naciones de peregrinas lenguas, e con el vencimiento aquellos ternían necessidad de recebir las leies que el vencedor pone al vencido, e con ellas nuestra lengua, entonces por esta mi arte podrían venir en el conocimiento della, como agora nosotros deprendemos [2] el arte de la gramática latina para deprender el latín".

---

[1] Antonio de Nebrija, *Gramática Española* (ed. de Antonio Quilis), Madrid, Centro de Estudios Ramón Areces, 1989.

[2] Aún figura "deprender", tan cercano al latín, en el *Diccionario de la Real Academia,* como sinónimo de "aprender".

Nebrija, por tanto, se esfuerza en la primera gramática por explicar —a la reina de Castilla y a quien desconozca el castellano— cuáles son las reglas del idioma, aquellas que los hablantes han establecido tácitamente sin que nadie les obligue desde arriba, y que se pueden codificar como las leyes. Porque leyes son. Pero no es Nebrija quien las dicta. Al contrario: son las normas del castellano las que obligan a Nebrija. Y por eso en su gramática a cada paso precede a sus ejemplos la expresión "como diziendo", lo que le sirve para dar autoridad a sus teorías con las frases y sentidos que cualquiera de sus contemporáneos podía conocer.

Más tarde, en los tiempos del extranjero Carlos V (Carlos I de España y V de Alemania), los procuradores castellanos (representantes de las ciudades) le pidieron al rey "que fuesse servido de hablar castellano, porque haziéndolo assí, lo sabría más presto y podría mejor entender a sus vassallos y ellos a él". El soberano respondió "que se esforçaría a lo hazer", y de tal frase quedó constancia en las actas de las Cortes castellanas de 1518.

En cuestión de lengua, era el pueblo quien imponía su ley. Y así habría de continuar el pueblo durante los siglos que nos han traído hasta aquí. A veces, con decisiones que tal vez nadie se habría atrevido a aventurar en su nombre.

Por ejemplo, el español sobrevivió en América a la caída del imperio, al contrario de lo que había ocurrido hasta entonces en el mundo y a pesar de los temores de Nebrija (tan clarividente por otro lado en su visión sobre el idioma conquistador). El latín se había descompuesto en Europa en las lenguas romances que ahora conocemos (italiano, francés, rumano, español, provenzal, portugués, gallego, catalán…) conforme el imperio se vio impotente para garantizar su propia unidad. Pero no ocurrió lo mismo luego con el español en América, y por la única razón de que así lo quisieron los propios americanos en el ejercicio de su soberanía como hablantes.

Como ha venido explicando el catedrático Agustín García Calvo, el latín nos enseña que el poder no es capaz de hacer nada en los resortes profundos de la lengua, que pertenece al pueblo. Los resortes profundos del pueblo americano prefirieron conservar su español, y ante tamaña fuerza nadie habría conseguido nada que se le opusiese.

En su tiempo, el latín vulgar se alejó de la norma de Roma poco a poco, con gran enfado de los académicos, algunos de los cuales —fue famoso un tal Probo— se quejaban tanto de lo mal que hablaban la lengua latina los españoles de entonces que no se dieron cuenta de que éstos en realidad estaban empezando a hablar muy bien el castellano. Aquellas gentes apenas saben leer y escribir, por eso las palabras del latín se les vuelan de los balcones. Los monjes intentan mantenerlas atadas con los lazos de sus pergaminos, movidos por el afán de conservar cuanta sabiduría habían heredado. Pero no lo consiguen. Y muchos años después otros monjes, en San Millán de la Cogolla, en Santo Domingo de Silos, anotan las primeras palabras de un nuevo idioma en los márgenes de unos textos en latín, para traducirlos. Ahora llamamos a tales explicaciones *Glosas Emilianenses* (emillanenses) y *Glosas Silenses* (de Silos), que tomamos como el acta de nacimiento de nuestro idioma.

Pero la revolución del latín vulgar que derivó en el castellano siguió también sus reglas, surgidas de un desgobierno organizado. Los distintos idiomas que del latín nacieron hace ahora más de 1.000 años habrían de observar sus propias leyes dentro de esa ruptura: las normas que decidieron sus hablantes, frente al poder del imperio.

Quizá influyeron en tal homogeneidad de los disconformes hispanos las lenguas que se hablaban en la Península antes de la irrupción de los soldados de Roma. Y seguramente resultaron decisivas en algunas de las evoluciones que hoy tenemos verificadas, entre ellas las numerosas ocasiones en que el diptongo *au* se convirtió en *o* (aurum, oro), o en que la *e* abierta se trocó en *ie* (equa, yegua; gelu, hielo), en las curiosas situaciones en que ahora se coloca una letra muda allá donde las demás lenguas romances heredaron una efe (herida, ferida; hoja, foglia; hacer, facere...); incluso en el refinamiento de que las vocales penúltimas de las palabras esdrújulas desaparecieran sin remisión (frígidum, frío; aurícula, oreja), entre otras constantes que los filólogos han demostrado.

"Los fenómenos de pronunciación y los fenómenos de gramática ocurren siempre en masa y, por tanto, se dejan describir globalmente", ha escrito el especialista mexicano Antonio Alatorre [3]. El pueblo impuso, pues, su propia evolución, sin que nadie osara obligarle a canalizaciones ni injertos. Y las normas internas acompañaron esos progresos, que los gramáticos se limitan a reflejar.

Así, por ejemplo, alguna razón incierta, pero democrática en todo caso, hizo que los habitantes de la Península decidieran en su conjunto dotar de un sufijo *rro* a palabras que en el latín no podían sugerirlo, como cigarra (cicada), tal vez por imitación de otras voces prerrománicas como barro, gorra, becerro, cencerro, chaparro, chamorro, zamarra... voces cuya raíz tal vez tenga 3.000 años... y que todavía nos influyen en formaciones muy recientes como "cagarro" o "machorra".

Y por algún motivo también, aquellas gentes acordaron que la terminación *-ez* como prolongación de un nombre significara "hijo de", lo que nos ha legado apellidos como Martínez, Ramírez, Fernández, Hernández, Pérez (hijo de Pedro, *Pere* en catalán), Álvarez, Laínez, Diéguez, González, Enríquez...

Y miles de personas parecieron ponerse de acuerdo en que el sonido *t* se convirtiera en *d* (petra, piedra) salvo cuando le seguía una *i* átona; y eligieron "cabeza" donde las demás lenguas romances jugaron con la raíz "testa", que al cabo de los siglos recuperaron luego los españoles para "testarazo" y "testarudo"...

Una evolución, sí.

Pero una evolución mediante acuerdos compartidos por el pueblo en su conjunto, sin orden de poder político alguno. Una evolución con normas internas, jamás nada disperso.

---

[3] Antonio Alatorre, *Los 1.001 años de la lengua española*, México, Fondo de Cultura Económica, 1995. Una amena obra cuya lectura hace amar la lengua española y toda su historia; y que ha influido notablemente en este libro.

Santa Teresa escribió "deçir" y "reçar", y Lope de Vega hacía convivir en sus obras "haçer" y "hazer" con sólo unas líneas de diferencia. Hasta la segunda mitad del siglo XVI no se generalizó la unificación de ciertas grafías, como s y ss (una vez unificados ambos sonidos tiempo atrás, comenzando por el norte, al desaparecer la s sonora intervocálica); y en esa época se suprime también la distinta pronunciación entre la z de "dezir" y la cedilla de "fuerça"..., y "assí" se convierte en "así", y "cantasse" en "cantase", y para los versificadores del XVII las palabras "hijo" y "dixo" rimaban en consonante, lo que ningún poeta de ahora aceptaría con esa misma escritura.

Por aquel entonces, en Burgos ya no pronunciaban la h de "hierro", pero en Toledo seguían respetando su huella genética con una cierta aspiración de sonido que todavía hoy se mantiene en algunas palabras del habla andaluza, o mexicana...: "estoy harto" (jarto), "eres un hurón" (jurón), "cante hondo" (jondo), "hay que halar el palo" (jalar)... Pronto las dos tendencias confluirían en una general, siempre por acuerdo popular.

Y no existía la Real Academia. Nadie podía imponer nada. Ni el rey. Precisamente la ausencia de una autoridad institucional hizo que se tuviera por establecido que en las disputas sobre lenguaje había que consultar a alguien de Toledo que pasara por allí, con gran disgusto de los burgaleses, cuya influencia se había acabado con el siglo XV. Se ve que si no pasaba alguien de Toledo, seguía la disputa.

Los siglos XVI y XVII concentran en efecto el viaje del español desde la pronunciación medieval a la moderna, y eso explica la abundancia de estudios sobre ortografía que se imprimieron en aquella época. Nebrija —en cuya *Gramática* de 1492 se apreciaba una notable falta de criterio sobre mayúsculas y minúsculas— asumió de nuevo el papel de adelantado, y publicó su *Ortografía* en 1517, veinticinco años después de la obra que se convirtió en la primera gramática de una lengua romance. Le siguieron una docena de autores (1531-1630) con más tratados sobre la manera de escribir correctamente, de los cuales nada menos que ocho se concentran en los treinta y cinco años que median entre 1580 y 1614; y una fue impresa en México [4]. No faltaron entre ellos los que proponían también "ke eskrivamos komo se pronunzia y pronunziemos komo se eskrive" (la *Ortografía kastellana* de Gonzalo Correas, elaborada en 1630); ni quienes consideraron eso una barbaridad y querían regresar a la escritura de Nebrija (Juan de Robles, en *Censura).* Poco después llegaron los diccionarios de palabras y hasta de refranes.

En fin, ya en esos años se fijó la representación gráfica de la lengua española de manera muy pareja a como la conocemos ahora; el ser vivo pasó de la adolescencia a la madurez, pero sin órdenes superiores. Para ello desempeñaron un papel unificador las imprentas de Madrid (la Real Academia Española no nació hasta 1713). Huelga decir que en aquellos siglos, muy a diferencia de ahora, el papel impreso no circulaba con profusión, ni cualquiera podía lanzar, por tanto, octavillas con sus ideas políticas, religiosas o comerciales. De ahí la influencia de los cuidadosos tipógrafos en esa labor de ordenar la ortografía, como antes los escribanos y los copistas de los conventos. Gentes pulcras y con el sentido de las palabras bien aprehendido.

Aquel proceso mediante el cual el castellano fue adquiriendo su propia fisonomía llevó muchos años, y se desarrolló efectivamente como una evolución tanto en España como en América, decidido por los hablantes de uno y otro lado del mar, que parecieron ponerse de acuerdo en decisiones para las que jamás convocaron reunión alguna.

Porque la evolución del habla a uno y otro lado del océano discurrió generalmente paralela, con excepciones que hoy podemos considerar riquezas de nuestro idioma porque han pervivido en los labios de gentes a quienes seguimos entendiendo, porque nosotros guardamos la memoria histórica de sus conjugaciones, porque las recibimos dormidas de los ancestros. La frase "vos tomás un vaso de leche", que pronunciaría un argentino, entronca con aquel "vos tomades" que dijeron nuestros antepasados comunes, y también con "vos tomaes"; tallos que

---

[4] Datos recogidos de la citada obra de Antonio Alatorre.

en otra ramificación dieron "vosotros tomáis", en este caso para la segunda persona del plural. Y que son, por tanto, tan españoles como una obra de Torrente Ballester.

El batiburrillo ortográfico que vivió el idioma en España y América —ninguno de los tratados de ortografía aludidos logró el beneplácito general de aquellos a los que iban dirigidos— concluyó en 1741 con la publicación de la primera *Gramática* de la Real Academia Española. La autoridad de quienes formaron aquella corporación logró el asentimiento general.

La formación de esta unidad recibió el espaldarazo en 1739, una vez publicados los seis volúmenes del primer diccionario académico, llamado *Diccionario de Autoridades*. En él se indicaba cómo habían de retratarse las palabras en las letras, pero no mediante la sinrazón sino con el ejemplo de los grandes mitos de la literatura española hasta entonces. La obra recoge, pues, términos tomados de las principales obras escritas en los siglos XVI y XVII. Esto pudiera interpretarse como la reproducción de un lenguaje elitista, o la subversión de la propiedad popular sobre el idioma. Antes al contrario. Afortunadamente, los autores del Siglo de Oro, y otros con ellos, llevaron también a sus páginas las más variadas expresiones de la gente, cuyo uso consagraron con la seguridad de que el lector las iba a comprender sin dificultad. Aquel primer diccionario constituía además un intento de mantener viva la lengua que emplearon los grandes maestros, con el objetivo de que las generaciones futuras pudieran entenderlos.

A partir de ahí desaparecieron las *h* de "philosophia", "orthografía" o "patriarcha", se unificó realmente el criterio grafémico en todo el mundo de habla española y comenzó una etapa magnífica de esta cultura tallada por los siglos, que ya no contaba sólo con el entendimiento hablado de las gentes sino que uniformaba con criterio su traslado al papel impreso. Las palabras de este primer diccionario oficial quisieron ser herederas del latín, todavía un idioma de prestigio y de cultura pese a haberse celebrado ya sus honras fúnebres; y por eso las voces de aquel léxico conservaron letras que no se pronuncian, como las *h* iniciales y algunas intercaladas, o la *u* que media en un "que".

Habían luchado entre sí la tendencia favorable a salvar toda la historia genética de cada palabra —y escribir entonces "crescer" o "acceptar"— y la corriente que prefería unas grafías coincidentes plenamente con la fonética del momento y del lugar —y reproducir "dotor" o "dotrina", por ejemplo, términos que entonces tenían esa pronunciación—. Ni unos ni otros ganaron. Lázaro Carreter lo resume de este modo: "Nuestra ortografía, como todas, resulta del enfrentamiento de tendencias difícilmente conciliables, y se ha fijado sin fidelidad absoluta ni a la fonética ni al latín"[5].

La independencia de las naciones americanas supuso un momento crucial. En 1810, cuando empieza el proceso, la proporción de quienes hablan español respecto a quienes conservan sus lenguas indígenas es de sólo tres a nueve[6]. Y cualquier corredor de apuestas se habría jugado el nueve a uno, porque todo indicaba que el resquemor hacia el conquistador y hacia la metrópoli centralista llevaría a arrinconar su idioma y a reavivar los rescoldos de las lenguas autóctonas. Qué mejor ruptura con el dominador que olvidar sus palabras. Pero los americanos decidieron libérrimamente heredar el español. Y enriquecerlo. Y dar al mundo en esa lengua la mejor literatura de los siglos venideros.

Desde entonces hasta aquí, desde el momento en que el idioma se hace adulto hasta que lo recogemos en su fructífera madurez, ojalá que eterna, se han producido sólo ligeras correcciones ortográficas. Las últimas datan ya del siglo XX, con la supresión del acento en los monosílabos formados por vocales débiles y fuertes: antes, dió; ahora, dio; antes, rió; ahora rio (pronunciación aguda que se diferencia de la llana río); antes, fué; ahora, fue; etcétera. Y la desaparición de la tilde en los diptongos *ui* —jesuita, concluido, incluido, constituido...—; así como el

[5] Fernando Lázaro Carreter, *El dardo en la palabra*, Barcelona, Galaxia Gutenberg, 1997.

[6] Fernando Lázaro Carreter, *Lengua española. Historia, teoría y práctica*, Salamanca, Anaya, 1974.

acento de las partículas de una sola letra, como la preposición *a* y la conjunción *o* (antes *á* y *ó);* y ya se permite no acentuar los pronombres demostrativos —éste, aquél...— si no ofrecen ambivalencia o confusión con sus homófonos los adjetivos [7].

Sin embargo, estas últimas modificaciones ya no se aprueban cuando el español es un ser vivo en fase de crecimiento. El idioma ha adquirido una personalidad muy marcada, ha aprendido de todas sus experiencias y puede presentarse ante el mundo con una cultura definida; dispuesta, sí, a evolucionar; pero con la misma limitación biológica que hace crecer más a una persona de diez años que a una de veinte. Este idioma ya no admite biberones. Tal vez por eso, millones de hispanohablantes persisten en las grafías anteriores a la última reforma, ya sea consciente o involuntariamente. Aún vemos a menudo "dió", y "fé", y "fué", y "constituído", "incluído"...

Y los libros de estilo de los principales periódicos escritos en español exigen a sus redactores que acentúen siempre los pronombres demostrativos, frente a la recomendación académica. Con buen criterio, a mi juicio, porque la disposición oficial complica la escritura en lugar de simplificarla: obliga a detenerse en el momento de redactar, y a preguntarse: ¿podrá confundirse el pronombre que voy a poner ahora con un adjetivo, tal como he concedbido la frase? Parece más sencillo saber simplemente si escribimos un pronombre (que sustituye a un nombre) o un adjetivo (que acompaña a un nombre), sin indagar más aún sobre la permeabilidad de sus cuerpos.

La Academia también autorizó a escribir "sicosis" en lugar de "psicosis", o "sicología" en lugar de "psicología"... y, sin embargo, estas segundas formas han sobrevivido al cambio y han vencido a la propuesta modernizadora.

No parece, pues, nuestra lengua muy propensa para las modificaciones ortográficas hoy en día —ni siquiera por reco-

---

[7] Según el criterio del académico Manuel Seco, que seguimos en este libro, tampoco han de acentuarse "aquel", "aquella, "aquellos"... si preceden a una oración de relativo, puesto que en ese caso se consideran adjetivos y no pronombres. Manuel Seco, *Diccionario de dudas de la lengua española*, Madrid, Espasa, 1998.

mendación de la Academia—, a tenor de la persistencia en las antiguas reglas.

Frente a toda esta historia de gobierno del pueblo y del refrendo de quienes recogieron su espíritu, cada cierto tiempo aparecen voces rupturistas, por el lado de la ortografía o de las palabras extrañas. Pero el hecho de que el idioma ya esté formado aconseja su estabilidad. No hay razón para inventar de nuevo la gasolina si ya está inventada, sobre todo porque se corre el riesgo de dar con una fórmula que no sirva para los motores actuales y que además no admita el uso del combustible sin plomo.

La postura del premio Nobel colombiano frente a la ortografía —o al menos la manera en que ha sido interpretada— se acerca mucho, pues, a la que mantienen los escolares despistados y los universitarios competentes en la técnica y la física que se resisten, sin embargo, a conocer las leyes lingüísticas de sus propios razonamientos. Y se parece también a la de algunos otros relevantes escritores, como refleja el académico mexicano José Moreno de Alba: "La mayoría de los mejores escritores, los que son considerados modelos del bien escribir, los más admirados y a veces hasta leídos, los más premiados, no sólo no estudiaron gramática sino que generalmente se expresan de ella, si no con desprecio, sí al menos con displicencia y no pocos con sorna y burla. Lo contrario es una verdadera excepción"[8].

En efecto, por los países hispánicos circula una corriente de escepticismo intelectual —amparada incluso en personas de gran cultura técnica— que desprecia la gramática y la considera una especialidad absurda que en el fondo sólo consigue demostrar lo que ya todo el mundo sabe. Y bueno. Así son las leyes del idioma: se construyen por deducción, no por inducción: primero se otea la superficie y luego se bucea hacia el fondo. Cuando Antonio de Nebrija elabora la primera *Gramática Española* no desea imponer cómo se ha de hablar, sino sencillamente exponer cómo se habla.

---

[8] José Moreno de Alba, *Minucias del lenguaje*, México, Fondo de Cultura Económica, 1992.

Los que fragmentaron el latín no fueron conscientes probablemente de que aquella lengua se estaba rompiendo en mil pedazos; y muriendo a la vez. Quienes atenten ahora contra la unidad del español, en cambio, sí saben ya que los idiomas pueden resquebrajarse y, por tanto, tienen capacidad de evitarlo. Aquellos habitantes de lo que hoy llamamos península Ibérica no escribían, no leían, no podían comunicarse a cientos de kilómetros de distancia en cuestión de milésimas de segundo. La situación ha cambiado mucho desde entonces. En nuestros días, el tesoro del idioma español está siendo socavado por un virus infinitamente más peligroso que el mal de Moctezuma: la desidia de muchos de sus hablantes y, principalmente, de quienes lo utilizan para dirigirse a millones de personas a través de los medios de comunicación. No se trata, insistimos, de una evolución lingüística de los pueblos, que con todo nos parecería legítima, sino de un peligro de ruptura.

Porque si la decisión reside en el pueblo no hay motivos para preocuparse: ya hemos visto que todas las transformaciones que ha registrado el castellano que se habla en el territorio español se han producido también en los países del Nuevo Mundo, con reducidas excepciones. Y se supone que lo mismo ha ocurrido al revés, puesto que los filólogos creen incluso que gran número de esas modificaciones han surgido en América.

Por otro lado, la característica pronunciación americana (el sonido de la *s* donde se escribe una *c*, por ejemplo) no constituye ninguna ruptura con el idioma de la Península: se trata de la herencia de los andaluces que mayoritariamente poblaron aquellas tierras detrás de Colón.

En efecto, según el estudio del hispanista Peter Boyd-Bowman [9] sobre la demografía americana del siglo XVI, dos tercios de las mujeres que navegaron de España al Nuevo Mundo entre 1509 y 1518 habían nacido en Sevilla o lugares cercanos, y dieron así idioma materno a cuantos ahora envuelven nues-

---

[9] Peter Boyd-Bowman, *Regional Origins of the Earlest Spanish Conolists of America*, Bogotá, Instituto Caro y Cuervo, 1956.

tra lengua en un cálido seseo. Aún más: entre 1493 y 1510, el 60 por ciento de los varones que arriban al Nuevo Mundo (las mujeres comenzaron a llegar en 1509) son andaluces, porque no en vano los puertos del sur de la Península constituían la principal salida hacia el océano que une y separa España de América. Son los andaluces, pues, los que se llevan, entre otras muchas, la palabra "plomero" —denominación del sur peninsular— para designar al "fontanero". Y por eso en Latinoamérica se le llama ahora plomero al fontanero.

Menéndez Pidal se preguntaba en su obra *Poesía juglaresca* por los mecanismos que hacen evolucionar una lengua. Y se respondía: "Todas o casi todas las innovaciones que cada hablante introduce se extinguen, rechazadas por la mayoría que acata el patrón del lenguaje; y muy pocas hallan imitadores que las propaguen; y así la lengua común, aunque varía en cada uno que la habla, tiende a permanecer invariable en su esencia, siendo sus mudanzas pocas, leves y lentas, aunque hemos de insistir en que toda mudanza depende de un individuo que obra sobre muchos individuos, y el resultado de muchos actos voluntarios y conscientes no es nada inconsciente ni mecánico. El individuo por sí solo puede influir en el lenguaje de la comunidad lo mismo que puede influir en unas elecciones por sufragio universal: captándose adhesiones. Sólo que la propaganda lingüística no suele hacerse en forma de persuasión oratoria, sino mediante la enseñanza gramatical, los diccionarios, la difusión de los modelos literarios o simplemente modelos de prestigio social"[10].

Nos interesa resaltar una frase: la lengua común tiende a permanecer invariable en su esencia, siendo sus mudanzas "pocas, leves y lentas". Ahora bien, los hablantes siempre tomaron esos "modelos de prestigio social", representados por personas cultas que cuidaban sus expresiones como muestra de su propia instrucción en las letras.

---

[10] Ramón Menéndez Pidal, *Poesía juglaresca y juglares. Orígenes de las literaturas románicas*, Madrid, Espasa Calpe, 1990.

El problema de hoy en día, y hasta aquí queríamos llegar, radica en que las normas del lenguaje no se establecen ya de abajo hacia arriba, no fluyen del pueblo hacia los reyes, no toman como modelos de prestigio a las gentes que dominan la lengua tras extraerle el genio popular que duerme en ella, sino al revés. El idioma fue democrático porque el pueblo se daba a sí mismo la gramática por el mero hecho de ejercerla, de decidir inconscientemente los verbos irregulares y los defectivos, de sentar las concordancias y definir el buen gusto general. Ahora ese poder ha subido desde la base de la pirámide a su cúspide, y son los periodistas y quienes aparecen con ellos en los medios informativos —políticos, jueces, banqueros, los personajes que acaparan la influencia en la televisión...— los que mandan en la norma lingüística. El ansia de poder de unos pocos no podía despreciar ese territorio que un día perteneció a todos.

El concejo abierto que debatía los problemas del burgo ha dado paso al mitin de campaña donde el mensaje sólo existe si es unidireccional: uno habla y los demás otorgan. Y quien usa el micrófono disfruta, por ese mero hecho, del prestigio y la influencia. Del poder del lenguaje. Aunque su objetivo no sea engrandecerlo, sino manipularlo.

"Hablamos, pero no conversamos", ha escrito el filósofo Fernando Savater. "Disputamos, pero rara vez discutimos. La conversación no consiste en formular peticiones o súplicas, ni el ladrarse órdenes o amenazas, ni siquiera en susurrar halagos o promesas de amor. El arte de la conversación es el estadio más sofisticado, más civilizado, de la comunicación por medio de la palabra. Un arte hecho de inteligencia, de humor, de buenos argumentos, de anécdotas e historias apropiadas, de atención a lo que dice el vecino, de respeto crítico, de cortesía... Es tan sofisticado y civilizado este arte que hoy probablemente sólo sigue estando al alcance de algunas tribus de Kalahari que desconocen tanto la prisa funcional como la jerga cibernáutica"[11].

---

[11] Fernando Savater, "Un arte en desuso", en *El País Semanal*, 16 de agosto de 1998.

Con la pérdida de la tertulia, con la extinción del diálogo aquél —sentados en sillas de madera en las aceras del pueblo, alrededor de unos vasos de café, o de pacharán, de fino, de rioja, de albariño, de ribera, o de chinchón, o de mate, o de tequila… con el tiempo por delante y por detrás—, el intercambio de palabras cada vez ocupa menos espacio en nuestras vidas. Y, cómo no, la discusión cordial entre vecinos en torno a una mesa o aquellas reuniones de amigos han quedado sustituidas por las tertulias de radio, cuyos integrantes generalmente no dominan ni la lengua que hablan ni los temas que tratan.

En efecto, la lengua española se forjó en las aldeas, los mercados, pero se acuñó en las iglesias, los conventos; se unifica en las asambleas populares, en las fiestas, pero se esculpe en las leyes, los pergaminos. Se usa en los pueblos, se ratifica y se refina en la literatura. Fluye de abajo hacia arriba.

Hemos visto que la invención de la imprenta supuso a finales del siglo XV un factor de unificación para el castellano y otros idiomas; al menos en el caso español, no por unas normas establecidas desde la Corte, sino por la interpretación que hicieron conjuntamente los tipógrafos —hombres sencillos y de abundantes lecturas por razón de su oficio—, sobre cómo habían de representarse las palabras y los signos. Y los hablantes tomaron en otro tiempo como referencia a personas de prestigio: monjes, jurisconsultos. Los "abogados" de hoy eran entonces sobre todo "letrados", y el conocimiento de las letras les confería autoridad y crédito. En cualquier caso, la lengua generalmente se crea abajo y se consagra arriba, para viajar enriquecida de nuevo hacia abajo; pero esta ratificación de los hablantes de prestigio no vulnera ni manipula el espíritu que les llega desde el pueblo, sino que se une a él para reforzarlo.

Y de ese modo se respeta el idioma puro, creado no siempre con criterios lógicos: por ejemplo, un arquitecto podrá decir "hago el proyecto en dos días" y ello significará que va a emplear ese tiempo para elaborarlo, pero si expresa "lo hago dentro de dos días" nos transmite —vulnerando el sentido de "dentro"— que lo empezará una vez termine ese plazo. Y los hablantes establecen así al través de los siglos —nunca de un día para otro— la evolución de su propia ilógica lingüística, el camino de los diptongos latinos y de los artículos árabes. Toman palabras y estructuras de aquí y de allá —nada sale de la nada— y conforman con el sedimento de los tiempos una lengua maravillosa y precisa, hermosa y culta. No necesariamente perfecta. (Por ejemplo, podemos decir "vosotros me amáis", "nosotros nos amamos", pero no "nosotros me amamos" aunque también tenga un significado insustituible). Mas sí acabada tras un periodo de formación en el cual el idioma supo aprender de cuantos podían enseñarle.

El escritor Francisco Umbral opinaba en una entrevista sobre esos dos niveles —el popular y el poderoso— en la creación y destrucción de la lengua: "La gente a la que oigo por la calle habla bien, resulta muy creativa y hace gala de grandes dotes coloquiales. Los profesionales de los medios sí que hablan mal, en especial los de televisión y radio, quienes empobrecen y adulteran el idioma; aunque también hay algunos diarios que están mal escritos, y el cine tampoco está libre de culpa".

Y el dramaturgo Antonio Gala: "En la televisión, que es donde aprenden la innumerable mayoría su idioma vivo, se habla muy mal y con un escasísimo y decreciente vocabulario. Además, atrofia la capacidad imaginativa y engendra remedios idiomáticos horrendos".

El académico Francisco Rico, historiador de la literatura, coincide también en la influencia que ejercen los poderes sobre los hablantes, la cúpula sobre la base, y se muestra muy pesimista: "No hay absolutamente nada que hacer. Vivimos en pleno *1984* de George Orwell, en el que el capitalismo es un fascismo hecho por otros medios. Todo intento de cambiar las cosas no serían más que paños calientes contra el actual sistema impuesto por el poder económico y político" [12].

---

[12] Testimonios de Umbral, Gala y Rico, tomados de la revista *Qué leer,* mayo de 1998, concretamente del reportaje "¿Por qué hablamos tan mal?", firmado por Antonio Lozano.

Hoy en día el lenguaje ya no se construye tanto por la inventiva y el intercambio natural de las mujeres y los hombres como por el poder: los políticos, los banqueros, los periodistas, todos aquellos que tienen la posibilidad de subir a la torre y difundir su mensaje a millones de hablantes que lo toman como prestigioso y lo siguen aunque no proceda de personas con prestigio. En España, un comentarista de baloncesto tomado así por culto —por el mero hecho de estar en posesión del altoparlante— ha difundido la expresión "ganar de ocho puntos", "ganar de dos"... en lugar del viejo "ganar por ocho" o "ganar por dos puntos"; sus conocimientos sobre el mundo de la canasta no van parejos con su competencia profesional en el lenguaje. Sin embargo, ha logrado influir porque habla desde el alminar televisivo, y los súbditos le escuchan y le imitan.

También García Márquez está ahora en esa cúpula.

III. La gramática y la gimnasia

El premio Nobel colombiano tal vez pensaba, al hacer su exposición de Zacatecas, en los problemas de escolarización de las poblaciones indígenas de Latinoamérica. En efecto, algunos países de habla hispana ocupan lugares muy retrasados en las listas de la alfabetización mundial. México se sitúa en el puesto número 49, y Colombia en el 53. Venezuela, con una de las mejores tasas de Latinoamérica, tiene un 7 por ciento de analfabetos, y las últimas mejoras la han elevado al puesto 46. De ahí las obsesiones por simplificar la gramática, de acabar con el fracaso escolar y con tantos errores a causa de las letras distintas para los sonidos iguales.

El argumento de que unas nuevas normas ortográficas facilitarían el aprendizaje del idioma en la escuela parte, pues, de ideas bienintencionadas. Pero la propuesta no resiste analogías.

El idioma y sus normas no constituyen un fin en sí mismos, sino sólo un reflejo. Quien escribe correctamente muestra que ha disfrutado de una escolarización adecuada, que ha leído libros y tiene ejercitada la mente.

Los futbolistas practican en los entrenamientos decenas de flexiones y estiramientos que luego jamás repiten en la competición oficial. Baten los brazos; abren y cierran las piernas como aspas de un compás, giran la cintura a uno y otro lado con los brazos en jarras, se tocan las puntas de los pies con los dedos de las manos sin doblar las rodillas. Pero ¿se tocarán luego las puntas de los pies durante el partido?

El correcto ejercicio de esas tablas gimnásticas no se plantea como un fin en sí mismo. Incluso a los deportistas les resulta muy aburrido. Pero sirve para lograr esfuerzos superiores. Un músculo estirado por la gimnasia alcanzará el balón sin desgarros en el esfuerzo definitivo en boca de gol.

En la lengua y su escritura no importa tanto el fin del ejercicio mental bien hecho como lo que ello significa en cuanto medio: que gracias a esa gimnasia podemos acceder a estadios de razonamiento y cultura más elevados. Y que nuestra sociedad nos ha dotado de medios para ello [1].

El argumento, en fin, de que la simplificación de la ortografía disminuiría el fracaso escolar raya en la irreflexión. Se podría argumentar lo mismo sobre los ejercicios de barra en la danza: puesto que se trata de clases muy duras y como precisan de esfuerzo, dedicación y dinero para pagarlas, suprimamos esas exigencias de modo que quienes deseen ser bailarines pasen directamente al escenario. Así no tendrán que penar con pérdidas de tiempo absurdas. ¿Qué habremos conseguido con eso? Nada bueno: solamente que empeore el nivel de los bailarines.

Por estas mismas cuestiones hay que lamentar que el latín y el griego clásico se batan en retirada de la enseñanza secundaria. En efecto, se trata de lenguas muertas que difícilmente nos pueden servir para convertirnos en guías de turismo, pero su disección ayuda a razonar, a relacionar entre sí los órganos más vitales del idioma, a construir ideas y reconocer la sintaxis y las articulaciones, y deviene en fundamental para entroncar con la propia historia del idioma español como ser vivo.

El latín ha ayudado, sin duda alguna, a que los misioneros conquisten con la palabra en español nuevos adeptos, y a que los sacerdotes usen con esmero el idioma desde sus púlpitos

---

[1] Expuse estas mismas ideas, más sucintamente, en el debate sobre el futuro de la escritura organizado en febrero de 1998 por la Editorial Alfaguara en la Casa de América, de Madrid, y cuyas ponencias se publicaron en junio de ese mismo año bajo el título *El territorio de la Mancha. El porvenir de la literatura en lengua española.*

dominicales, en homilías construidas generalmente con una estructura limpia y comprensible. Podemos decir que, hoy en día, pocos como ellos emplean con tanta sabiduría el lenguaje —sin barbarismos, sin calcos del inglés, ensotanados en la gramática correcta—, sobre todo si los comparamos con otros habituales del sermón y el adoctrinamiento, como algunos políticos y ciertos periodistas.

No en vano elogiamos a alguien cuando decimos de él que "sabe latín".

La nueva ortografía que propone García Márquez podrá reducir, pues, el fracaso escolar mediante la supresión de la gimnasia, pero habrá tapado a la vez la injusticia social que la propia existencia del analfabetismo ya denuncia, y la habrá consagrado para siempre. Habremos caído finalmente en el escamoteo de un problema profundo mediante un maquillaje hipócrita.

El poeta venezolano Rafael Cadenas [2] escribió: "La situación de deterioro [del idioma] tiene graves consecuencias para el venezolano. El desconocimiento de su lengua lo limita como ser humano en todo sentido. Lo traba; le impide pensar, dado que sin lenguaje esta función se torna imposible; lo priva de la herencia cultural de la humanidad y especialmente de la que pertenece a su ámbito lingüístico; lo convierte en presa de embaucadores, pues la ignorancia lo torna inerme ante ellos y no le deja detectar la mentira en el lenguaje".

Porque quien no sea capaz de comprender algo tan básico como la escritura, quien no tenga garantizada en su infancia la educación adecuada para ello, pocos progresos más logrará en su vida intelectual, se convertirá en un ser acrítico, incapaz de analizar a los demás. No puede convertirse en arquitecto quien no entienda la estructura de un ladrillo.

Y de tal fracaso en la enseñanza de la herramienta lingüística no tendrá la culpa un problema de ortografía, sino un problema humano y político. Una sociedad que no escribe correctamente, que no habla con orden, que no ama su lengua,

---

[2] Rafael Cadenas, *En torno al lenguaje*, Caracas, Universidad Central de Venezuela, 1989.

se convierte en una sociedad que piensa poco y que terminará sintiéndose inferior. Y eso no sólo afectará a sus empresas, a sus organismos estatales, a su cultura… También a cada persona individualmente.

Y la sociedad de hoy hace ya tan poca gimnasia que no tenemos el músculo entrenado ni para mejorar la escritura ni para leer con mayor placer. Ni para hacer esfuerzos.

Por eso debemos considerar fundamental la enseñanza de la gramática. Y los profesores no han de consentir que sus alumnos la vean como un deber necesario para obtener el aprobado en el curso, un catálogo de memorizaciones como la geografía o las fórmulas químicas. Ojalá podamos explicar entre todos a los estudiantes que la gramática y la sintaxis les servirán en el futuro para conocer el sujeto y el predicado de modo que nunca los divida una coma; y para localizar el antecedente de un relativo y evitar de ese modo que la frase pierda el sentido. Y para expresarse con claridad y precisión, de modo que los demás puedan entenderlos sin esfuerzo, y seguir fielmente sus instrucciones si ése fuera el caso. Y para lograr mejor sus objetivos en la vida, para aumentar su prestigio en el supuesto de que tal meta les atraiga, para razonar en su propio provecho y en el de sus semejantes, para convencer con argumentos sólidos.

Pero no siempre los profesores tienen ese pálpito de amor a la enseñanza que imparten, ni consciencia suficiente de su repercusión. Tampoco quienes redactan algunas gramáticas escolares, llenas de tecnicismos para memoriones y vacías de la pasión por comunicar.

"Al niño se le exige estudiar gramática clásica, aburridísima para la etapa que vive. No escribe, lee, ni inventa. No se logra que disfrute de su lenguaje", ha explicado el catedrático peruano Max Hamann. Y su colega Carlos Garayar, de la Universidad limeña San Ignacio de Loyola, añade: "Los niños juegan cada vez menos con el lenguaje. Y jugar con él es aprender a disfrutarlo, es darse cuenta de las posibilidades que tiene y desarrollar la propia conciencia lingüística" [3].

---

[3] Max Hamann, Carlos Garayar, diario *El Comercio*, de Lima, *art. cit.*

ÁLEX GRIJELMO

En España, la asignatura de lengua es la que menos gusta a los alumnos. Sólo el 29,2 por ciento de los escolares la aprecia "bastante" o "mucho". Y resulta ser la penúltima en rendimiento medio en la escala 0-500 (267,11).

Pero la gramática —como la gimnasia— no puede suponer un sufrimiento para el alumno, ni siquiera para aquellos estudiantes que aspiren a convertirse en genios de la física o las matemáticas y que se escuden en esa división absurda que al especialista en letras le excusa de calcular correctamente un porcentaje, y al científico de divulgar con eficacia sus conocimientos.

El académico mexicano José Moreno de Alba escribe: "Dos son las características predominantes en la gramática que deberían estudiar los niños: funcional y viva. No conviene perder de vista la necesidad de adaptar las nociones gramaticales a la capacidad lingüística del alumno, utilizando procedimientos inductivos y haciendo hincapié en la concepción de la lengua como medio de comunicación"[4].

Ahí está la clave: el estudio de la gramática ligado a las posibilidades de expresarse mejor. Pero…

…"Rarísima vez se han ligado de manera procedimental gramática y expresión" en los planes de enseñanza y en los libros de texto, explica el profesor y escritor español Víctor Moreno. Y, con cierto humor, este profesor muestra su tristeza por el mal concepto social que persigue a quien defiende estos entrenamientos gimnásticos: "En ciertos ámbitos, proclamarse apologeta de la gramática puede ser tildado de momia lechemática y de retablo sémico"[5].

Piensen lo que piensen algunos, la instrucción impartida con un lenguaje cuidado se reflejará en la competencia profesional de todos los hispanohablantes en el futuro, en su capacidad de persuadir y de enamorar. Saber comunicarse puede evitar muchos sufrimientos y generar inmensas satisfacciones.

---

[4] José Moreno de Alba, *op. cit.*

[5] Víctor Moreno, revista *Alacena*, Madrid, agosto de 1998.

Para ello hace falta no sólo que los profesores de lengua amen su propia asignatura. También que les imiten los profesores de matemáticas o geografía. Lo explica Víctor Moreno igualmente: "El profesor tiene que saber gramática. Todos los profesores deberían saberla por imperativo profesional. ¿Alguien se ha detenido a leer alguna vez el lenguaje en el que están elaborados las pruebas y exámenes del resto de las asignaturas que se entregan al alumnado? [...] La enseñanza de la gramática, como la de cualquier aspecto de la realidad lingüística, no necesita mercenarios, ni, menos aún, gente desganada, incapaz de suspirar con un sistagma de Baudelaire; de Baudelaire o de la persona más humilde de la tierra".

Todos los alumnos tienen derecho a comprobar que las palabras entrañan los conceptos de la música, que los poetas extraen de ellas mejor que nadie un sonido hermoso y expresivo. Y que la gramática es sólo el solfeo para lograr su armonía.

IV. La música y la gramática

Muchos escépticos del lenguaje consideran que la gramática supone un corsé, una obligación absurda para el escritor o el periodista, para el abogado o para el presentador de televisión, un código impuesto que coarta su creatividad, una reliquia del fascismo. Por supuesto, tal opinión se extiende a la sintaxis, la semántica, la ortografía o los libros de estilo de los diarios, que algunos periodistas desprecian como residuos de una dictadura.

Ningún estudiante de música, sin embargo, rechazaría el solfeo como algo que atase su creatividad, que cercenara su propio estilo y dificultase la expresión espontánea. Ni mucho menos la *ortografía* que una partitura precisa para trasladar a cualquier espíritu receptor lo que alguien ha podido concebir en su mente a miles de kilómetros… o centenares de años antes (lejano en el espacio o en el tiempo): las subyugantes corcheas, fusas, semifusas y demás partículas de la oración musical han permitido descifrar, pues, el genio interior de Beethoven o los sentimientos más íntimos de Chopin.

Y las normas elementales de la música y los sonidos, las leyes del ritmo y del contrarritmo, amparan lo mismo el jazz que el rock, los boleros, las sinfonías o la canción tradicional, las sevillanas o el *dixie*, el pasodoble y el tango, la marcha militar y la canción protesta. El solfeo y la armonía sólo ponen una condición básica para cualquiera de estos géneros: se prohíbe desafinar. Y precisamente por eso, porque sus normas impiden la desafinación, garantizan el buen sonido. Una vez adquirida esa base, se permite la creatividad. Pero la invención que podamos plantearnos como autores habrá de respetar la testarudez de la armonía y el solfeo para resultar hermosa.

¿Cómo se desafina? Las vibraciones de la música producen placer o desagrado según las distintas frecuencias de sonido que emite cada nota. Las ondulaciones producidas al tantear las teclas del piano pueden caminar paralelas y congeniar en el aire, o interferirse y caer entonces en la distorsión, que apreciará sin duda quien disponga del oído adecuado para ello, sea natural o adiestrado. Un espectador con talento o educación musical podrá discernir si un violinista desafina. Pero su juicio no entra en lo opinable: hoy en día la desafinación se puede demostrar con instrumentos electrónicos que miden las ondas sonoras, que saben si un *la* se ha lanzado al aire con las 435 vibraciones por segundo que precisa para tratarse de un *la* afinado, un *la* pronunciado con perfecta prosodia instrumental, sin faltas de ortografía.

A diferencia de la música, no existen mediciones físicas ni electrónicas —ni hoy ni nunca— sobre cómo se desentona en el lenguaje. Al hablar o al escribir se cometen incorrecciones —se desafina— cuando el autor vulnera lo que constituye la norma de los hablantes. La "norma": es decir, lo "normal", lo que los hablantes han decidido asumir como tal al través de los siglos. O la "regla", es decir, lo "regular", lo que por lo regular se usa. En la música, los criterios técnicos vienen dados por las leyes físicas del diapasón. (Antes de descubrirse estos fundamentos y su medida científica, la afinación sólo podía responder al gusto general del público; y los nuevos alumnos admitían el criterio general de sus maestros, y los nuevos públicos el de sus antecesores; y los maestros el gusto del público, cerrando así el democrático ciclo; un gusto que luego demostraron los afinadores electrónicos). Aquí, en el lenguaje, sólo existen —hoy y siempre— las leyes de la democracia, tan discutibles como extenso pueda ser el tiempo de que se disponga para discutirlas; pero todo aquello que los usuarios han decidido rechazar *suena* mal. Casi podríamos decir que *objetivamente* suena mal, aunque los criterios puedan parecernos arbitrarios muchas veces porque aún no se ha inventado la medición electrónica de las palabras.

Sólo el gusto general decide qué condenamos como una penosa cacofonía —por ejemplo, "la mata a hachazos", frase tomada de un titular de prensa— y qué apreciamos como una hermosa aliteración —"siempre con su cloqueante cacareo de gallina clueca", verbigracia extraída de la novela de Gabriel García Márquez *Cien años de soledad*—. En ambos casos —la aliteración y la cacofonía— estamos hablando de una reiteración de sonidos, hermosa una y despreciable la otra [1]. Sólo el conocimiento del idioma, de su genio interno, de su historia literaria y de su uso actual, o en su defecto el buen gusto y el talento, nos permiten la fineza de condenar o elogiar una frase sin la autoridad del diapasón infalible; pero con el mismo sentido musical: igual que un buen oído, natural o entrenado, puede descubrir los defectos de una orquesta sin necesidad de corroborarlos con la medición física.

La gramática y la sintaxis, incluso la fonética, forman ese afinador básico que puede servir de referencia al lector y a quien le escriba, que permite templar las cuerdas de la guitarra y la piel de los timbales. Contra sus normas —o sin ellas— nadie podrá interpretar ni componer una sinfonía literaria. Además, quien lo intente habrá de conocer las leyes de la armonía, que, en cuanto atañe al lenguaje, sólo la lectura y la reflexión pueden enseñarnos.

Pero la gramática no está de moda. Ya Miguel de Unamuno se burlaba de la necesidad de aprenderla: "Dicen que a los españoles nos hace mucha falta aprender gramática, cuando lo que necesitamos es tener qué decir"; y el autor de *Niebla* proclamaba además la inutilidad de esa asignatura "para es-

---

[1] Dos ejemplos más de hermosas aliteraciones:

"...Bajo la bóveda de la estación y el estrépito de los expresos...". Antonio Muñoz Molina, *Beltenebros,* Barcelona, Seix Barral, 1990. La sonoridad de "estrépito" y "expresos" refuerza el concepto del ruido de los trenes.

"Todavía tenía en sus oídos el retumbar de los truenos en la tormenta de la tarde". Manuel de Lope, *Bella en las tinieblas,* Madrid, Alfaguara, 1997. La reiteración del sonido *t* evoca la tormenta.

cribir y hablar con corrección". Sin embargo, según lo explicado más arriba, tras aprender gramática probablemente se tendrá más que decir porque se habrá ganado capacidad de razonar.

Ahora bien, puede interpretarse también la música "de oído", mediante el conocimiento instintivo de las leyes de la afinación y los acordes. No hace falta estudiar gramática para "escribir y hablar con corrección" como no hace falta aprender solfeo para tocar la flauta. Pero al final el resultado musical del aficionado deberá coincidir, si se trata de música afinada, con las normas que habría cumplido el más educado intérprete de cámara. Ni uno ni otro podrán pulsar una nota *re* si se acompaña de un acorde de *do* mayor. Porque disuenan. Así, un buen autor de novelas tal vez no haya aprendido en la escuela gramática y sintaxis. Pero no podrá escribir sin ellas.

Un prestigioso crítico español se quejaba recientemente de que algunos de sus colegas se hubieran convertido en unos "censores gramaticales" que persiguen a determinado autor de éxito internacional. "Es una vieja, arqueológica tradición: el fundador de tal linaje fue don Diego Clemencín, autor en el siglo XIX de un grueso comentario al *Quijote*, donde, entre otras cosas, señalaba con fruición los errores gramaticales de Cervantes —fruto de 'una negligencia y desaliño que parece inexplicable'— que el bueno de don Alberto Lista, que era más inteligente, trató de atenuar arguyendo que los tales errores no lo eran en la época de don Miguel. Clemencín ha sido padre de un linaje abundante, que en este fin de siglo ha tomado como uno de los blancos predilectos de sus censuras a Javier Marías, cuyo éxito internacional tiene, al parecer, difícil perdón. Pero sucede, qué le vamos a hacer, que la crítica literaria nada tiene que ver con el análisis gramatical"[2].

¿Y cómo no? ¿Cómo no va a guardar alguna relación con el sonido y la afinación esa redundancia del verbo tener, presente en dos frases consecutivas, en la que, al final de nuestra cita, incurre el propio crítico literario? ¿Cómo no vincular un

---

[2] *El País*, Madrid, 11 de julio de 1998, suplemento "Babelia".

análisis sobre la actuación de un cantautor con los desatinos que hubiera cometido el trompetista de su grupo, o él mismo con su propia voz? El crítico musical podrá hablar en justicia de que las canciones del artista gozaban de una magnífica construcción de letra y partitura, pero luego deberá matizar que no resultó agradable escucharlas al haber sido *ejecutadas* ante el público.

En estos casos, los integrantes del bando *en-el-fondo-todo-da-igual* suelen aportar como ejemplo de autoridad los errores gramaticales de Baroja o Galdós, sin duda geniales escritores. Pero, en fin, uno habría disfrutado mucho más de *La busca* si don Pío hubiera corregido algunas notas musicales que, sin añadir fuerza expresiva, restaban armonía a su discurso. Y añadiré que, leída la obra de Baroja —especialmente— durante los años del bachillerato, para mí supuso una enorme contradicción: por un lado, las teorías y las correcciones que aplicaba el profesor de lengua; y por el otro, los elogios que se dedicaban a don Pío en la clase de literatura. Sin ninguna crítica gramatical.

Frente al descuido de muchos autores de hoy en día —herederos de esa desatención de algún antecesor, incluido el propio Cervantes, algunos de cuyos despistes sí eran errores en aquel tiempo—, cómo no disfrutar con la finura léxica y sintáctica de Miguel Delibes, que se permite juegos inolvidables como hacer que Lorenzo, el curioso personaje protagonista de *Diario de un emigrante,* use siempre la expresión vulgar "en pelotas", mientras que cuando escribe Delibes en su papel de narrador acuda siempre a la fórmula "en pelota" opción culta que casa con la etimología de "piel" de la cual procede, y que enlaza con la más amplia "en pelota picada" [3].

Por otro lado, a nadie le consta que Beethoven lograra fama de buen violinista. El talento del autor puede despreciar ciertos detalles de puntuación —así lo demuestra en sus declaraciones el premio Nobel colombiano— porque luego los

---

[3] Resalta este hecho Fernando Lázaro Carreter en *El dardo en la palabra, op. cit.*

correctores dejarán cada acento en su sitio. Pero sin el trabajo de esos profesionales se produciría la desafinación. Por eso existen. Un buen instrumentista mejora la propia composición de un genio, y los grandes maestros de la guitarra o del violín, los buenos directores de orquesta, son considerados artistas; incluso genios también. Los correctores de las editoriales no llegan a tanto, pero quién sabe cuántas mejoras habrán introducido en textos tomados ahora por perfectos, cuántos despistes habrán sabido resolver para que al final los lectores disfrutemos de una sinfonía sin ruidos. La genial fotógrafa española Cristina García Rodero conoce muy bien cuánto mejora sus obras el laborante que las revela, Antonio Navarro, que hace juegos de magia con sus manos bajo la lámpara de la ampliadora para acomodar las luces y las sombras.

Hace unos años, un magnífico escritor y periodista logró un relevante galardón literario español con una novela que no incluía ni una sola coma. El diario *El País* publicó como avance periodístico su primer capítulo. Y los correctores del periódico, que revisaron el texto como uno más, sin saber que gran parte de su originalidad se basaba en no hacer concesión alguna a tal signo ortográfico, esparcieron por la obra cuantas comas consideraron necesarias. Nadie revisó luego el capítulo, una vez salido del departamento de Corrección, y así se publicó, con gran descontento del autor cuando observó la tropelía. Sin embargo, los correctores hicieron muy bien su trabajo: colocaron las comas allí donde resultaban realmente necesarias, porque de otro modo las frases en que se omitieron habrían significado algo distinto de lo que el autor deseaba expresar según se deducía más tarde del contexto.

Me refiero a este tipo de actitudes de intelectuales competentes y cultos cuando intento defender la gramática frente a esa tendencia moderna que la desprecia, la soslaya o, simplemente, la desconoce, seguramente por no haber aprendido jamás que la gramática procede del pueblo. Tiene mérito componer una novela sin una sola coma: pero más aún lo tendría si realmente no fuera necesaria ninguna coma.

La corriente iconoclasta de algunos de los nuevos autores —no es el caso del aludido, hombre de sólida prosa al que sólo podemos reprochar esa pequeña broma— utiliza como disculpa la rotura de moldes y formas para esconder graves carencias de formación.

Afortunadamente, otro crítico, Luis de la Peña, pone la cuestión en su sitio: "Muchos de los jovencísimos escritores que irrumpen hoy en el mercado editorial revelan un grave desconocimiento de la sintaxis, una pasmosa ignorancia de la composición, del estilo, de los mecanismos artísticos con que construir las historias. Difícil entonces, con este bagaje, descubrir nada, transformar nada". Y el ensayista mexicano Blas Matamoro agrega: "El editor o el funcionario editorial que corresponda es el que da los últimos toques y retoques al producto que firmará un autor menos autor de lo que la gente presume"[4].

Sabemos que, a diferencia de los novelistas de hoy en día, Cervantes careció en sus primeras ediciones baratas de competentes profesionales de la imprenta, quizá acuciados a su vez por la escasez de medios y salarios. Y que, efectivamente, el español de entonces se hallaba todavía en formación. Ahora ya contamos con un idioma consolidado y con una "reedición definitiva" del *Quijote* a cargo del profesor y académico Francisco Rico, que ha intentado recomponer en el libro lo que se supone concibió el Manco de Lepanto antes de que los malos duendes hicieran magia negra sobre sus textos. Cervantes creó una música magistral. Francisco Rico ha sabido interpretarla. Aplaudamos, pues, al pianista.

---

[4] Luis de la Peña y Blas Matamoro en *El porvenir de la literatura en lengua española*, Madrid, Alfaguara, 1998.

V. LA GENÉTICA DE LAS PALABRAS

La *h*, la *be* alta y baja (o *b* y *v*), la *q* y la *k*, la *c*... nos evocan el origen de las palabras, de las células de este ser vivo que es el idioma. En las letras tenemos los genes de cada idea. Gracias a ellas nuestra intuición de hablantes puede relacionar vocablos y conceptos entre sí; y, precisamente, observar cómo ha evolucionado nuestra lengua en su camino lleno de siglos.

Aquel discurso de Gabriel García Márquez que pretendía acabar con la ortografía actual levantó el entusiasmo de muchos de quienes han venido cuestionando la doctrina académica y sus aplicaciones, ese sector pretendidamente progresista que opone la libertad a las normas, como si la libertad no necesitara precisamente de normas que la garantizasen. Tal vez encantados de romper con su pasado como escolares sufrientes, hallaron la disculpa perfecta para reírse de los "dictadores" de la gramática como no pudieron reírse de sus maestros en la escuela. Así que llegó la puntilla ideológica que necesitaban los supuestos subversores, los reaccionarios frente al poder del pueblo: si García Márquez, todo un premio Nobel de literatura, quiere jubilar la gramática, ¿por qué algunos pesados se empeñan en cuidarla?

El congreso que reunía a filólogos, académicos, periodistas preocupados por el lenguaje, gramáticos, profesores, expertos... no dedicó ni un solo minuto a la propuesta del novelista colombiano, tal vez intuyendo que se trataba sólo de una mamadera de gallo (la forma en que los colombianos toman el pelo al personal). Pero tampoco habría valido la pena si el planteamiento se hubiera hecho en serio. Sin embargo, en todo el ámbito hispanohablante surgió la polémica, más surtida de aportaciones viscerales y políticas que de reflexión lingüística.

El discurso de García Márquez no alegró mucho a los congresistas de Zacatecas porque acaparó la atención exterior —todas las televisiones del mundo hispano reprodujeron sus palabras, todos los periódicos, todas las emisoras...— y dejó apenas sin repercusión a ponencias, hallazgos, proyectos, opiniones y acuerdos mucho más tangibles, más científicos y más estudiados. El congreso se organizó para la reflexión y el acercamiento, pero se divulgó sobre la polémica. De nuevo, el poder de quienes disfrutan de las tribunas —para esparcir su mensaje unilateral— puede ocultar los debates que se producen por debajo.

Seguramente los que dieron pábulo —a menudo con deformaciones— a la intervención del genial escritor no pensaron que si cambian las normas ortográficas actuales nuestra generación se adaptará muy difícilmente a los nuevos escritos, que acarrearán un esfuerzo mayor para la lectura. Pero nuestros hijos ya nunca encontrarán familiares los millones de libros que se han publicado hasta ahora en español. ¿Quemaremos todos esos ejemplares?

Releamos por ejemplo *Cien años de soledad* con los criterios que pareció defender su propio autor. Éste sería su comienzo:

"Muchos años despues, frente al peloton de fusilamiento, el coronel Aureliano Buendia abia de recordar aquella tarde remota en que su padre lo yebo a conocer el yelo. Macondo era entonces una aldea de beinte casas de barro y cañabraba construidas a la orilla de un rio de aguas diafanas que se precipitaban por un lecho de piedras pulidas, blancas y enormes como güebos prehistoricos. El mundo era tan reciente, que muchas cosas carecian de nombre, y para mencionarlas abia que señalarlas con el dedo. Todos los años, por el mes de marzo, una familia de jitanos desarrapados plantaba su carpa cerca de la aldea, y con un grande alboroto de pitos y timbales daban a conocer los nuebos imbentos. Primero llebaron el iman. Un jitano corpulento, de barba montaraz y manos de gorrion, que se presento con el nombre de Melquiades, izo una truculenta demostracion publica de lo que el mismo llamaba la octaba maravilla de los sabios alquimistas de Macedonia".

¿Deseaba eso realmente García Márquez? Sospechamos que no. Había en sus frases más un alegato en favor de la recreación propia de las palabras que de la subversión del sistema lingüístico. Por eso un periódico español tituló "Cela y García Márquez arremeten contra los intentos de constreñir el idioma"[1]. En efecto, la lectura nos permite imaginar un mundo paralelo al que las letras muestran. Y no debemos, por tanto, atarnos a la frase enunciada, sino imaginar por nuestra cuenta siguiendo el relato del autor, recrear con él los dejes y los tonos de los personajes, pintar con nuestros colores las descripciones plasmadas en las letras de negro sobre blanco, y deducir en nuestra mente cómo puede saber algo a cucarachas muertas si jamás las hemos probado.

Las propuestas de una reproducción fonética —total o parcial— de las palabras tienen ya cierta edad, y se puede citar como antecedente remoto al ya referido Gonzalo Correas (Korreas, si seguimos sus indicaciones). Por eso aquel discurso de Zacatecas no supone una simple anécdota. En tiempos más cercanos, el lingüista Gutierre Tibón[2], mexicano de origen italiano, defendió también que la reducción del alfabeto facilitaría la enseñanza de la lectura y la escritura. Él abogaba por la supresión de la *h*, la *k*, la *w* y la *y*. "Puesto que en el año 2000 el 90 por ciento de los hispanohablantes serán latinoamericanos, Madrid debe adaptar la gramática castellana a las nuevas circunstancias", proclamó.

Y tales circunstancias serían éstas en la excepcional novela de García Márquez, según la ortografía de Gutierre Tibón:

---

[1] Crónica de Maite Rico que empieza así: "Dos premios Nobel de Literatura abogaron ayer por dejar que ese torrente vivo que es la lengua española siga su curso; que la libertad de los hablantes vaya conformando el idioma..."). *El País*, 8 de abril de 1997.

[2] Tomado de *El País*, 13 de abril de 1997.

"Muchos años después, frente al pelotón de fusilamiento, el coronel Aureliano Buendía abía de recordar aquella tarde remota en que su padre lo llevó a conocer el ielo. Macondo era entonces una aldea de veinte casas de barro i cañabrava construidas a la orilla de un río de aguas diáfanas que se precipitaban por un lecho de piedras pulidas, blancas i enormes como uebos preistóricos. El mundo era tan reciente, que muchas cosas carecían de nombre, i para mencionarlas abía que señalarlas con el dedo. Todos los años, por el mes de marzo, una familia de gitanos desarrapados plantaba su carpa cerca de la aldea, i con un grande alboroto de pitos i timbales daban a conocer los nuevos inventos. Primero llevaron el imán. Un gitano corpulento, de barba montaraz i manos de gorrión, que se presentó con el nombre de Melquiades, izo una truculenta demostración pública de lo que él mismo llamaba la octava maravilla de los sabios alquimistas de Macedonia".

Raúl Ávila [3], investigador de El Colegio de México y presente en el congreso de Zacatecas, conoce las dificultades de los escolares latinoamericanos con las normas ortográficas, y seguramente también sus problemas para acudir a la escuela, derivados tal vez de que antes de tomar la cartera y los libros debían trabajar en el campo o ayudar a la familia: por eso con harta frecuencia colocaban las *ges* y las *jotas* al buen tuntún, cometían desatinos con las *haches* y las *bes*, confundían la *s* con la *c* porque ellos las pronuncian igual, mezclaban la *ll* con la *y*. "Las 600 horas que un niño castellano dedica en su vida al aprendizaje de la ortografía aumentan en el caso de, por ejemplo, un niño mexicano, y sería más interesante dedicar este tiempo a otras cuestiones más importantes, como enseñar al alumno a expresarse y a redactar. No se trata de imponer el caos, sino de hacer una revisión de las normas ortográficas para hacerlas más lógicas y sencillas, y menos incongruentes", defiende Ávila. A su juicio, la solución residiría en *fonologizar* la escritura: un fonema para cada letra. Así, Ávila ha propuesto un alfabeto internacional hispánico —alejado del "dialecto que se impuso

---

[3] *Art. cit.*

históricamente: el castellano"— con sólo 25 letras: se excluyen la *c*, la *h*, la *q*, la *w* y la *x*, y se incluye la letra *sh*. Para la palabras homófonas (como vaca y baca), el contexto (que ya sería el "contecsto") determinará el significado.

Así pues, tendríamos este otro comienzo de *Cien años de soledad:*

"Mushos años después, frente al pelotón de fusilamiento, el koronel Aureliano Buendía abía de rekordar akella tarde remota en ke su padre lo llebó a konoser el ielo. Makondo era entonses una aldea de beinte kasas de barro y kañabraba konstruidas a la orilla de un río de aguas diáfanas ke se presipitaban por un lecho de piedras pulidas, blancas y enormes como uebos preistóricos. El mundo era tan resiente, ke mushas kosas karesían de nombre, y para mensionarlas abía que señalarlas kon el dedo. Todos los años, por el mes de marso, una familia de gitanos desarrapados plantaba su karpa serka de la aldea, y kon un grande alboroto de pitos y timbales daban a konoser los nuebos imbentos. Primero llebaron el imán. Un jitano korpulento, de barba montaraz y manos de gorrión, ke se presentó kon el nombre de Melkiades, izo una trukulenta demostrasión públika de lo que él mismo llamaba la oktaba marabilla de los sabios alkimistas de Masedonia".

José Martínez de Sousa, un magnífico lexicógrafo español, autor del mejor diccionario de ortografía española y que ha publicado utilísimos libros de divulgación gramatical y tipográfica, se apuntó en 1984 a esta corriente de la sopa de letras. Pero desterraba la letra *k* para que ocupara su sitio la *c*, de modo que los sonidos suaves de esta letra (técnicamente llamados interdentales fricativos sordos) fueran a parar a la *z*. Y alegaba para ello "la justicia social que demandan las varias decenas de millones de analfabetos puros de los países de habla hispana, cuyo acceso a la cultura se ve impedido por las dificultades que para ellos representa un sistema ortográfico artificialmente complejo"; y añadía que su sistema, una vez acomodado, "será coherente y habrán desaparecido muchas de las causas por las que se cometen faltas de ortografía incluso por personas formadas". De nuevo los agumentos sobre la vacuidad de la gimnasia.

En cuanto a la aplicación de su propuesta, se preguntaba Martínez de Sousa quién debe patrocinarla; para responder luego: "Sólo la Real Academia Española puede emprenderla"[4]. Una vez más, la intervención en el lenguaje desde arriba, cuando el papel de la Academia ha de limitarse a consagrar lo que ya se use.

En julio de 1993, el catedrático español Jesús Mosterín, respetado intelectual cuya opinión se suele tener en cuenta y que publica artículos en la prensa más prestigiosa, escribió un libro[5] donde denunciaba también la falta de adecuación entre lengua y escritura y proponía asimismo su particular reforma ortográfica (que él mismo había apuntado ya en 1981). En ella la *h* asume igualmente el papel de víctima irremisible, la *y* cambia de nacionalidad y se convierte en latina al final de palabra (salvo que forme plurales como reyes o leyes), esta letra sustituye a su vez al diptongo *ie*, como en "hierba" (que se escribiría "yerba"), el diptongo *ue* toma para sí la *w* (weso, wérfano), la *x* interpreta el sonido de la *j* y de la *g* que cumpla idéntica función (escoge la *x* "al no haber otra lengua que utilice la *j* para ese sonido", explica el autor), acaba con la *m* delante de *b* y de *p*... y asume casi todas las otras modificaciones que proponían sus antecesores, más o menos.

Así pues, Mosterín —en algunas de cuyas propuestas coincide con Martínez de Sousa— le daría al primer párrafo de *Cien años de soledad* esta grafía:

"Muchos años después, frente al pelotón de fusilamiento, el koronel Aureliano Buendía abía de rekordar akella tarde remota en ke su padre lo yebó a konozer el yelo. Makondo era entonzes una aldea de beinte kasas de barro y kañabraba konstruidas a la orilla de un río de aguas diáfanas ke se pre-

---

[4] José Martínez de Sousa, "Sobre la reforma de la ortografía española", en *El País*, 29 de diciembre de 1984. Esta misma propuesta la desarrolló en el libro *Reforma de la ortografía española. Estudios y pautas*, Madrid, Visor, 1991. Su magnífico *Diccionario de Ortografía* lo editó Barcelona, Bibliograf, 1996.

[5] Jesús Mosterín, *Teoría de la escritura*, Madrid, Icaria, 1993. Y Jesús Mosterín, *La ortografía fonémica del español*, Madrid, Alianza, 1981.

zipitaban por un lecho de piedras pulidas, blancas y enormes como webos preistóricos. El mundo era tan reziente, ke muchas kosas karezían de nonbre, y para menzionarlas abía que señalarlas kon el dedo. Todos los años, por el mes de marzo, una familia de xitanos desarrapados plantaba su karpa zerka de la aldea, y kon un grande alboroto de pitos y tinbales daban a konozer los nuebos inbentos. Primero yebaron el imán. Un xitano korpulento, de barba montaraz y manos de gorrión, ke se presentó kon el nombre de Melkiades, izo una trukulenta demostrazión públika de lo que él mismo llamaba la oktaba marabiya de los sabios alkimistas de Mazedonia".

El propio Mosterín publicó un artículo que comenzaba así: "El lenguaxe es el úniko kódigo de komunikazion ke nos permite ekspresar todos nuestros pensamientos. La kapazidad linguística umana es konxénita, y es tan antigua [6] komo nuestra propia espezie. La eskritura es una teknoloxía kultural, tan reziente komo los eskribas y las eskuelas. Komo todas las teknoloxías, la eskritura es suszeptible de análisis funzional y optimizazión razional".

Bien, esta "simplificación" (?) ortográfica —en algunos tramos parecida al castellano antiguo— muestra una lectura supuestamente fonética en la que, sin embargo, al leer hemos de pensar sobre todo en averiguar qué palabras hay detrás de tales grafías, imaginarlas por un segundo escritas como las conocemos… y olvidar, como consecuencia de todo eso, los conceptos subyacentes en ellas. O sea: exactamente lo contrario de esa llana recreación personal que pretendía García Márquez.

Vemos, pues, que las propuestas no han faltado en época reciente (además de las que se hicieron públicas en el siglo pasado: el venezolano Andrés Bello, por ejemplo, en 1823; la facultad de Filosofía y Humanidades de la Universidad de Chile, en 1844), y que son semejantes pero a la vez distintas: unos tienen en cuenta el seseo de América Latina y otros no,

---

[6] No se entiende bien por qué la transcripción "webo" y sin embargo "antigua" y no "antiwa".

unos dan más papel a la *k* y otros a la *c*, unos propugnan la *w* y otros ni la consideran…

¿Y cómo decidiríamos qué fonética de entre todas las propuestas sería la adecuada para transcribir sonidos por letras? ¿Y qué haría el hablante del español cuando pretendiese aprender otros idiomas, con letras distintas para los dos sonidos de la *c*, por ejemplo? ¿No nos parecería absurdo modificar la ortografía del castellano sin hacerlo con el inglés, donde conviven *center* y *car*, o el francés, que incluye *gitane* y *jusque*, o el portugués, el italiano…? ¿Qué no debería hacer una lengua como el inglés, que ha de representar con nuestras mismas cinco vocales 12 sonidos diferentes?

¿Y cómo imaginar los versos de Machado o García Lorca o Rubén Darío con tal reproducción; cómo leer con placer "las zinko de la tarde", o "kuando el jilgero no puede kantar", o "ya yegan los klaros klarines"? La belleza de la poesía en español nos ha invadido con sus sonidos y sus letras, que llevamos asociadas a la merienda del colegio y al libro leído bajo un castaño. Las mismas letras sobre las que han descansado sus ojos millones de personas en cinco continentes, en Guinea, en Filipinas, en El Salvador o en Miami. Y que en su unidad han servido de vínculo cultural y materia de entendimiento. Esas letras son nuestras, de todos y de nadie, y sólo democráticamente se podrán alterar. Letras que empleamos así desde hace más de doscientos años, y que apuntalan cada palabra en los sótanos de nuestra mente, porque sus esqueletos se nos recrean fugaces cada vez que escuchamos una voz de acento ajeno pronunciada, sin embargo, en nuestro mismo idioma, porque la grafía "caballo", con cada una de sus siete letras, se nos asoma fugazmente cuando oímos decir "cabayo" a un argentino, como la grafía "peor" nos auxilia si escuchamos a un mexicano pronunciar "pior", como la grafía "ahí" se nos muestra en décimas de segundo para unirnos con el castellano que espeta "me voy por ái".

El académico mexicano Guido Gómez de Silva, autor de un magnífico diccionario de topónimos, ya alertó en Zacatecas sobre el problema que puede acarrear la dispersión de la ortografía: "Este planteamiento tiene la ventaja de que los niños aprenderían más rápidamente. Pero si un idioma que se habla en 21 países se empieza a modificar, se va a adaptar de una manera diferente en cada país. Unos dirán que no quieren la *h* pero sí la *v*, y otros dirán que quieren mantener la *g* y la *j* pero no la *q*".

La reforma ortográfica aprobada para el idioma alemán se topó precisamente con ese problema. En 1997, las autoridades educativas de Alemania, Suiza y Austria —los países donde la lengua germana tiene condición de oficial— acordaron que las escuelas impartieran la ortografía con unas ligeras modificaciones destinadas también a "simplificar" el aprendizaje del idioma. Pero meses después un maestro llamado Friedrich Denk —un hombre del pueblo que se oponía a todo el poder de tres Estados nacionales— presentó una declaración contra la reforma, a la cual se sumaron como abajo firmantes nada menos que 100 escritores —entre ellos Günter Grass y Hans Magnus Enzensberger— que anunciaban su negativa a que las nuevas reglas fueran introducidas en sus obras.

La división aumentó con las semanas, y a las firmas del manifiesto se agregaron algunos estados federados, organizaciones populares, un grupo de parlamentarios del Bundestag (Cámara Baja)... Y, entretanto, las editoriales ya habían invertido millones de marcos en adaptar los libros de texto a la nueva ortografía.

Finalmente, un anónimo padre de familia de Hesse —otro procurador del pueblo— logró que un tribunal suspendiera la reforma en las escuelas de ese estado, al considerar válido el argumento del reclamante: la reforma ortográfica obligatoria afectaba al derecho de educar libremente a los hijos.

Pero la alegría le duró una sola jornada. Al día siguiente, una madre de Turingia perdió una alegación parecida en un tribunal de Weimar. Sólo cuando se vulneran derechos religiosos, ideológicos o éticos se daña el derecho a educar libremente, sentenciaron los jueces. Decisiones posteriores sucesivas en los juzgados de primera instancia de diferentes estados dieron un resultado de empate: cuatro a favor de la reforma y cuatro en contra.

Mientras toman una decisión los tribunales superiores, Alemania ya ha quedado partida, de nuevo, en dos: los defensores y los detractores de las nuevas reglas; de un lado, algunos lingüistas y las escuelas que enseñan la ortografía reformada (y las editoriales de textos escolares que la pusieron en práctica); y del otro, casi todos los más importantes autores, que seguirán defendiendo con su escritura libre las normas tradicionales…, y el calor del pueblo. Y con ellos, todos los millones de libros escritos en alemán durante los últimos siglos.

Las nuevas normas incluían una posibilidad que habrá dado inmensa alegría a muchos malos periodistas alemanes: se permitía separar palabras compuestas, tan habituales en ese idioma. Se terminaron, pues, los titulares donde el espacio se agota y deja una larga palabra a medias, cuyas últimas letras pisan ya la columna vecina; el viejo problema, en fin, que atenaza a muchos redactores en España, incapaces de encontrar vocablos más breves cuando se les cruza la "anticonstitucionalidad" de una ley o un accidentado de nacionalidad "ecuatoguineana"; los mismos que deciden escribir *gay*, en inglés, porque no les cabe "homosexual".

El idioma portugués se sometió también, en 1991, a ciertas reformas, igualmente para seguir un criterio más fonético en su parte ortográfica: eliminó las consonantes mudas. La polémica de las palabras afloró asimismo en las de intelectuales y académicos lusos, algunos de los cuales declararon, como los 100 escritores alemanes, que no consentirían que se modificase la escritura de sus libros. Según sus detractores, el acuerdo *brasileñizaba* además un idioma que hablan más de 180 millones de pesonas en Europa, América y África, entre ellas los habitantes de Angola, Macao, Cabo Verde, Guinea-Bissau, Monzambique, Santo Tomé y Timor oriental. Pero, paradojas de la historia, el objetivo político de la reforma —defendida por el entonces primer ministro Aníbal Cavaco Silva, socialdemócrata— se basó en lograr la unidad indudable del mercado, porque los brasileños se mostraban reticentes ante el *portugués de Portugal* por sus diferencias frente al *portugués de Brasil* (hay muchísima mayor distancia entre ambas modalidades que en el caso del español), tanto en la adquisición de libros como en el seguimiento de películas o culebrones. De hecho, un mismo texto literario en el idioma luso tiene normalmente dos ediciones distintas, una para cada uno de esos mercados. Y la comercialización del cine portugués se topaba con fuertes barreras en Brasil, cuyos habitantes rechazaban la lengua llegada de Europa. (No ocurre lo mismo en Portugal respecto a los productos culturales brasileños). Así, la difusión de películas lusitanas en Brasil perdía rentabilidad por la costumbre de doblarlas, y a esos efectos se convertían en cine extranjero.

Pero en el fondo de la discusión se hallaban, además, los 50.000 millones de escudos que la Comunidad Europea decidió destinar al desarrollo de la industria del cine. Portugal, si garantizaba la unidad del idioma y la supresión de las barreras lingüísticas, tan notables hasta entonces, podría presentarse ante las autoridades de Bruselas como una empresa capaz de abarcar un mercado de casi 200 millones de consumidores. Los políticos portugueses daban así al concepto de unidad lingüística el valor que se merece, y que a veces se desprecia en España. El Parlamento luso aprobó la reforma en junio de 1991. Se abstuvieron los comunistas y el Partido Socialista votó dividido. Y eso no ha acabado con las pronunciaciones y los acentos diferentes. Así que se cumple lo que declaró el escritor español Francisco Ayala a la revista *Cambio 16:* "Las reformas ortográficas se pueden hacer desde la Administración, desde la Academia o desde cualquier otra institución. Da igual. Luego, la gente pone las faltas de ortografía que quiere" [7].

La reforma aprobada en Francia en 1990 por el Consejo Superior de la Lengua Francesa y por la Academia (los "inmortales") desató pasiones aún más elevadas de tono. Hasta el punto de que no se ha llegado a aplicar. Y eso a pesar de que sus correcciones parecen un juego de niños en comparación con las que hemos examinado más arriba referidas al español. La lengua de Molière perdía principalmente con esas modi-

---

[7] Francisco Ayala, *Cambio 16,* 28 de enero de 1991.

ficaciones el guión que une ciertas palabras y, sobre todo, el acento circunflejo, el sombrerito que constituye todo un marcador genético: donde él aparece, antes hubo generalmente una letra ese: *fenêtre, fenestra* (ventana); *île, isle* (isla), *huître, huistre* (ostra)... Pero ni siquiera habrían de suprimirse todos: sólo los situados por encima de la *i*, la *o* y la *u;* y por ende, con diversas excepciones. Además, la reforma incluía ciertas supresiones del conjunto *ph* como ya ocurrió hace siglos en el español (un nénuphar pasaba a ser un nénufar) y de los dobletes *ss* y *pp* en algunas palabras. En total, las nuevas reglas cambiaban la escritura de 4.000 vocablos, de los 50.000 distintos que una persona culta puede escribir en francés durante su vida.

Las posturas se dividieron allí, con mucho peligro para la vieja idea que considera el idioma —cualquier idioma— algo de todos, sin distinción de religiones ni partidos. En efecto, la extrema derecha, tan presente en Francia, se aferró a las antiguas normas; mientras, el diario *Libération,* de carácter progresista, se declaraba de acuerdo con las innovadoras reglas; contestado a su vez por su rival *Le Figaro,* crítico acérrimo de la propuesta. El sindicato de correctores de imprentas y editoriales se pronunció en contra, mientras que el de maestros se definía a favor. Y así toda Francia, dividida en sus intelectuales, sus periodistas, sus profesionales, sus ciudadanos... Y eso que el debate se ciñó únicamente a... ¡un solo país!

Resulta curioso que ante una propuesta como aquélla —y como éstas que atañen el español—, personas que se sienten de izquierda defiendan la simplificación de la lengua por entenderla un avance progresista, que evitará el fracaso escolar —siempre aparece en los argumentos la necesidad de suprimir la gimnasia— y que acabará con la dictadura de los gramáticos y de lo establecido. Ya se decía en el Mayo del 68: "La ortografía es un mandarín", la gramática es un instrumento elitista y represivo de la sociedad de clases. Qué yerro. Antes al contrario, la gramática —como hemos venido sosteniendo— consagra lo que el pueblo ha decidido, y son precisamente las últimas propuestas o imposiciones de reforma las que llegan desde arriba, desde las élites que han agarrado el micrófono con la intención de no soltarlo.

Afortunadamente, los comunistas franceses —que también participaron en las revueltas de aquel Mayo— sí supieron ver lo que suponía la propuesta. El diario *L'Humanité* escribió que la aparente necesidad de modernizar la ortografía constituía sólo "una manera de distraer la atención de los verdaderos problemas de la enseñanza". Volvemos a la gimnasia: por atender en exceso a la simplificación, se olvidaba la cuestión de fondo; es decir, si los escolares adquieren durante su infancia la base necesaria que les permitirá luego utilizar con soltura el lenguaje, comunicar con exactitud sus ideas y hallarse en condiciones de crear música con las palabras.

También un mes de mayo, éste de 1990, la Academia francesa —pero menos revolucionaria que los estudiantes del 68— había dado el pistoletazo de salida para este debate, con su original acuerdo de cambiar las normas ortográficas que databan de 1832. Ahora bien, sólo unos meses después, en enero de 1991, adoptó una salomónica decisión: se mantenía en sus tesis sobre la nueva ortografía y, sin embargo, instaba al Gobierno a no aplicarla imperativamente, y a someterla "a la prueba del tiempo".

La revista española *Cambio 16* —editada también en Colombia con artículos propios— comentaba de este modo irónico el 28 de enero de 1991, y con la firma de Antonio Caballero, la decisión de los "inmortales" mediante la cual se pronunciaban simultáneamente a favor y en contra de la misma cosa: "Más prudente que la ONU, que dejó el conflicto del golfo Pérsico 'en las manos de Dios', con los aterradores resultados conocidos, la Academia francesa acaba de dejar la guerra de la ortografía 'en las manos del tiempo', que suelen ser menos peligrosas".

En efecto, he ahí la clave: dejemos que el tiempo sedimente los cambios que el idioma pueda necesitar. Convirtamos a los hablantes en el pueblo soberano —mejor dicho: respetemos al pueblo soberano, porque lo forman los hablantes—; esperemos a que la gente empiece a *equivocarse* simultáneamente en alguna grafía para considerar entonces que esa palabra ha de ser modificada. La burocracia académica o la ministerial no tienen capacidad para establecer cómo se debe hablar.

Sólo pueden, como ya hizo Nebrija, explicar cómo se habla. Dejemos que la unidad del idioma, del español en este caso, se defienda sola, que unitariamente varíe y evolucione, siempre despacio, sin intervenir nadie en la lengua salvo para evitar que alguien intervenga contra ella.

Porque las diferentes propuestas sobre una nueva ortografía han supuesto un atentado —incruento y frustrado— a la / unidad del español. La supresión unilateral e impuesta de cualquiera de las letras de nuestro alfabeto acarrearía una ruptura en la historia del idioma, forjada durante los diez siglos que han visto su perfeccionamiento y su evolución. Las lenguas, en efecto, *evolucionan*. Nunca se rompen de repente. Y lo que se ha propuesto desde las tribunas implica una ruptura, planteada de nuevo desde arriba, a partir del poder de quienes se hacen oír desde el altavoz de los elegidos, tanto en el español como el francés, el alemán o el portugués.

Y con el paternal objetivo de que los niños estudien menos su propia lengua.

"A mí me parece que nadie se ha muerto por aprender ortografía", declaró el dramaturgo español Antonio Gala al diario mexicano *Excelsior*. "Me parece que el idioma castellano, que por cierto se ha descubierto que nació en el año 964, cien años más de lo que se pensaba, lo hemos heredado y lo tendremos que trasladar lo más hermosamente que podamos. Lo más intacta e ilesamente que podamos, y quitarle todas las erosiones que cometemos". Y sobre la propuesta de García Márquez: "Si lo hubiese dicho un cualquiera, la cosa hubiera sido una broma graciosa. Pero habiéndolo dicho una persona como García Márquez, a mí me parece que es una insensatez y una irresponsabilidad" (...) "Suponga usted que un escritor de los últimos tiempos en latín, del atardecer del latín, que le digan pues mire usted, todo el idioma por el que se ha tomado usted tantísimo trabajo y ha hecho tanto esfuerzo, no lo siga haciendo ni un minuto más porque van a empezar a salir otros idiomas: el castellano, el italiano, el rumano, el francés, etcétera. Es decir, es buscar un cataclismo. Se le mueren los hijos al idioma. Es un horror, se le caen las águilas. Si estamos haciendo todo lo posible por aprender nuestro idioma, por que los chicos se cultiven…, porque los inditos de Perú o de Colombia, por ejemplo, lo que necesitan precisamente es que los lleven a las escuelas para que aprendan ortografía. No necesitan que les digan que escriban como hablan, porque entonces acabará convirtiéndose esto en una terrible Torre de Babel. Estamos intentando que América Latina y nosotros, es decir, España, nos unamos más cada vez. Y nosotros no sólo nos unimos por la vía de la economía. Nos unimos fundamentalmente por el idioma y la cultura. Y si empezamos a hacer cada uno de su capa un sayo, acabaremos por no entendernos en absoluto" [8].

Octavio Paz declaró al diario mexicano *Reforma* durante el congreso de Zacatecas: "El habla evoluciona sola, no tiene por qué proclamar ni declarar la libertad de la palabra, ni su servidumbre. Muchas de las expresiones que García Márquez propuso para sustituir las conjugaciones actuales son arcaicas. Tampoco estoy de acuerdo con la supresión de la *h*. Si queremos saber adónde vamos hay que saber de dónde venimos".

Diez siglos de historia tiene la lengua española, y de ellos en los dos últimos han permanecido inalteradas en líneas generales las normas de la ortografía.

"No se puede imponer un cambio ortográfico drástico", sostiene Francisco Rico en unas declaraciones periodísticas publicadas mucho antes de la propuesta de García Márquez. "Y además es una tontería. Siempre ha habido intentos de hacerlo y siempre han sido rechazados por la colectividad. Hay países de Hispanoamérica que distinguen perfectamente la pronunciación de la *v* y la *b*. Y hasta la *h,* muda para nosotros, tiene sonido en algunos lugares de habla hispana [9]. La única forma de imponer un cambio total de la ortografía sería imponerla dictatorialmente. De modo que hay que tener mucho cuidado, porque se puede empezar imponiendo una nueva

---

[8] Antonio Gala, diario *Excelsior*, México, 7 de abril de 1997.

[9] El "halar" mexicano, por ejemplo, como ya hemos comentado. Se le da el significado de "tirar hacia sí".

ortografía y terminar mandando a la gente a las cámaras de gas. En el fondo es lo mismo: una obsesión de sistematismo, una negación de las diferencias" [10].

"La estabilidad ortográfica es deseable", escribió el académico Rafael Lapesa en 1966, "porque cada reforma importante supone una ruptura con el pasado. Las grafías y puntuación anteriores establecen barreras que el lector acostumbrado a las nuevas no acierta a superar, por lo que es necesario proveerle de ediciones modernizadas" [11].

Fernando Lázaro Carreter también ha escrito contra estas reformas: "Mientras fonética, léxico y hasta gramática separan a unos países de otros, a unas clases sociales de otras, la norma escrita es el gran aglutinador del idioma, el que le proporciona su cohesión más firme". (…) "No es, pues, bueno el sistema de arruinar la convención ortográfica que nos une, y menos por desidia o ignorancia. Mil veces preferible es el de elevar la instrucción general para que esa sencilla convención sea comprendida por todos. Y el de volver a rodearla de su antiguo prestigio" [12].

La unidad del idioma español no sólo importa porque permite comunicarse con facilidad a 400 millones de personas que residen en 23 países (incluidos EEUU y Filipinas). También porque nos deja bucear en la literatura clásica sin apenas esfuerzo, adentrarnos en el túnel del tiempo y comprender a Quevedo y a Cervantes; y a fray Bartolomé de las Casas y a Miguel Ángel Asturias, porque podemos entrar en sus bosques y reconocer sus árboles como propios, y sentir que forman parte de la naturaleza que han de heredar las futuras generaciones de hispanohablantes, que podrán sentirse en

---

[10] Francisco Rico. Declaraciones a Enriqueta Antolín, *El País*, 24 de julio de 1993.

[11] Rafael Lapesa. *Revista de Occidente*, número del mes de mayo de 1966, "América y la unidad de la lengua española". Ese artículo se reproduce en *El español moderno y contemporáneo*, Rafael Lapesa, Madrid, Crítica, 1996.

[12] Fernando Lázaro Carreter, *El dardo en la palabra*, op. cit.

ellos como en la casa familiar, nombrando a cada planta por su nombre: la *b*, la *h*, la *j*, el hipérbaton, la metáfora, la sintaxis, la sinéresis. Por razones culturales, no nos interesa separarnos de las letras, las palabras y la armonía que ellos manejaron, y hemos de permitir que los hombres y mujeres venideros se les acerquen también; porque todos procedemos de sus épocas; y porque no podremos construir cabalmente la nuestra mediante renuncias a todo el pensamiento que nos precedió.

Sin embargo, hoy en día empezamos ya a desviar el significado que algunas palabras tuvieron durante siglos, a torcer los troncos y las ramas, a endurecer sus frutos, y lo hacemos con tanta rapidez —la que propicia el poder difusor de quienes promueven esos cambios día a día— que vulneramos el normal desarrollo biológico de nuestra lengua. "Enervar" ya no significa tranquilizar, sino poner nervioso; "álgido" no traslada la idea de "punto más frío", sino que puede significar incluso el "punto más caliente"; "desvelar" no implica quitar el sueño, sino quitar el velo... De año en año se acumulan las palabras que cambian de sentido sin haber accionado el intermitente.

Una lástima, porque los vocablos y su genética nos llevan a viajar por los siglos: sabemos desbrozar el origen de "psicología" pero también de "capitán". Y relacionar "filólogo" con "filósofo", y "capitán" con "cabeza" y con "capelo", y con "capital" y con "capitular", y con "acápite" [13]. Y si alguien se refiere a los Reyes de España como "los monarcas" habremos de deducir que desconoce los genes de su propio pensamiento, que no sabe relacionar las familias de las semillas, monarquía con monoteísta o monotema, o monorrimo, o monógamo, o monomanía, porque no puede haber dos "monarcas" ←

---

[13] La palabra acápite fue creada en América, pero con raíz latina: *a capite*, desde la cabeza. Los maestros explicaban a sus alumnos en los dictados que debían escribir en línea *a capite*, desde la cabeza del renglón, y quedó como sinónimo de párrafo. Así, en Perú, por ejemplo, se dice "punto acápite", en lugar de "punto y aparte". (Explicación de Martha Hildebrandt, entrevistada en el libro de Eduardo de Benito, *op. cit.*).

cuando la raíz de la palabra, la raíz duradera entre las zarzas, sólo puede entronizar a uno.

¿Y cómo no sentirse incómodo ante esa representación de "prehistóricos" (preistoricos) que hemos debido escribir más arriba, deshuesada y sin la savia fértil de los genes que la han transitado?

Lo explica con tino el escritor y traductor español José Antonio Millán, colaborador del Instituto Cervantes: "Higuera, hierro, qué quiere que le diga, yo le tengo cariño a la *h*. Es como unos zapatos viejos, que no valen para nada pero que no te animas a tirarlos porque te recuerdan por dónde has caminado con ellos" [14].

---

[14] "Congreso de la lengua castellana", en *El País*, 13 de abril de 1997.

VI. LOS CROMOSOMAS DEL IDIOMA ESPAÑOL

Debía dirigirme al aeropuerto de Bogotá, en diciembre de 1997, y una empleada colombiana del Hotel de la Ville, coqueto y francés, en el norte de la ciudad, me advirtió: "No vaya usted por esa avenida, porque a estas horas se encontrará un trancón".

Jamás habría empleado yo la palabra "trancón". Habría hablado de "embotellamiento" o "atasco". Pero entendí perfectamente un vocablo que oía por vez primera en mi vida. ¿Por qué? Porque sabía reconocer sus cromosomas, asociarlo en un instante con "atrancar" y con "tranco", y con "tranquera". Los hablantes colombianos han llegado, pues, a crear en español un concepto no heredado —quienes llegaron tras Colón jamás pudieron referirse a un atasco de naos en hora punta—, y que no figura en la última edición del *Diccionario de la Real Academia Española;* pero han inventado legítimamente una palabra que responde al genio de nuestro idioma, una voz con familia conocida cuya genética podemos identificar. En otros países de habla hispana se buscó también la palabra adecuada para designar una acumulación de vehículos que suman tal cantidad que no pueden pasar por un punto estrecho, y se acudió a los conceptos del atasco en una tubería o al cuello de botella que canaliza el líquido a borbotones hacia el exterior del recipiente. En Colombia los hablantes pensaron también en algo que impide el paso, y se tropezaron con el tranco de la puerta.

Estos cromosomas de las palabras —tan vinculados a la genética del idioma— constituyen la base que nos permite asegurar que 400 millones de personas hablamos la misma lengua.

En Zacatecas (México), precisamente durante el congreso sobre el idioma español, necesité comprar lo que en España se llaman cuchillas de afeitar, concepto que, tomando la parte por el todo (sinécdoque), incluye no sólo la hoja sino también el manguito de plástico en el que ésta se inserta para mayor comodidad del usuario. En fin, necesitaba cuchillas. La dependienta me entendió muy bien, a pesar de que ella tampoco habría empleado nunca la expresión que yo acababa de usar. "Ah, ya sé", me respondió. "Usted lo que quiere es un rastrillo".

En efecto, la cuchilla de afeitar, o de depilar, se acompaña por una especie de rastrillo que pasa por la superficie de la cara, o de las piernas, para arrancar el vello y respetar la piel, como el rastrillo del labrador quita las piedras sin llevarse la tierra.

He utilizado en páginas anteriores la palabra "altoparlante". Un español acudiría siempre al vocablo "altavoz" (un español que no fuera periodista, porque en ese caso lo normal sería que emplease *baffle)*. Sin embargo, "altoparlante" y "altavoz" pueden entrar en el vocabulario de diálogo entre dos usuarios del español procedentes de México y España, porque se entenderán bien con ellas: conocen sus cromosomas. Igual que cualquier hispanohablante comprendería al mexicano que pidiese "agua de la llave" donde tal vez él piensa "agua del grifo", o que le invita a "platicar" un rato, o que le recomienda cocer el pescado "a fuego manso"; o al peruano que se refiere a "la municipalidad" en vez de al "ayuntamiento"; o a la colombiana que describe a un novio como "muy avorazado". Porque todas esas expresiones tienen cromosomas relacionados con la llave que abre y cierra, con la plática del cura, con el calor inocuo frente al fuego violento, con el concepto de municipio y con el adjetivo que se obtiene al exprimir la palabra voracidad.

En los últimos años han llegado al diario donde trabajo numerosos periodistas latinoamericanos, que cumplen en la

ÁLEX GRIJELMO

Redacción sus prácticas o sus becas, generalmente tras unos
meses de estudios en la Escuela de Periodismo Universidad
Autónoma-*El País*. A veces utilizan en sus reportajes ——que se
publican con normalidad en el diario, puesto que durante su
estadía ejercen como redactores— palabras que, pertene-
ciendo al idioma español, tienen mayor presencia en sus países que en España, donde el uso las sustituye por otras
igualmente válidas. Por ejemplo, ellos emplean muy a menudo "inclusive" en el lugar de "incluso". Algunos editores les
han corregido, sobre todo años atrás. Yo creo que no habría
que hacerlo, y ésa parece ser la tendencia actual. Por ejemplo,
el 5 de agosto de 1988 se publica en la sección de Deportes
una información de Hernán Iglesias, argentino que cursaba
el posgrado en la Escuela de Periodismo de *El País*. Y explica
su texto: "La comisión se expidió ayer también sobre los casos
del Betis y el Valencia". En efecto, "se expidió" sonará raro a
muchos hispanohablantes, pero el *Diccionario* registra tal expresión como propia de Chile y Uruguay (vemos que también en Argentina, como no podía ser de otra manera si tenemos en cuenta la situación geográfica de los tres países), y la
define así en la entrada "expedir": "Pronominal [por tanto,
expedirse; es decir, como el periodista argentino emplea el ver-
bo]. Manejarse, desenvolverse en asuntos o actividades". Y
pese a ser una expresión propia de determinados países, los
cientos de miles de lectores de *El País* de Madrid habrán comprendido perfectamente su significado, que habrán asociado
sin duda con "despachar".
   Hablar un mismo idioma no equivale a utilizar las mismas palabras para todo. A los españoles nos suenan hermosí-
simas muchas expresiones de América Latina porque se hunden en lo más profundo de nosotros mismos y se nos
muestran como soluciones lógicas, pero diferentes, para
nuestras propias ideas; y definen además con exactitud nuestras propias ideas; aunque de un modo distinto. Supongo
que lo mismo le ocurre a un latinoamericano al escuchar a
un español o a cualquier otro hispanohablante de un país distinto al suyo. Eso es la unidad del idioma, el genio profundo
que da vigor a todo el sistema lingüístico, la sima que pode-

mos compartir 21 países y que arroja hacia la superficie criaturas identificables porque proceden de la misma cultura. Que no es ya la cultura que impusieron los españoles a partir de 1492, sino la que todos los pueblos hispanohablantes han ido creando conjuntamente durante estos siglos.

La unidad del idioma no se altera en absoluto por el hecho de que un español bucee en la "piscina" mientras un mexicano nada en la "alberca" y un argentino se baña en la "pileta", estando todos ellos en el mismo lugar. Las tres palabras —precisas, hermosas— parten de lo más profundo de nuestro ser intelectual colectivo. Podemos ver el ADN de "piscina" en *piscis*, y en "piscifactoría", y hasta saber que la palabra procede de aquellos estanques de los jardines que se adornaban con peces; y relacionar su significado con un lugar donde se almacena agua y donde, como peces en el agua, podemos aumentar la velocidad mediante unas aletas como las del pez, y también nadar al estilo rana. Y la "alberca" mexicana (del árabe *al birka*, estanque) nos llevará por la genética y la historia a los terrenos de regadío rurales donde se hacía preciso almacenar el agua para luego esparcirla, y donde los mozos del campo se remojaban para ahuyentar la sofoquina, Y a la "pileta" podemos asociarla con "pila" y con "pilón" ("¡al pilón, al pilón!", se grita en los pueblos de Castilla cuando el grupo verbenero se quiere bajar del escenario demasiado pronto), y tan expresión española es como las dos anteriores.

Los jóvenes mexicanos harán un clavado en el agua donde los barceloneses se tirarían de cabeza o los limeños, entre otros, disfrutarían con una zambullida, y el estilo empleado al hacerlo le parecería lindo a un chiapaneco y bonito a un sevillano; y ambos se entenderían también, por más que el sevillano nunca dijese "lindo" ni el chiapaneco "bonito", igual que el español pronunciaría "paliza" donde el americano "golpiza" y los dos entenderán la expresión del otro sin haberla pronunciado jamás. Y ambos sabrán de lo que hablan cuando el mexicano cite "la computadora" y el europeo "el ordenador", influido aquél por el inglés (pero con familia en el español: computar, cómputo…) y éste por el francés (pero con los genes de las lenguas romances: orden, ordenar, el que ordena: ordenador).

Y si preguntamos en Argentina cuánto nos falta para llegar a una calle pueden contestarnos que "dos cuadras" donde nosotros diríamos "dos manzanas", pero tan metafórica resulta una expresión como otra y las comprenderemos sin problemas [1].

El cada vez más intenso intercambio cultural entre los dos lados hispanos del Atlántico va reproduciendo un fenómeno curioso: las palabras específicas —esas soluciones distintas a cada lado, halladas en las esencias del idioma— circulan ahora cada vez más desde Latinoamérica hacia España, asumidas rápidamente por quienes las reconocen como propias aun inventadas a miles de kilómetros de distancia. Los españoles, por ejemplo, hablan ya del "ninguneo" que sufre alguien, una expresión y un verbo (ningunear) inexistentes en la Península hace apenas diez años; y "grabadora" está sustituyendo a "casete" con la fuerza del oleaje que la impulsó desde América; y el "culebrón" ha reemplazado a la "telenovela" en las pantallas y en el vocabulario de la gente. Y con la gente empieza a abrirse paso la palabra "engentarse", que podemos definir como "saturación de presencia humana", "estar ahíto de gente"; por ejemplo, en un bar de moda en el cual se hace imposible llegar a la barra para pedir una copa. O en una fiesta a la que han acudido más invitados de los que se esperaba. Situaciones ambas que le engentan a uno y le incitan a marcharse, o al menos a desearlo.

El intercambio de palabras, sin embargo, no data de los tiempos actuales. De ello puede dar buena imagen la historia de la voz "tiza", que designa esa arcilla terrosa blanca que se utiliza para escribir en los encerados. Un elemento, por cierto, que va desapareciendo de los colegios, sustituida por los rotuladores de alcohol y las pizarras (que ya no lo son) de plás-

---

[1] El *Diccionario* da una escueta explicación de la palabra "cuadra", al definirla simplemente como algo cuadrado. Tal vez debiera añadir que una cuadra es el lugar donde se encierra a los animales (generalmente a los équidos) y también un conjunto de edificios cuyas calles adyacentes forman un cuadrado.

tico blanco; pero que permanecerá aún muchos años entre los jugadores de billar, quienes usan un compuesto de greda y yeso para afinar la suela de los tacos y al que llaman igualmente "tiza". Pues bien, la palabra "tiza" procede del náhuatl, del vocablo *tizatl* que decían los indígenas, y de allí se llevaron la palabra los españoles. Sin embargo, los mexicanos llaman a la tiza "gis", palabra de raíz griega (del griego *gipsum*, yeso) llevada a México precisamente... por los españoles.

El lenguaje del fútbol en España ha dado paso a numerosos argentinismos, y así los locutores hablan de "botar un saque de esquina", en una acepción del verbo "botar" (lanzar, arrojar) que rara vez se usa para otros lanzamientos en la Península y las islas. Pocos españoles saben que la palabra "hincha", que todos ellos conocen como descriptiva del apasionado seguidor de un equipo, nació en Uruguay, y que arranca del hecho de que el forofo que más animaba al Nacional de Montevideo de principios de siglo era Reyes, el que hinchaba los balones; el "hincha".

La palabra "auspiciar" —apoyar, proteger—, que el lingüista Rafael Lapesa [2] recogía en 1966 como propia del español de América y desconocida en España, circula ya con su documento de identidad por toda la Península.

Y cualquier español habla ya de algo "novedoso", una voz que entró en el *Diccionario* en los años veinte, a propuesta de Ramón Menéndez Pidal, con marchamo de americanismo. Y con letras de canciones —Chabuca Granda, Les Luthiers, Los Chalchaleros, Los Cuatro Cuartos, Cholo Aguirre y sus ríos... Víctor Jara, Quilapayún, Facundo Cabral, Alberto Cortez, Cafrune, Larralde, Chavela Vargas— o con las frases de la literatura, llegaron también términos como "quebrada" (arroyo en Argentina, lo que un chileno llamaría "acequia"), o "pollera" (falda), o "vereda" (acera en Argentina) o "capitali-

---

[2] Rafael Lapesa. *Revista de Occidente, art. cit.* "América y la unidad de la lengua española". Ese artículo se reproduce en *El español moderno y contemporáneo*, Rafael Lapesa, *op. cit.*

no" (de la capital). En ellas vemos con precisión su significado: ¿No es hermoso pensar en los quiebros que da el agua del riachuelo, o en los pollitos que alguna mujer reunió en su falda, o en la vereda en la que un día se plantó el cemento de la acera?; y las entendemos; y por eso podemos pensarlas.

Lo mismo sucede cuando una camarera latinoamericana le pregunta a un español: "¿Le provoca un café?". Tal vez tenga la tentación de contestar que le provoca más la camarera, pero habrá entendido el significado profundo de "provocar" en español [3].

¿Y cómo no comprender lo que se intenta decir cuando alguien anima a otro: "hombre, no te me achicopales"? Y los hispanohablantes europeos reconoceremos que achicopalarse refleja mucho más que acobardarse o retraerse, que no se trata de un vocablo equivalente sino de otra manera de emplear el español, en este caso con sus influencias indígenas, para llegar a un resultado singular, cuyos cromosomas podemos relacionar con "achicarse" o hacerse pequeño ante una adversidad [4].

Más fácil aún resultará entender a la mexicana que nos presente a su novio con buen humor, resolviendo de un plumazo las dudas del lado europeo del Atlántico entre "mi compañero", "mi amigo", "mi prometido", "mi chico"… que las distintas formas de convivencia han acabado por superar y que derivan en que la gente que aún no ha llegado a cierta edad se enrede en dudas al referirse a su pareja. Pero la mexicana dirá: "…Y aquí le presento a mi pioresnada". Y la comprenderemos perfectamente.

---

[3] "Provocar", por influencia del inglés, se hace equivaler a veces a "causar": "le provocó una herida", en lugar de "le causó una herida". "Provocar" implica una acción que acarrea o incita a otra acción. Causar supone simplemente una acción, que alguien o algo recibe de manera pasiva. Se ve mejor la diferencia en los sustantivos: causa y provocación; la causa necesita sólo una acción; la provocación precisa una, pero pretende dos.

[4] Ni achicopalarse ni engentarse figuran en el *Diccionario de la Real Academia Española*.

VII. Los clones del lenguaje

Las palabras, hemos dicho, tienen cromosomas, podemos identificar en ellas su rastro genético, que nos ayuda a comprenderlas y relacionarlas entre sí. Gracias a las raíces y los sufijos entendemos la arquitectura del idioma, y eso nos ha permitido aprenderlo con naturalidad; hemos construido así, a lo largo de los años, nuestro propio edificio; enladrillado con palabras que se agrupan en cimientos, las unas; que encajan entre sí, se complementan, se matizan, las otras; que se desarrollan y se unen en juntas finas para sumar mucho más que los propios conceptos que fusionan, voces compuestas que crean al alimón aleaciones mucho más fuertes y expresivas.

Con cada vocablo, pues, se puede bucear en la historia; y aprender por qué *sentimos* algunas palabras de manera diferente, más profunda. Y por qué otras nos suenan frías y técnicas. Por qué notamos el calor de las voces árabes, heredadas de unos tipos curiosos que llegaron a la Península dando mamporros en una conquista que apenas duró ocho años y que después instauraron durante casi ocho siglos un ambiente de tolerancia, convivencia y enseñanzas generosas que se han plasmado en las 1.250 voces suyas que custodia nuestro diccionario. O por qué preferimos la rugiente palabra "guerra", que contagiaron los godos, frente al delicado *bellum* de los romanos; o el sonido bronco de "perro" frente al candoroso *canis* del latín [1].

---

[1] Tal vez el sonido despectivo de "perro" que hoy conservamos en según qué casos tiene algo que ver con aquella decisión. No podríamos decir de

Pero un gran peligro para la hermosura y el significado de todo ese edificio de ideas y palabras viene dado por la clonación, que —incluso antes de que la oveja *Dolly* fuese inventada— nos atenaza con la fuerza de la costumbre. Hoy en día la ciencia ha logrado copiar el ADN de los animales, y las dificultades técnicas para hacerlo también con las células humanas casi han desaparecido. La ética, sin embargo, opone aún ciertas barreras, y ya se han creado comités que regularán estos avances científicos de la genómica [2] para que no se vuelvan contra la especie humana.

El científico español Mariano Barbacid opina que "en la investigación genética se engaña a la naturaleza".

Y eso se produce también con las palabras, porque el mal uso del idioma español acaba engañando a su fuero interno, altera el sentido de las expresiones y dificulta la comunicación. Más aún, dificulta la comprensión cabal de los conceptos creados por el ser humano.

Dentro de cincuenta años se conocerán todos los genes que influyen en la inteligencia y será posible añadirlos al genoma de un primate para dotarle así de la capacidad de razonar. Se habrá logrado entonces engañar a la naturaleza. Y no se puede reprimir un respingo al imaginar tamaño espécimen, el verdadero mono sabio [3]. Y una primera pregunta le asaltará a cualquiera que se plantee esta hipótesis: ¿para qué desearemos crear primates que puedan cursar la carrera de ingeniero?

---

alguien, en voz peyorativa, que es "un can", un "can viejo", que "le han tratado como a un can"... Por otro lado, los dueños de perros rara vez llaman así, "perro", a su propio animal de compañía... si pueden evitarlo sin caer en una frase ridícula.

[2] Neologismo científico que nos parece legítimo, precisamente porque sale de los genes del idioma.

[3] La palabra monosabio, que se aplica a los mozos que auxilian al picador en la plaza de toros, procede precisamente de unos *monos sabios* que se exhibían hace muchos años en un circo de Madrid, con gran éxito de público. Los monos vestían pantalón azul y casaca roja. Ese año, los ayudantes de los varilargueros estrenaron idéntica indumentaria. Y la gente dijo al verlos: "mira, los monos sabios".

La clonación (del griego *klon*, retoño), aunque en ocasiones pueda resultar útil, ha de toparse, pues, con ciertas condiciones.

En el lenguaje también se producen clones, palabras con los cromosomas copiados y generalmente procedentes de otro ser vivo, de otro idioma. Su introducción en los periódicos y los medios de comunicación —de nuevo la cúpula de la sociedad— parece haber consagrado algunos términos que suponen pequeñas rupturas en la genética de la lengua, que no salen de las profundidades de nuestra historia sino de una superficie ajena, que a su vez provendrá de otros sedimentos, pero en cualquier caso sedimentos que no tienen por qué casar con el genio del idioma español. Esos resultados nos despistan, nos impiden comunicarnos mejor.

Por ejemplo, la palabra "evento". El mismísimo escritor mexicano Carlos Fuentes la emplea incorrectamente en un artículo: "Un latinoamericano, mirando con asombro estos eventos, no puede menos que preguntarse ¿por qué China sí y Cuba no?" [4]. En español, los cromosomas de "evento" se relacionan con los de "eventual" o "eventualmente", o "eventualidad", o la locución adverbial "a todo evento", y denotan ← inseguridad o contingencia. Un trabajador eventual no tiene un contrato estable; y si haremos algo "eventualmente" estamos diciendo que ocurrirá sólo si se dan las condiciones necesarias; es decir, si no se produce una "eventualidad", pese a que tal vez lo intentemos, no obstante, "a todo evento", es decir, "a toda cosa", "a como dé lugar" que diría un mexicano... "sea como fuere", "en cualquier caso", o, mejor aún: "pase lo que pase".

"Evento" en español (del latín *eventus*) significa, pues, un acontecimiento imprevisto, inseguro, o un acaecimiento: algo que sobreviene sin estar programado, dejado al juego de los avatares. Carlos Fuentes, y cuantos utilizan este vocablo tan erróneamente como él, intentan trasladar con "evento" la idea de "acontecimiento". En concreto, el escritor se refiere en su

---

[4] Carlos Fuentes. "¿China sí, Cuba no?", *El País*, Madrid, 4 de agosto de 1998.

artículo a hechos ya acaecidos, sobre cuya seguridad no se puede dudar; y que además estuvieron programados con toda pulcritud, como la visita del presidente de EE UU Richard Nixon a China en 1971, acontecimiento que el escritor mexicano utiliza como ejemplo.

En efecto, cada vez que alguien se topa con la palabra "evento" escrita en la prensa o difundida por televisión o radio —rara vez se hallará, usada así, en el lenguaje llano de los pueblos y las ciudades— el autor se habrá referido a una procesión religiosa, un congreso científico, un campeonato deportivo, una reunión política... hechos todos ellos perfectamente organizados en cuyo desarrollo puede caber algún imprevisto, pero nunca dudas razonables sobre su celebración misma.

¿Dónde reside aquí la clonación?: en que se han trasladado al español los cromosomas ingleses de *event* o los franceses de *événement*, palabras que en ambos casos significan acontecimiento. Pero el español no dispone de genética alguna que se pueda relacionar con esa acepción. Así pues, si empleamos "evento", unos hispanohablantes pueden entender, como se ha venido haciendo hasta ahora, que se trata de un hecho inseguro; mientras que otros comprenderán que se nos refiere un hecho importante. Ya se ha roto entonces la unidad del idioma: unos piensan en el ser original y otros en el ser clonado. Que no es el mismo ser.

¿Por qué gana terreno ese espécimen repetido, semejante mono inteligente que se mueve con agilidad por nuestro edificio idiomático dispuesto a romper algunos cristales y sin ninguna barrera ética que lo frene? Por su mayor brevedad. He aquí un moderno dios al que rinden culto quienes se expresan desde la torre: evento consta de seis letras, mientras que acontecimiento consume 14. Y el reducido espacio para los titulares no perdona.

Una vez más nos hallaremos, en estos casos, ante el problema de fondo: quien prefiera "evento" sólo por el mero hecho de que ocupa menos espacio se muestra incapaz de acudir a otros rincones de su edificio mental —tal vez porque el inmueble se construyó con agujeros y se nota la humedad en algunos lugares— y rescatar la palabra "acto" (pues se tratará de un acto oficial, un acto religioso, un acto deportivo… un acto sin más, por tanto) o recuperar el significado íntegro del vocablo "suceso" (definido en primera acepción como "cosa que sucede, especialmente cuando es de alguna importancia"; sólo en la cuarta figura como "hecho delictivo o accidente desgraciado").

Aquellos que arguyen la ventaja de la brevedad de las palabras extrañas frente a la longitud de las propias tienen la suerte de no haber nacido alemanes (reforma ortográfica al margen). Porque en ese caso sólo podrían expresarse con apócopes. Y, puestos a elegir vocablos más cortos, a qué acudir al inglés: el chino puede resultar mucho más útil aún. Se opondrá entonces que el chino no lo entiende nadie, pero en tal caso responderemos que reproducir el inglés constituye, pues, un desprecio para los hablantes monolingües del español. Además de una renuncia intelectual.

Unas páginas atrás escribí esta frase: "Me refiero a este tipo de actitudes de intelectuales competentes y cultos cuando intento defender la gramática frente a esa tendencia moderna que la desprecia, la soslaya o, simplemente, la desconoce". Antes de teclear esta última palabra había pensado en el vocablo "ignora". Y hube de sustituirlo porque, lamentablemente, ha sufrido de clonación. Ya no me sirve porque sé que la unidad de mis eventuales lectores se ha roto respecto a ella.

"Ignorar" (del latín *ignorare*) significa en español, simplemente, "no saber algo, o no tener noticia de ello". Se acabó. Ya no significa más. Se relaciona en sus cromosomas con "ignoto" o "ignorante", por ejemplo. Sin embargo, del verbo inglés *to ignore* se ha extraído un clon que ha pasado al español como sinónimo de lo que tal expresión significa en el otro idioma: no hacer caso, pasar por alto, desairar. Incluso algunos malos diccionarios de bolsillo traducen del español al inglés "ignorar" como *to ignore*, en lugar del más válido *not to know* (no saber).

Así que en la frase anterior —la repito: "…la desprecia, la soslaya o, simplemente, la ignora"— no podía emplear este último verbo, puesto que algunos de los lectores podían entenderme "la pasa por alto", "la desdeña", "hace como que no la ve", "la desaira"… en lugar de lo que yo quería transmitir: "la desconoce". ¿Por qué ha alcanzado tanta presencia este falso amigo? De nuevo, por su economía de letras para quienes son incapaces de bucear más que unos centímetros en su propio idioma, y sólo encuentran "hace caso omiso", por ejemplo. Y de nuevo, también, podemos oponer palabras del español que la sustituyan con igual ventaja y más propiedad. En lugar de "el alcalde *ignora* a sus concejales": "El alcalde desprecia a sus concejales". "El alcalde olvida a sus concejales". "El alcalde soslaya a sus concejales". "El alcalde desdeña a sus concejales". O muchísimo mejor aún: "El alcalde ningunea a sus concejales".

Qué triste pérdida, pues, haber renunciado a una palabra del español al escribir aquella frase. Sentí esa omisión como una herida, una amputación mental, un robo. Un árbol caído y hecho pedazos.

Lamentablemente, el bosque sigue sufriendo. El editorial de un periódico español hablaba el 11 de agosto de 1998, en sus dos primeras líneas, de la necesaria adaptación de las computadoras al año 2000 como "un problema serio que no se puede ignorar". Dos clonaciones en tan poco espacio dan
→ idea de la dimensión del hecho: "serio" por "grave"; "ignorar" por "desdeñar". Y en las páginas de información local de Madrid encontrábamos el mismo día este subtítulo: "Los peligros de las obras en la calle de María de Molina, ignorados por trabajadores y peatones" [5]. ¿Se habrá querido decir que los desconocen o que no les hacen caso?

Podemos identificar los clones, precisamente, cuando nos producen estos efectos secundarios, tales como la invalidez parcial o permanente, o una confusión tal que nos impide conocer el sentido exacto de lo que se quiso decir, o al menos albergar ciertas dudas. Una palabra que forme parte del español consolidado no se presta a podas de ese tipo, si se ha redactado bien la frase. Pero los clones acaban dando pistas de

---

[5] *El País*, edición de Madrid, 11 de agosto de 1998.

ÁLEX GRIJELMO

su presencia vírica en nuestro programa informático mental. Así, por ejemplo, vemos a menudo que tal cantante ha vendido "500.000 copias" de su disco. Curioso: de los libros no se venden copias, se venden ejemplares. Pero de los discos se venden copias. He ahí una diferencia entre la cultura de uno y otro mundo: el musical adora lo anglosajón y ha clonado la expresión *copy;* el mundo de la letra impresa sigue conociendo la fuerza del español, y sabe que las reproducciones salidas de una impresión originaria se llaman ejemplares, puesto que no se trata de lograr un ejemplar y después hacer de él miles de copias, sino que todos los ejemplares parten de la misma prensa, y son iguales entre sí pero no copias los unos de los otros. Así que el cantante en cuestión habrá logrado colocar en las discotecas de sus seguidores "500.000 ejemplares". Aunque tal vez las canciones estén copiadas de otro.

La palabra "nominado" significa en español simplemente "nombrado"; pero una clonación del inglés *(nominate, nomination, nominee)* la ha colado como "aspirante" o "candidato". Se delata, no obstante, con el curioso hecho de que prácticamente sólo se emplea una vez al año: al entregarse en lujosa ceremonia los Oscar de Hollywood (en España el vocablo se ha extendido a los premios Goya, también cinematográficos y un calco total del montaje estadounidense; cómo no iban a adoptar también la palabra). Se puede apreciar su valor de contrabando cuando vemos que nadie dice que alguien ha sido nominado para obispo.

Los aeropuertos han difundido a cuantos viajeros vuelan entre dos ciudades de su país un término que procede de otra lamentable copia genética: vuelos domésticos. No se trata de los avioncillos de papel con que los niños juegan en casa y que a veces salen por la ventana (momento en el que dejan de ser domésticos), sino de los modernos Boeing 727 de cualquier compañía que se precie. La palabra "doméstico" forma, en efecto, una clonación de *domestic,* que en inglés viene a significar local o nacional. Y los paneles de nuestros aeropuertos hablan de "vuelos domésticos" en lugar de "vuelos nacionales". Incluso la compañía española de bandera, Iberia, pone el término "doméstico" en la portada de sus billetes para vuelos interiores.

Tanto desconcierto con esta palabra abocó al diario español *El País* a un error desastroso en un titular, el 14 de junio de 1998: "Internet estará implantado en el 95 por ciento de los hogares del mundo en el 2004", decía. Semejante barbaridad —nadie puede imaginar siquiera que todas las casas de todas las ciudades y aldeas de los cinco continentes dispongan de ordenador (ni siquiera de teléfono) sólo seis años después de publicarse la noticia— únicamente podía derivarse de un error; pero no de porcentaje o de cálculo, sino de semántica. En efecto, los datos procedían de un informe escrito en inglés, y el redactor que lo pasó al español hizo una traducción de estilo clónico. Él entendió "consideramos que para el año 2004 el 95 por ciento de la población *doméstica* tendrá acceso a Internet"; pero no quería contar eso el autor del escrito original en inglés, donde figuraba la palabra *domestics* en su acepción equivalente a "nativos", sino esto otro: "Para el año 2004 el 95 por ciento de la población *nacional* [o sea, la de Estados Unidos en ese caso] tendrá acceso a Internet"; y no necesariamente en el hogar, sino en la oficina, la casa de un amigo, el colegio o un cibercafé. El idioma no se deja domesticar como los aviones.

De la presencia semiclandestina de estos clones —de escasa utilidad en el sistema general, reducidos a un huequito semántico pero reiteradamente presente en la comunicación, en el lenguaje de los de arriba— da idea también el hecho de que los partidos de fútbol se vean ahora "en vivo", tanto si se trata de una transmisión televisiva (que antes veíamos "en directo") como de la propia presencia en el estadio (lo que antes presenciábamos "en persona"). Porque se aprecia con claridad que constituye una clonación esta expresión que ha sustituido a ambas posibilidades del español: por la curiosa circunstancia de que ni en uno ni en otro caso podemos ver el partido "en muerto".

Suman tan alto número los clones que están entrando en el idioma y afectando de muerte, precisamente, a los términos originales a los que se parecen, que hasta pueden componer un diccionario entero. En él se incluirían "agresivo" (que sig-

nifica "violento" pero no emprendedor), "contemplar" (que ←
no equivale a "regular" o "considerar" algo, sino a recrearse
con la vista), "convencional" (que quiere decir "fruto de un
acuerdo" pero no "tradicional"), "confrontar" (que no invoca
un "enfrentamiento", sino una comparación), "corporación"
(que no es sinónimo de "gran empresa", sino de un organismo público formado por varios miembros que constituyen un
"cuerpo", por ejemplo un Ayuntamiento), "crimen" (que define un delito grave, no cualquier delito), "encuentro" (que
significa el acto de coincidir en un punto, pero no una "reunión"), "estimar" (que nos habla del aprecio que se siente
hacia alguien o algo, pero no de un "cálculo aproximado"),
"honesto" (que sólo significa "honrado" si se habla de con-
ducta sexual), "informal" (que no es "carente de formalidades", sino incumplidor), "en profundidad" (que no significa
tratar algo "detenidamente", sino en el fondo del mar, por
ejemplo), el ya referido "provocar" (que no equivale a "causar" sino a incitar), "severa" (lo que decimos de una persona
rigurosa en su juicio, pero que no podemos aplicar a una enfermedad "grave") "sofisticado" (en español siempre signifi-
có "adulterado", "refinado", "afectado"; pero ahora se toma
como "avanzado" o "moderno")…

El diario madrileño *El País* tituló en su página 24 del 7 de
agosto de 1998: "Guionistas y escritores se enfrentan por los
créditos de las películas". Leyendo el texto, se entera uno de
que la noticia no trata sobre el problema de cómo financiar
la producción, sino sobre qué apellido recibirá mayor relevancia en la publicidad. Por tanto, no se enfrentan por los créditos de las películas, sino por las firmas que aparecen en los
carteles. Este clon (de *credits* en inglés) parece muy peligroso:
dentro de un tiempo querremos referirnos a los préstamos
que hacen falta para rodar una película y ya no podremos
emplear la palabra "créditos", porque algunos entenderán
que nos referimos a las firmas del director y los guionistas.

Todas esas intromisiones —y más que convertirían estos
párrafos en un diccionario, cosa que no se pretende aquí— hacen daño al idioma, y a nuestras posibilidades de expresión. Lejos de enriquecer el acervo, lo empobrecen porque anulan los

matices que ha ido adquiriendo el español durante los siglos y nos quitan las palabras, como ya ha sucedido con "ignorar".

Una prueba judicial, por ejemplo, puede radicar en el ADN de un pelo que se le desprendió al asesino en el lugar del crimen. Pero si lo consideramos una evidencia habremos destruido el verdadero significado de la palabra "prueba": una evidencia no necesita pruebas, porque evidencia es lo que se ve. Y una prueba, por el contrario, demuestra lo que no se ve.

Esa pérdida de conceptos y de sutilezas no supone ninguna evolución del idioma como pretenden los defensores del descuido y la dejadez, sino una regresión. Las palabras del árabe o del griego, o del francés, o del inglés, o del aimara que han entrado realmente en el *Diccionario* de los hispanohablantes sirvieron para conceptos nuevos que no definían antes otras voces, o bien se aceptaron porque las existentes quedaron superadas por ellas. Y además, ese proceso —nunca insistiremos lo suficiente— se produjo con suma lentitud y por propia decisión de los hablantes, que construyeron así una serie de signos inequívocos, un vehículo fundamental para el entendimiento y la riqueza de las ideas. Pero ahora estamos, de nuevo, ante la influencia empobrecedora que emana de las malas traducciones de las películas y de los teletipos de agencia en los periódicos. Estos clones carecen de todas las riquezas del mestizaje, precisamente porque en esencia no se mezclan: se trasladan miméticamente, para convertirse en un ente igual siendo distinto, un número de identidad repetido para dos personas diferentes. Su efecto, al ritmo con que los medios de comunicación de masas imponen hoy en día el vocabulario general, puede resultar devastador.

Como muestra de que esa entrada de clones se desenvuelve silenciosamente, a la manera quintacolumnista, ahora nadie se sorprende por que "enervar" se entienda ya como "poner a alguien nervioso" (del *enervate* inglés, por supuesto) y no como "debilitar" (que en inglés cuenta con otro verbo: *enfeeble),* el significado que siempre tuvo.

Y ya no sabemos si dos personas que celebran un encuentro es que están contentas de haberse conocido o que se hallan negociando un acuerdo político.

Y tal vez algún día, si no detenemos esta carrera de sigilosa invasión, alguien diga que "los comensales se sentaron a la tabla" y a persona alguna le extrañe. De hecho, el título "los caballeros de la mesa redonda" se ha traducido ya en ocasiones como "los caballeros de la tabla redonda". La expresión *table* —cuya grafía coincide en francés y en inglés— se cierne ya sobre nosotros, y su clonación inmediata puede destruir el concepto español de "tabla", generalmente constituida por la misma materia que la mesa, pero con algunas diferencias de matiz. Y de precio.

En septiembre de 1998, el presidente del Tribunal Supremo español abrió el año judicial con una clonación del verbo *to remove* (quitar, en inglés), diciendo que esperaba "remover los obstáculos" que impiden una mayor rapidez de la justicia. Mala promesa, puesto que si los obstáculos se remueven igual que la sopa, acabarán quedándose en el mismo sitio. Como la sopa.

El ansia de la clonación no sólo afecta a las palabras —la superficie del idioma—, sino también al esqueleto: la sintaxis y la gramática. Así, en las zonas donde el español y el inglés conviven —Puerto Rico o Miami, por ejemplo— se oye con frecuencia "te llamo para atrás", que responde literalmente al concepto, tan práctico, del idioma inglés *call back. I call you back* frente al cortés español "te devuelvo la llamada". O "te doy para atrás" *(to give back)* en lugar de "te devuelvo". Y más habitual resulta oír la intromisión de un adverbio en el medio de un tiempo compuesto: "ha terminantemente prohibido", por ejemplo, copia genética de la estructura francesa. Y los gerundios que, a la manera inglesa, cumplen un papel adjetivo, en contra de la forma española: "una *persona corriendo* se chocó contra una señal de pare". Y las formaciones "es por esto que" en lugar de "por eso", o el empleo del potencial pasado como si se tratara de un verbo de probabilidad ("según estas fuentes, las víctimas del terremoto habrían sido 200"; de lo cual entenderemos, si lo tomamos como correcto español, que no hubo ni terremoto ni víctimas). Y calcos como "jugar un papel" o "jugar un rol", en un insólito uso del verbo *jugar* en lugar de "desempeñar un papel" o "interpretarlo". Y la supresión de preposiciones en el régimen de determinados verbos ("informar que" o "advertir que" cuando corresponde "informar de que" y "advertir de que"; pero a menudo influye la composición inglesa: con *that* y sin *of* en las construcciones equivalentes). O en frases como "voy a jugar tenis" (*play tennis*) que algunos pronuncian sin coherencia alguna con el momento en que ellos mismos dicen "voy a jugar a la ruleta" o "voy a jugar a las canicas", frases que generalmente no sustituyen por "voy a jugar ruleta" o "voy a jugar canicas".

Estas clonaciones sintácticas suponen un mayor peligro, por cuanto afectan a la estructura del idioma. Así, muchos periodistas escriben equivocados "Fulano advirtió a Mengano que no firmaría el acuerdo", pero aún mantienen el correcto uso de la preposición en la voz pasiva: "Mengano fue advertido por Fulano *de que* no firmará el acuerdo"; y en la interrogación: ¿*De qué* advirtió Fulano a Mengano?". Y en la respuesta: "*De que* no firmará el acuerdo". Pero esta peculiar supresión de la partícula en la voz activa supone ya una pequeña fractura en el esqueleto donde se apuntala el idioma entero. Si la bacteria daña los huesos o los órganos vitales, el lenguaje puede resquebrajarse con mayor facilidad. Las heridas en palabras y verbos se pueden subsanar con el tiempo, pero los daños en las vigas principales del edificio acaban a la larga con él.

El lenguaje de la clonación es por antonomasia el *spanglish* que emplean algunos hispanos en Estados Unidos. Ellos son capaces de decir "marqueta" (*market*) en lugar de mercado; "chores" (*shorts*) en vez de pantalón corto o minipantalón; y explicar que una tienda "delibera groserías" (*deliver grocery*) porque reparte la compra; o citar "el rufo del bildin" (*the roof of the building*) por el techo del edificio; o "vacunar la carpeta" (*vacuum the carpet*) cuando quieren aspirar la alfombra; o "chopear" (*shopping*) en lugar de comprar.

Y hasta un candidato puede estar "corriendo por la oficina de mayor", lo cual no significa que practique el atletismo en lugares insospechados, sino que compite por el cargo de alcalde.

Nada que oponer a todas esas fórmulas si entre ellos se entienden. Hay que comprender que la convivencia entre dos idiomas sobre el mismo suelo puede generar esas fusiones y adulteraciones en grupos concretos de personas. Estos hablantes muestran "una gran destreza lingüística", según sostiene la profesora Ana Celia Zentella, que ha escrito un libro sobre el bilingüismo en Nueva York. Y hablando así no cometen ningún error, no se equivocan en modo alguno. Únicamente estarán equivocados si creen que lo que hacen es hablar en español.

Pero estos calcos no sólo se producen en algunas franjas de los hispanos de Miami, Nueva York o Puerto Rico. Ya se están consolidando en el lenguaje de los periodistas y los políticos expresiones como "en base a" (en lugar de "a partir de"); "a nivel de" (esta vez del francés *a niveau de*) cuando no implica altura sino extensión (se puede sustituir por "a escala": a escala nacional, en lugar de a nivel regional); "de cara a" (de *face to* y de *face à*) en vez de "frente a", "con vistas a" o simplemente "ante"… Y los clones cumplen su tremendo papel de ir comiendo palabras, o trozos de palabras, como los comecocos de los primeros juegos de ordenador.

"Hay que estar atentos", ha declarado el crítico literario Miguel García-Posada, "a expresions que se ponen de moda pero que no son correctas, corrompen la lengua y acaban vaciándose de su significado original" [6].

Dentro de pocos años, si persisten algunas de estas modas depredadoras, no podremos escribir lo siguiente: "Según mi hermana, mi madre estaría encantada en tu casa"; porque el receptor dudará entre estas dos posibilidades:

A) Es *probable* que mi madre esté *ahora* contenta en tu casa, al menos eso dice mi hermana (que sería la posibilidad errónea conforme a los criterios que rigen todavía, lo que no impide su extendido uso en la prensa).

---

[6] Miguel García-Posada, en el artículo "¿Por qué traducimos tan mal los vocablos ingleses?", *El País,* 25 de junio de 1995.

B) Mi madre desea irse a tu casa *cuanto antes* (que es lo que se deduce correctamente al entender que *con seguridad* estaría encantada en tu casa si nada le impidiera hallarse en ella).

Las clonaciones del inglés afectan ya incluso al estilo de muchos profesionales de la palabra. Basta ver una noticia firmada por un corresponsal de un diario en la que casi todas las oraciones están construidas con la voz pasiva para darse cuenta de que se trata de un refrito de periódicos escritos en inglés. Podremos observar así una clonación de estilo en la que, sin embargo, no se producen alteraciones gramaticales, sino sólo estadísticas. En efecto, un hispanohablante puede optar entre "María se comió un pastel" y "el pastel fue comido por María", pero en el 90 por ciento de los casos elegirá la primera fórmula. Sólo acudirá a la voz pasiva si desconoce el sujeto de la oración ("la ciudad fue fundada en 1753"; y lo escribo así porque no sé quién la fundó) o si con ello obtiene una ventaja expresiva (no es lo mismo "los forasteros roban los cuadros en este pueblo" que "en este pueblo los cuadros son robados por los forasteros"; porque en este segundo supuesto añadimos matices: sólo los forasteros roban cuadros allí).

Sin embargo, en inglés la presencia de la voz pasiva se hace notar muchísimo más, y al trasladarla mecánicamente al español caemos en la ausencia de estilo propio para reflejar el de un idioma extranjero. Lo que redunda en empobrecimiento personal y general, porque perdemos las distintas tonalidades que nos ofrece nuestro idioma.

A veces, en efecto, podemos leer textos escritos en español que nos suenan como pertenecientes a "otro español", y no sabemos exactamente por qué. Al final tenemos la sensación de que están mal redactados, pero un análisis gramatical nos daría un cien por cien de corrección. La respuesta a nuestra incomodidad sólo podría venir del lado estadístico. Algunas fórmulas que se usan raramente en español —y casi siempre con un motivo— se hallarán revueltas en nuestra lectura sin razón ni concierto.

Graciela Reyes, profesora de la Universidad de Illinois, expuso este problema, en una ponencia titulada "El español en la prensa de Chicago", ante el congreso internacional "El español y los medios de comunicación", celebrado en Valladolid en 1996 [7]:

"La influencia del inglés consiste en activar una de las dos construcciones españolas posibles a expensas de la otra, que sería la más adecuada; es decir, la exigida por el discurso. Si el español en contacto con el inglés selecciona de preferencia el orden sujeto-verbo [y jamás lo contrario], el resultado será la erosión del sistema de normas pragmáticas que determinan el orden de las palabras, y se reducirán las opciones que nos ofrece el español". (…) "Veamos un solo ejemplo. Al hacer el relato de la vida de un triunfador, la autora del artículo al que me refiero [publicado en el veterano periódico escrito en español *La Raza*, de Chicago en febrero de 1996], escribe lo siguiente: '…En eso andaba cuando conoció a un grupo de jóvenes con quienes se identificó en sus ideales […]. Pero algo inesperado sucedió'. En la última oración se ha violado la máxima pragmática estándar que impide poner lo nuevo como sujeto de la oración: el orden apropiado sería 'pero sucedió algo inesperado'. La escritora ha perdido tal norma" [8].

Así pues, da la impresión de que la frase se ha escrito mal, pero no resulta fácil saber por qué: la construcción es gramaticalmente correcta.

Sin embargo, la intuición de los lectores les provocará un hormigueo molesto, igual que si uno de los músicos de la orquesta lleva el ritmo haciendo golpear un pie sobre la tarima.

El idioma necesita precisión musical para que las imágenes que crea el cerebro receptor al escuchar o leer el mensaje se parezcan lo más posible a las que tuvo en su cabeza quien

---

[7] Graciela Reyes (1996). Ponencias editadas por la Universidad de Valladolid, que acogió esta reunión organizada por la Asociación de la Prensa de esa provincia.

[8] La frase "un grupo de jóvenes con quienes se identificó en sus ideales" tampoco responde al genio del español. En nuestro idioma se escribiría así: "Un grupo de jóvenes con cuyos ideales se identificó".

habla o escribe. Pero también le hace falta un envoltorio reconocible. Sin el rigor de las palabras y las frases, y sin el tono adecuado para acompañarlas, se empobrece la principal herramienta de nuestro pensamiento. Y hemos de preguntarnos si tenemos derecho a cambiar de significado las palabras y los colores que hicieron suyos nuestros antepasados, y que nos dejaron para que pudiéramos aprender de ellos; si tenemos derecho a repintar una obra del Greco; si podemos igualmente reescribir los paisajes de Azorín por el simple procedimiento de vaciar de contenido los recipientes donde él dejó sus ideas, para sustituirlas ahora por otros conceptos aunque respetemos los recipientes. Aun con las mismas palabras, ya no sería el mismo paisaje, ni siquiera un mismo paisaje que hubiera evolucionado con las estaciones. También la pintura plasmada en un lienzo *evoluciona* con el tiempo si no se le presta atención: se deteriora.

VIII. Una lengua unida

Todos los peligros expresados hasta aquí (el desprecio a la gramática, las propuestas de nuevas ortografías, el olvido de la historia del idioma, la deformación de las palabras...) llevan ligado un factor común: atentan contra la unidad de la lengua.

He ahí otro concepto —la unidad— que tiene mala prensa entre los desconfiados de hoy en día, los que ven el idioma español como un instrumento más, metálico y con fecha de caducidad; menestral, un artículo de usar y tirar. Y de nuevo desde posiciones aparentemente progresistas, que, sin embargo, no pueden haber quedado más trasnochadas.

Hay quien ha puesto incluso en duda la unidad actual del español en el habla de casi 400 millones de personas. Modismos, giros peculiares, distintas construcciones verbales en ocasiones, diferencias de léxico.... Hace un decenio esa teoría llegó a plasmarse en algún documento oficial, aún no definitivo, de la Comunidad Económica Europea, lo que desató gran alarma en España.

En efecto, se da esa diversidad. Incluso entre regiones españolas distantes apenas unos cuantos kilómetros podemos hallar diferencias de léxico. Por ejemplo, la escorpena —un pez comestible de unos 20 centímetros de largo y color rojizo en la mayor parte de sus escamas— se llama también "escorpina"; y "cabracho" en el Cantábrico; y "gallina" en el Mediterráneo; y "cabrarroca" (*kabrarroka* en grafía del vascuence) en el País Vasco [1]. Y una castellana se adornará con unos pendientes y una andaluza con unos zarcillos (pronúnciese "uno sarsillo"). Y las dos se habrán colgado lo mismo.

La palabra "hiniesta" (del latín *ginesta*) da nombre a una planta cuyas ramas son muy apreciadas para proporcionar fuego duradero a un horno; y para dotar de melena a las escobas de campo, y de apellido a muchos españoles y latinoamericanos (también con la variante Iniesta, como se escribió siglos atrás) que lo tomaron de tal término por alguna relación originaria con esa mata (Mata, por cierto, también ha perdurado como nombre de familia). Pues bien, la "hiniesta" sobrevive como palabra en algunas zonas de España, pese a que casi toda la Península habla de "retama" para referirse a la misma cosa. La raíz árabe de esta última explica su mayor presencia en Andalucía frente a su homóloga de ascendencia latina, a la que ha ido comiendo terreno en dirección al Cantábrico. Y podemos decir que alguien "masca retama" porque muestra su amargura, pero no que masca hiniesta porque tal dicho no significaría nada. En cambio, otra palabra árabe, la que se halla en el germen de la voz "alhucema", perdió la batalla frente a la romanceada "espliego" (de *espicum*, espiga), en ambos casos para designar la aromática planta de la que se extrae un aceite especial para perfumería. "Espliego" se usa más en el norte de España, mientras que "alhucema" resiste a duras penas en el sur. Pero la voz arábiga ha perdurado en el topónimo español de una bahía, un peñón y una población situados junto a Melilla, llamados todos ellos Alhucemas y que reciben en Marruecos el nombre árabe de Al Husaima.

Y media España dice "aceitunas" y la otra media "olivas", pero los cromosomas de ambas voces (aceite, olivo) nos refieren con precisión que se trata de lo mismo.

Durante la redacción de este libro, el 2 de agosto de 1998 exactamente, he oído mientras paseaba por la calle la discusión entre dos albañiles que trabajan frente a mi casa. El uno, de acento castellano, le pedía al otro, de acento andaluz, la

---

[1] "Cabrarroca" no figura en el *Diccionario de la Real Academia*.

piqueta. Y el andaluz le respondió que a eso en su tierra se le llama alcotana. Cada uno defendía su palabra, pero el segundo había entendido perfectamente la primera. En efecto, el *Diccionario de la Real Academia* nos aclara que piqueta viene de "pica" (y "pica" sale de la onomatopeya *pic,* el ruido que hace el pico en su trabajo), y que consiste en "una herramienta de albañilería con mango de madera y dos bocas opuestas, una plana de martillo y otra aguzada como de pico". Si acudimos a la entrada "alcotana" —vocablo menos extendido que piqueta— veremos que procede del árabe *al-quattá,* y significa etimológicamente "la muy cortante". Y se define así: "Herramienta de albañilería que termina por uno de sus extremos en figura de azuela y por el otro en figura de hacha, y que tiene en medio un anillo en que entra y se asegura un mango de madera, como de medio metro de largo". Hasta aquí parece que el albañil andaluz había perdido el matiz sobre el hierro que remata la madera: azuela-hacha frente a martillo-pico. Pero el *Diccionario* añade: "Hay algunas con boca de piqueta, en vez de corte". Asunto concluido. Los dos obreros tenían razón.

Lo mismo puede ocurrir, como ya hemos visto, en distintos países de Latinoamérica. Ante una adversidad, un mexicano o un colombiano dirían "bueno, ni modo" —asunción pesarosa de la falta de remedio— donde un español pondría "qué se le va a hacer", en ambos casos con un punto de cinismo. Pero a unos y a otros les parecerá fantástica la respectiva opción ajena como expresiva de lo más profundo de la resignación humana. Una madre mexicana le dirá a su hijo "ven acá, que te apapache", y un español admirará la cariñosa sonoridad del abrazo, el mimo, el arrullo; y entenderá sin problema las connotaciones de la palabra aunque la oiga por vez primera y aunque proceda de un indigenismo [2].

Cuando hablamos de que se hace preciso defender la unidad del idioma —hoy más amenazada que antes— no se pretende destruir esta riqueza de expresiones, tan españolas unas

---

[2] "Apapachar" sí figura en el *Diccionario de la Real Academia.*

como otras aun nacidas algunas tan lejos de España. Tal unidad no la pondrá nunca en peligro la distinta evolución que nuestra lengua registre en Venezuela o en Chile, porque esa progresión, mientras venga dada por el pueblo, partirá de los conceptos preexistentes y no perseguirá la incomunicación sino todo lo contrario. En México se puede decir "un profesionista" con tanto derecho como en España "un profesional", o un "inversionista" para desplazar legítimamente a un "inversor". El peruano que diga "voltearse" se hará entender por el español que acostumbra a "volverse" o a "darse la vuelta", porque éste sabrá perfectamente que las campanas de la iglesia, por ejemplo, se voltean. Se trata de usos diferentes que utilizan raíces y sufijos de un mismo idioma, y que, por tanto, forman parte de él.

Es en el vocabulario más común y familiar donde se producen las mayores diferencias, al contrario que en el literario o culto. Sin embargo, los hablantes tienen un sexto sentido que les ayuda generalmente a entenderse cuando conversan personas de diferente procedencia. A menudo en un diálogo con un hispanohablante de otra nacionalidad nos preguntamos: "¿Se dice esto también en vuestro país?". En esos casos hemos notado que nuestra palabra ha descendido de nivel, que acabamos de emplear una expresión próxima a la jerga, al lenguaje familiar o coloquial, al regionalismo. No obstante, muchas de esas formas específicas, a fuerza de su uso continuo, ya sabemos asimilarlas. Por ejemplo, en los saludos. Un colombiano puede preguntar "¿y qué más?", o "¿cómo te acaba de ir?"; y un español "¿cómo te fue?" o "¿cómo te va?"; y un mexicano "¿qué hubo?", y un dominicano "¿cómo tú estás?".

Y en todos los casos contestaremos que todo va bien, por no dar explicaciones y ganar tiempo para una conversación más interesante.

(A este respecto, resulta desesperante comprobar cómo los locutores deportivos, cuando entrevistan a deportistas extranjeros que están aprendiendo el español, permanecen en el nivel de la jerga y los giros, y les interrogan así por ejemplo: "¿Te ha dado mucho la lata esa lesión?" Y cuando el entrevistado no les entiende pese a haberse adentrado ya en el idioma, se muestran incapaces de expresar lo mismo de una manera un poco más culta, y preguntar por ejemplo: "¿Te ha causado muchas molestias la lesión?", palabras más sencillas para un extranjero. Al final, pasan a otro tema).

Se han publicado decenas de obras sobre los equívocos que pueden sufrir los hispanohablantes según vayan viajando por América Latina. Ya sabemos que en México y Argentina no podemos "coger el autobús" so pena de que nos tomen por imbéciles, habiendo mejores posibilidades para montarse; y que en Argentina irse de joda no significa coger nada, ni siquiera un taxi, sino que designa lo que un colombiano o un venezolano llamaría "irse de rumba" y un español "salir de juerga", y un mexicano irse "de reventón", y un chileno salir a "carretear".

Y el mayor número de confusiones, buscadas o no, se da precisamente con el lenguaje que siempre se consideró bajo y coloquial, el habla de un reducido grupo de personas que se muestran confianza y cercanía entre sí, un vocabulario al que jamás acudimos en una conversación que se pretenda formal o académica; por tanto, que se usa cuando la comunicación se produce sin trabas pese a que nos asistan tales germanías, porque ya entendemos que nuestros interlocutores entienden... Hablamos, pues, de un lenguaje que, lejos de dificultar la comunicación, la facilita; porque forma parte de la reunión de personas muy próximas, del mismo barrio o del mismo oficio. Y esas palabras ayudan a generar un ambiente de confianza en el cual el idioma sale fluido para enlazar a las gentes.

Escribió el gramático venezolano Andrés Bello en el siglo pasado: "Se prefiere el buen uso porque es el más uniforme en las varias provincias y pueblos que hablan una misma lengua, y por lo tanto el que hace que más fácil y generalmente se entienda lo que se dice; al paso que las palabras y frases propias de la gente ignorante varían mucho de unos pueblos y provincias a otros, y no son fácilmente entendidas fuera de aquel estrecho recinto en que las usa el vulgo"[3].

---

[3] Andrés Bello, *Gramática de la lengua castellana*, Madrid, Edaf, 1984.

Sin embargo, creemos que la jerga o el lenguaje coloquial no se reduce a la "gente ignorante". También personas instruidas pueden adentrarse en esa jerigonza cuando lo deseen. (Y aquí la diferencia entre unos y otros, en que las personas de escasa educación idiomática no pueden salir de ese nivel; y las personas cultas son capaces de subir y bajar a voluntad). La buena formación o la intuición del propio idioma permiten huir de los modos vulgares cuando se pretende establecer una comunicación entre hispanohablantes de muy diferente procedencia. Por eso la unidad del español se mantiene mejor en un lenguaje cuidado, y por eso notamos menos diferencias de léxico en una obra literaria que en una conversación de cafetería.

El lingüista Manuel Criado del Val explica en el prólogo de su trabajo *Palabras equívocas o malsonantes en España, Hispanoamérica y Filipinas*, que data de 1967: "La necesidad de evitar los equívocos es una de las obligaciones fundamentales de la comunicación. Es también una necesidad a la hora de compensar las diferencias inevitables que nacen de la extensión universal de la lengua española. Afortunadamente, la unidad es cada vez mayor entre los países de habla hispánica. Sólo pueden producirse equívocos en el campo de algunas palabras que socialmente son evidentes y acaban formando un campo casi secreto, reservado al habla familiar".

Y aun así, el que un vocablo pase al mundo reducido de la jerigonza no anula generalmente el significado real que se le da en *su otra vida;* una misma expresión que convertimos en jerga para hablar dicharacheros con un grupo de amigos podemos mostrarla en el más riguroso foro universitario como parte de una tesis doctoral; sigue siendo válida y no por ello sale del idioma. Porque si "la acera de enfrente" (en México sería "la banqueta de enfrente") sirve para definir a alguien de tendencia o maneras homosexuales, ello no obsta para que tal conjunto de palabras se emplee sin rubor en una conferencia sobre planificación urbana. Y si acostarse con alguien implica indubitadamente el acto sexual en determinados contextos y en varios países hispanohablantes (y con tal intención se empleaba ya en *La lozana andaluza),* ello no impide que tal expresión figure incluso entre las jaculatorias: "Con Dios me acuesto, con Dios me levanto, con la Virgen María y con el Espíritu Santo".

Una "zorra" equivale en varios países latinoamericanos (Guatemala, Nicaragua, Panamá) a una prostituta ambulante, y en España simplemente a una prostituta. (He aquí un caso de sexismo en el lenguaje: si decimos que alguien "es un zorro" se comprende que hablamos de un tipo muy astuto; pero si aludimos a alguien con la expresión "esa zorra" no es astucia precisamente lo que le adjudicamos) [4]. Sin embargo, no pensamos en una prostituta al leer la fábula de "La zorra y las uvas"; ni mucho menos la expresión popular "no hay zorra con dos rabos" nos sugiere la idea de la ramera, como bien se deduce de su mero enunciado negativo.

Por otro lado, la almeja es en España una designación equívoca del órgano sexual femenino, lo que no impide que se ofrezcan en la carta de los más diversos restaurantes.

El problema, pues, se plantea cuando la palabra equívoca anula el significado real. Así ha sucedido con "coger" en Argentina y México (y "agarrar" en Panamá), porque se ha convertido en un verbo proscrito. Incluso la agencia de prensa Efe, que difunde noticias en español por todo el mundo, recibió peticiones hace unos años de que en sus despachos omitiera el verbo "coger" para evitar el riesgo de que, por una apresurada o nula supervisión, acabara publicado en algún periódico cuyos lectores lo fueran a entender como equivalente del acto sexual. Efe desechó la sugerencia, al entender que no podía anular de su vocabulario una legítima palabra del español.

Tal omisión ha acabado en esos países con la diferencia de matiz entre coger y agarrar. Podemos coger el balón para llevarlo al campo de fútbol, pero si lo agarramos pretenderemos que nadie nos lo robe, porque lo habremos asido con fuerza. El balón lo agarra el portero o guardavallas o guardameta,

---

[4] Salvo en Argentina, donde el zorro se puede entender como el órgano sexual femenino.

pero lo coge un defensa en el centro del campo, sin tocarlo siquiera con las manos. Y un jugador muy "tragón" (o "chupón", palabras de la jerga futbolística), es aquel que coge el balón y no lo suelta, aunque sólo juegue con los pies. Por el contrario, relacionamos el verbo "agarrar" con "garras", y lo vemos más próximo al significado de atenazar o sujetar que al de tomar, y, por tanto, más adecuado a la función del guardameta. Por eso cogemos el tren (nos subimos a su interior), y no lo agarramos (salvo en los países donde no se coge por las razones antes explicadas) porque en este caso lo estaríamos sujetando desde el exterior. Y resultaría peligroso si se pusiese en marcha.

Ahora bien, cualquier argentino o mexicano entenderá a un chileno que coja el paraguas, y tomará tal palabra por propia del español porque la habrá leído en algunas obras literarias, o la tendrá oída en un programa de televisión producido en España o en Colombia, o habrá heredado su conocimiento de otros hablantes, o su mera cultura general le hará comprenderlo. Por tanto, su uso inocente por un extranjero —si es que se puede considerar extranjero a un hispano en otro país hispano— no daña demasiado la unidad del idioma, porque no produce tanto incomunicación como risa.

Al margen el léxico sexual y malsonante, la unidad del español habrá de agradecer mucho a la voluntad de los pueblos latinoamericanos, que han asumido como propia esta lengua. Nunca olvidaremos que en un principio vino de la imposición y la conquista. Pero después los habitantes de las tierras de América —millones de ellos descendientes de los propios colonizadores españoles— han sabido valorar la riqueza del mestizaje pacífico —cuando empezó a serlo— y de la propia cultura arraigada ya en lo más profundo de su pensamiento. El lingüista mexicano Antonio Alatorre se refiere así al hecho similar vivido muchos siglos antes por los habitantes de la península Ibérica con los romanos y el latín: "Los pueblos sometidos perdieron mucho, desde luego. Perdieron hasta su propia lengua. Pero no cabe duda de que, a la larga, ganaron también mucho, comenzando con la lengua latina que hicieron suya"[5].

Aquellos pueblos peninsulares guerrearon con el lusitano Viriato al frente, y originaron en Numancia, en el año 133, la "defensa numantina": los habitantes de la antigua Soria prefirieron el suicidio colectivo antes que entregarse al invasor romano.

También la península Ibérica estuvo dominada durante siglos por los árabes, que a ratos guerreaban en las zonas fronterizas y a ratos andaban quedos. Pero no habrá un solo granadino que no considere suya la Alhambra, ni un sevillano la Giralda, ni un cordobés la Mezquita, ni la cultura árabe una parte de ellos mismos. Como un segoviano tomará por propio el Acueducto, y un emeritense sentirá orgulloso el nombre de la ciudad de Mérida (Emérita Augusta), y su museo romano, y su magnífico anfiteatro.

El poeta chileno Pablo Neruda lo expresaba con dureza y ternura: "¡Qué buen idioma el mío, qué buena lengua heredamos de los conquistadores torvos…! Éstos andaban a zancadas por las tremendas cordilleras, por las Américas encrespadas… Pero a los bárbaros se les caían de las botas, de las barbas, de los yelmos, de la herraduras, como piedrecitas, las palabras luminosas que se quedaron aquí resplandeciendo… El idioma… Se lo llevaron todo y nos dejaron todo… Nos dejaron las palabras"[6].

Muchos españoles y latinoamericanos alejados del credo cristiano viven ahora la Semana Santa como algo arcaico, impuesto por una cultura religiosa. Una conmemoración que otras religiones no incluían y que millones de personas rechazan. Sin embargo, ni los sindicatos comunistas estarían dispuestos ahora a suprimir esas fiestas, ni la Navidad, ni el Corpus Christi. Un nuevo sincretismo nos hace respetar las tradiciones religiosas y adaptarlas a las necesidades de hoy

---

[5] Antonio Alatorre, *op. cit.*

[6] Pablo Neruda, *Confieso que he vivido*, Barcelona, Plaza & Janés, 1994.

en día, entre ellas el descanso laboral. Incluso entre ateos se cantan villancicos en la Nochebuena.

Quizá ese mismo criterio adoptaron los españoles que aprendieron latín y derecho romano, y que se enriquecieron con la dominación —tal vez de entonces proceda el refrán de que no hay bien que por mal no venga—, y que llegaron a convertirse en intelectuales influyentes del orbe romano; y los habitantes del Nuevo Mundo que sufrieron primero las crueldades españolas y después supieron aprovecharse de la cultura que llegaba de tan lejos. Y mejorarla. Como también los que ya eran hablantes del español primitivo se enriquecieron con la dominación árabe, de la que tomaron costumbres y palabras. Y antes aprendieron de los godos, los alanos y demás visitantes de la Tierra de Conejos, que así debe entenderse el significado de Hispania recibido de la lengua púnica de los cartagineses, otorgado por la abundancia de estos animales en la Península (antes de que los conejos tuvieran también doble sentido y sumaran, por tanto, mayor número aún).

En definitiva, estamos ahora en la situación, unos y otros, de disfrutar de las vacaciones del Viernes Santo, independientemente del juicio que nos merezca la historia del cristianismio.

La unidad del idioma constituye, pues, un valor histórico y cultural que hay que mantener. Hoy en día no se puede poner en duda que tal unidad existe. Por hablar un mismo idioma, hasta cometemos los mismos errores en todo el mundo hispano. Repasar los periódicos de México, Colombia o España con un bolígrafo rojo en la mano puede depararnos similares resultados. Barbarismos, faltas de concordancias, errores en el régimen de los verbos, pérdida del pronombre "cuyo" para incurrir en el "quesuísmo"… En efecto, la unidad queda fuera de toda duda.

Ahora bien, hoy en día poco valen los conceptos como "cultural", "histórico", "patrimonio común"… si no los respalda el dinero. Por eso tenemos la sensación de que se restauran las catedrales porque atraen turistas y divisas, mucho más que por la obligación moral de mantenerlas como nos las han entregado las generaciones anteriores.

Pero también se puede hacer frente a esta exigencia mercantil si tratamos de conservar el idioma tal y como está (bien: un poco mejor de lo que está). Porque la unidad del español supone un beneficio económico indudable. También si nos referimos al idioma podemos hablar de beneficios, réditos, rentabilidad, inversiones... y siempre con altísimo rendimiento.

El hecho de que algunas empresas de países de habla española se anuncien en Internet con publicidad únicamente en inglés da idea del peligro que se cierne sobre nuestra cultura y nuestra economía. Porque en primer lugar olvidan un mercado inmenso, emergente y mucho más afín. Y después porque contribuyen a minusvalorar la propia lengua española en la Red. Sólo con la mayor presencia de nuestro idioma en Internet se podrán rentabilizar el idioma y los negocios hispanos. Por ejemplo, hasta 1998 el robot-buscador Yahoo no ofrecía sus servicios en español. El auge de este idioma en la Red ha obligado a que esa multinacional oriente a su buscador en español "a abastecer los múltiples intereses de esta comunidad lingüística". Pero aún queda mucho por hacer, como muestra el significativo dato de que sólo incluyan la ñ 7.000 familias de letras de los programas informáticos de tratamiento de textos, sobre un total de más de 25.000 que puede utilizar un diseñador, impresor, tipógrafo o artista que emplee el inglés.

Por otro lado, el mundo de los negocios entre los países de habla hispana conoce muy bien las ventajas de tratar en la misma lengua, con fluidez y confianza en las palabras, y de compartir tras la reunión de trabajo una velada en un espectáculo de tangos o de sevillanas, y de reconocer que en el último Campeonato del Mundo de Fútbol todos éramos hinchas de los demás equipos de países hispanos, una vez eliminado el nuestro.

También sabemos que el mercado al que se pueden dirigir los productos culturales alcanza una dimensión internacional que no tropieza con barreras idiomáticas: ni traducciones ni doblajes, ni otro tipo de presentación, con idéntica publicidad. Periódicos y revistas españoles han implantado ediciones en América, y no hay diario importante latinoamericano que no haya saltado a Internet para que puedan observar sus noticias y su publicidad personas situadas a miles y miles de kilómetros. Diarios como *El Comercio*, de Lima, *Clarín* y *La Nación* de Buenos Aires, el *Nacional* de Caracas, *El Nuevo Herald*, de Miami, *El Universo*, de Quito, *El Mercurio*, de Santiago de Chile, *El Tiempo* o *El Espectador*, de Bogotá, el *Excelsior* o *Jornada* o *Reforma*, de México, y tantos otros... son publicaciones que influyen no sólo en sus propias naciones sino también en el ámbito de los negocios y de la política de toda Latinoamérica. Influyen en quienes influyen a su vez, incluidos sus propios competidores.

Los libros circulan de aquí para allá y de allí para acá sin ningún coste añadido, salvo el transporte (incluso en el congreso de Zacatecas se propuso acabar con los aranceles para las obras en español). La cada vez mayor presencia de nuestra lengua en la gran Red informática —merced a su uso en tal cantidad de países— genera ya un creciente mercado de servicios y publicidad en español. Las películas de calidad triunfan en toda Latinoamérica con el acento propio de los actores que las interpretan; las interminables y subyugantes telenovelas venezolanas, mexicanas o colombianas llevan al resto del mundo español el vocabulario del café y del maíz (léase "elote", si uno quiere) [7], y toda la chavalería hispana puede reírse con *El Chavo* o *El Chapulín Colorado*, y podemos disfrutar de *Guantanamera* o *Fresa y chocolate* con acento cubano, o de *Como agua para chocolate* y *La tarea* con el deje mexicano. Las teleseries españolas (en el fondo culebrones también) difunden al otro lado del Atlántico el lenguaje de las boticas y los ambulatorios de la Seguridad Social que se usa en la Península [8]. Profesores de uno y otro lugar pueden dictar conferencias en países ajenos cuyo público no precisa de traducción simultánea y sufriría con ella la pérdida de matices y de riqueza de un idioma no compartido. Las canciones

---

[7] Elote se llama en México al maíz tierno, pero en cada país suele recibir un nombre indígena típico de la región: por ejemplo, choclo en Perú, jojoto en Venezuela.

[8] Tanto *Farmacia de guardia* como *Médico de familia* han cosechado un gran éxito en diferentes países americanos.

en español surcan las ondas de radio de medio mundo para que las escuchen quienes entienden el significado certero de cada verso, se recreen con un bolero, un corrido mexicano, la salsa caribeña, el vallenato colombiano, el valsito peruano o el rock hispano. También los profesionales de uno y otro lado pueden tener horizontes más abiertos, como bien saben los españoles republicanos que huyeron tras la guerra civil de 1936 y hallaron calor y asilo en toda Latinoamérica.

Un magistrado del Tribunal Supremo español, Alberto Bacigalupo, es argentino; y otro argentino de origen, Ernesto Ekaizer, ejerce ahora como adjunto a la dirección de *El País*, de Madrid, como argentino es Daniel Gluckmann, director de la agencia española Cover; y un navarro, Alfredo Casares, se ha desempeñado sin problemas como jefe de información local en *El Nuevo Herald*, periódico de Miami escrito en español... Y actores latinoamericanos han rodado películas en cualquier otro país hispanohablante, igual que los españoles en América, y coproducciones de habla hispana han obtenido relevantes galardones cinematográficos; la expansión de algunas grandes empresas de aviación o de telefonía, o editoriales, o de petróleos, ha llevado a los hispanohablantes de uno a otro lado, sin merma alguna en su capacidad de comunicación y, sobre todo, de entendimiento sentimental con el lugar que los acoge.

Sin embargo, sólo un milagro podría situar a un español, un mexicano, un chileno... —salvo bilingües naturales— en un alto cargo del *Washington Post* o en el Tribunal Supremo del Reino Unido.

Suscribimos, por tanto, la frase que dejó impresa hace ya algunos decenios Rafael Lapesa: "Es preciso que los hispanohablantes de unos y otros países nos oigamos mutuamente hasta que el uso normal de cada país sea familiar para los otros. Acomodando a nuestra situación lingüística el dicho terenciano, debemos adoptar todos este lema: 'Hablo español, y no considero ajena a mí ninguna modalidad de habla hispánica'"[9].

---

[9] Rafael Lapesa, *op. cit.*

El venezolano Andrés Bello (1781-1865) plasmó deseos semejantes en el frontispicio de su magnífica *Gramática* [10]. "Juzgo importante la conservación de la lengua de nuestros padres en su posible pureza, como un medio providencial de comunicación y un vínculo de fraternidad entre las varias naciones de origen español derramadas sobre los dos continentes".

Y en el mismo texto proclama más adelante: "No se crea que recomendando la conservación del castellano sea mi ánimo tachar de vicioso y espurio todo lo que es peculiar de los americanos. Hay locuciones castizas que en la Península pasan hoy por anticuadas, y que subsisten tradicionalmente en Hispanoamérica; ¿por qué proscribirlas? Si según la práctica general de los americanos es más analógica la conjugación de algún verbo, ¿por qué razón hemos de preferir la que caprichosamente haya prevalecido en Castilla? Si de raíces castellanas hemos formado vocablos nuevos, según los procederes ordinarios de derivación que el castellano reconoce, y de que se ha servido y se sirve continuamente para aumentar su caudal, ¿qué motivos hay para que nos avergoncemos de usarlos? Chile y Venezuela tienen tanto derecho como Aragón y Andalucía para que se toleren sus accidentales divergencias, cuando las patrocina la costumbre uniforme y auténtica de la gente educada".

Valle-Inclán incorporó a su obra muchos vocablos del español de América. En su primer viaje a México descubre exóticas palabras (pensemos en un mundo que aún no se había convertido en *la aldea global*) [11], y eso le lleva a asumir "un lenguaje panhispánico", según lo define la profesora Consuelo García Gallarín en el libro *Léxico del 98:* en el habla de sus personajes "concurren formas de expresión de México, de Cuba, de Venezuela, de Chile, del Río de la Plata, pero el escritor gallego no sólo reúne indigenismos o nuevas acepciones de

---

[10] Andrés Bello, *op. cit.*

[11] Tal es la expresión consagrada. Pero habría que traducir mejor: la aldea mundial, para huir del calco de *globe*, del inglés.

palabras españolas, también capta e integra otros elementos lingüísticos que confieren verosimilitud a la obra" [12].

Hoy en día podemos cumplir mucho mejor que nunca esa aspiración de Lapesa, y no considerar ajena a nosotros ninguna modalidad de habla hispánica, porque precisamente la fluida circulación de productos culturales en todo el mundo del español, gracias a las modernas técnicas de la comunicación, nos permite unir más aún nuestra cultura, aprender de los hallazgos lingüísticos que se han producido en otros lugares y homogeneizar lo más posible la estructura del lenguaje —sin arruinar la diversidad de la superficie— para competir sin miedos ni complejos de inferioridad con el poderoso mundo anglosajón.

Los hispanohablantes formamos una gran nación, que no se determina por una bandera ni por una raza, sino por una manera de entender las ideas y de reproducir lo que se ha entendido. Dijo el premio Nobel español Camilo José Cela en el congreso de Zacatecas: "Aristóteles pensó que la escritura es la representación del habla, y el habla lo es de la mente; y para mí tengo que el alma tiembla en la voz que se pronuncia y se serena cuando la palabra se pone al servicio de las ideas nobles y duraderas: la defensa de nuestra lengua común, pongamos por caso […]. Los hispanohablantes, por fortuna para nosotros, somos el arquetipo del antirracismo, puesto que nuestro denominador común es la cultura y no el color de la piel".

Y Rafael Lapesa de nuevo: "La buena política idiomática consistirá en fomentar que cada uno de los pueblos hispánicos se familiarice con las aportaciones lingüísticas de los demás, y en procurar que éstas se extiendan en amplia convivencia con las propias" [13].

Hemos creado una riqueza descomunal entre millones de personas separadas por miles y miles de kilómetros, y uni-

---

[12] Consuelo García Gallarín, *Léxico del 98*, Madrid, Estudios Complutenses, 1998.

[13] Rafael Lapesa, *op. cit.*

das por un mismo idioma incluso cuando esa distancia física no se apuraba en 12 horas de vuelo sino en 12 semanas de travesía; formada cuando las modernas técnicas de la comunicación ni siquiera se imaginaban, edificada con imposiciones que sufrieron todos, también los españoles respecto de godos, romanos y árabes, pero asumida como legado cultural de toda la humanidad que nos precedió. Se trata de una riqueza que, a la vez, se divide siendo indivisible, porque cada cual puede hacer de ella su empleo particular, su uso a medida, y, sin embargo, cada uno habrá de respetar el fondo común que pertenece a los demás herederos tanto como a él. Somos hijos de Shakespeare y de Verlaine porque pertenecemos a la raza humana, pero nunca podremos pensar exactamente como ellos si no soñamos en inglés o en francés. En cambio, nada que se diga en español, en efecto, puede resultarnos ajeno; y nada de lo que construyamos sobre lo que ya es nuestra lengua debe vulnerar sus principios.

El español corre por las venas de 21 países que lo necesitan para vivir sin contaminaciones ni células enfermas, no como la lengua franca en que otras naciones han convertido al inglés, sino como lengua materna, no una lengua aceptada para los negocios sino asumida con los sentimientos. Y así llegan las palabras hasta el corazón de cada uno de nosotros cuando alguien las usa con su más hondo espíritu. Neruda es de Chile, y García Márquez o Álvaro Mutis de Colombia, y Carlos Fuentes y Octavio Paz mexicanos, Nicolás Guillén de Cuba, Uslar Pietri venezolano, y García Lorca de España, y Mario Benedetti de Uruguay, y Henríquez Ureña dominicano, y Borges argentino, y Vargas Llosa peruano, y Roa Bastos paraguayo, y Miguel Ángel Asturias guatemalteco, Rubén Darío de Nicaragua, y todos ellos son del idioma español, y nuestros, por tanto; y cada vez que un escritor heredero de la vieja lengua castellana obtiene el Premio Nobel, todos sus lectores lo obtenemos con él, porque nos habremos impregnado sin intermediario alguno de cuanto anida en su capilla personal; lo más íntimo de Gabriela Mistral o de Vicente Aleixandre ha podido llegar a nosotros en nuestra lengua materna, con las palabras calientes que se han ido depositando en nuestras lecturas y nuestros juegos, fruto de las admiraciones y las causas de cuantos fueron como nosotros y pensaron las mismas expresiones... Por eso podemos proclamar con el mexicano Antonio Alatorre que "nuestra lengua es la suma de nuestras maneras de hablarla", antes y después, tan lejos y tan cerca; tan rica que se abre a la innovación y se cierra al empobrecimiento, tan dura y dúctil como el agua, que se adapta al curso de la vida, sortea los obstáculos, admite las corrientes y golpea con fuerza sobre la roca que pretende impedir su paso, hasta erosionarla, superarla o vencerla. Porque nunca tuvo prisa. Dispone para engrandecerse de todos los siglos venideros.

IX. La invasión del inglés

El idioma español ha tomado siempre préstamos, esas palabras útiles que aportan otras lenguas y que, adaptadas a la fonética propia y a veces con el significado ligeramente distinto, se incorporan al lenguaje habitual de la gente. "Préstamos" se llaman, igual que todos aquellos que tampoco devolvemos, algo muy usual en lingüística y en la vida en general. Porque ya nunca entregaremos de nuevo la palabra "jardín" a los franceses. Además, no la querrían porque ya no es el *yardán* (escrito *jardin*) que ellos propalaron por el mundo. Se ha quedado en el español, tan a gusto entre el martín pescador y el jazmín aromático, acomodada en la fonética y la escritura del castellano.

No hay un solo idioma importante en el planeta que no haya recibido donaciones. Las palabras que unas lenguas han introducido en otras pueden servir para reflejar fielmente la historia de las influencias y los poderes que se han sucedido durante la historia de la humanidad. Qué tipos de palabras admitió el español de los godos, cuáles aportaron los árabes, cuáles los franceses, los italianos, los ingleses... todo ello nos cuenta qué admiramos sucesivamente de esos pueblos, invasores algunos, vecinos los otros, comerciantes el resto. A nadie puede extrañarle que la palabra que ha designado a la moneda española, "peseta", proceda del catalán; ni que "albañil" la dejaran los árabes o "bramar" la contagiaran los godos. El idioma español ha sido siempre permeable a la incorporación de otras ideas, cuando éstas ocupaban un lugar que hasta entonces se hallaba huérfano de voz. Con las palabras llegaban también los conceptos que designan, y esa aportación multirracial y pluricultural ha construido la lengua que tenemos ahora. El español engrandeció su léxico con las invasiones que recibió la Península, y también con la conquista de otras tierras por los peninsulares.

Ahora consta de más de 83.500 palabras-base (el recuento de vocablos formados mediante sufijos y derivados aumentaría notablemene la cifra), y ya podemos hablar de un edificio terminado; al que nunca vendrán mal ciertos arreglos por aquí y por allá, una canalización para la época de lluvias, un ventanuco en la buhardilla; pero un edificio cimentado y seguro.

La base de nuestro idioma la dio el latín, que a su vez acogió palabras de las lenguas prerromanas, las que se hablaban en los distintos puntos de la Península antes de que la autoridad competente llegara a ella para desarrollar los planes cuatrienales de nuevas calzadas de circunvalación y las infraestructuras de los acueductos y anfiteatros. Pero al margen de los designios de Roma, a la que ya conducían todos los caminos, los habitantes de Iberia fueron formando sus propios criterios sobre cuanto les habría de servir para expresarse. Así, por ejemplo, *sinistra*, que para el latín significaba "izquierda", perdió este valor por su connotación peyorativa (siniestro) y dejó el lugar vacante para que lo ocupara una palabra del vascuence o euskera, *ezkerra*, que pasa por el castellano para llegar hasta el catalán y quedarse en los dos ("izquierda" y "esquerra"), sin devolución que valga [1], demostrando la ironía de la palabra préstamo.

La lengua vasca, en señal de buena vecindad, aportó también "boina", "aquelarre", "kiosco", "cachorro", "chaparro"

---

[1] He tomado éstos y buena parte de los siguientes ejemplos de la obra del hispanista Ralph Penny (1988) *Gramática Histórica del Español*, Barcelona, Ariel Lingüística, 1993. Recomiendo este libro a quien se interese por un estudio filológico, científico y a la vez didáctico, sobre la formación del idioma español. Y también la obra de Rafael Lapesa *Historia de la lengua española*, Madrid, Editorial Gredos, 1988.

(tan empleada ahora en México), "cencerro", "pizarra", "zurdo", "urraca"… erres sonoras, rudas palabras.

Por el noroeste, el celta aportó vocablos como "gancho", "greña", "losa", "serna", "álamo", "berro", "bota", "brezo"… repletas de tierra.

Y otras lenguas de las que no ha quedado constancia alguna explican tal vez la presencia de formaciones como "alud", "arroyo", "gusano", "madroño, "manteca, "páramo", "becerro", "bruja", "cama", "charco", "garrapata"… cuyos genes no se han identificado con precisión porque se esconden en la prehistoria de nuestro idioma.

Los godos legaron a su vez muchas palabras relacionadas con la guerra, asunto en el cual despertaban la admiración del público: "tregua", "arenga", "espía", "espiar", "banda", "ganar"… son palabras góticas y aguerridas.

Pese a tal abundancia de generosidades, el latín se siguió destacando como principal fuente de neologismos para el español, incluso después de muerto. Escritores y científicos (los unos para las palabras del alma, los otros para los hallazgos técnicos o de la medicina) han acudido a él porque sintieron que bebían de la misma agua que los bañaba. El genio del español y el de la lengua romana se hallan tan próximos que incluso pueden confundirse. En el Siglo de Oro, un juego literario consistía en componer versos o prosas que, estando escritas en español, fueran también literalmente latín [2]. Y se entendía que eso daba mayor prestigio al castellano, cuyos fanáticos presumían de hablar la lengua romance que tenía mayor semejanza con el adorado lenguaje de los romanos, mucho más cercana que el francés, por supuesto. (Los franceses acaparaban entonces cualquier referencia de rivalidad, lejanos aún de proclamarse campeones del mundo de fútbol). Hoy en día, por ejemplo, para entender la jerga de los médicos casi sirve tanto haber estudiado medicina como saber griego y latín.

---

[2] Algo parecido ha logrado el grupo humorístico argentino Les Luthiers, con una canción llena de latinajos que despertará la hilaridad de las personas de bien.

Esto ocurre no sólo en español. A veces los latinismos han entrado en nuestro idioma por conducto del francés o del inglés, y, aunque han de considerarse galicismos y anglicismos, se adaptan con mucha facilidad precisamente porque se incorporan con unos genes que no repugnan al habla del mundo hispano.

Desde el siglo XII se puede diferenciar ya qué palabras forman parte de lo que se va convirtiendo en el lenguaje vulgar que luego ocupará toda la Península —y que se llamará castellano primero y español después—, y cuáles son latinismos o voces cultas (que incluso conviven durante mucho tiempo y en ocasiones perduran hasta nuestros días; compartiendo el recipiente pero extraídas de él por diferentes usuarios, personas de muy distinta condición: aurícula y oreja, plúmbeo y plomizo, odoroso y oloroso... Lenguaje culto y lenguaje popular que luego se fundieron en el mismo idioma).

Por su lado, los helenismos vienen generalmente a través del latín —griegos y romanos mantuvieron contactos intensísimos—, y aportan en sus primeras fases palabras de la vida cotidiana: "baño", "cesta", "cuchara", "cuerda", "espada", "espuerta", "sábana", "estopa", "saco", "bodega", "cal", "piedra", "plaza", "espárrago", "esparto", "olivo"... Y también con el lenguaje eclesiástico: "bautismo", "biblia", "blasfemar", "clérigo", "coro", diablo", "catedral", "patriarca", "profeta"... En el lenguaje científico, llegaron en el siglo XII "anatomía", "apoplejía", "estómago", "catarro", "filosofía", "gramática", "aritmética", "astrólogo", "astrónomo", "astrología", "planeta"... Hacia el siglo XV, "arteria", "cardiaco", "cólico", "diarrea", "epilepsia", "gangrena", "pronóstico".. En el XVII el idioma español acepta "antídoto", "ántrax", "cráneo", "metáfora", "idioma", "paradoja", "paréntesis", "problema", "disentería", "símbolo", "sinónimo", "enciclopedia"... En el XVIII, "asfixia", "autopsia", "hemorragia", "miope", "antología", "sinfonía", "autonomía", "crisis"... Y en los dos últimos siglos han llegado ya generalmente a través del inglés o el francés "biografía", "autógrafo", "anemia", "anestesia", "psiquiatría", "asteroide", "cosmos", "cráter", "sismo", "arcaico", "arqueología", "teléfono", "taquígrafo"... Además, griegos son gran parte de los sufijos que nos permiten resumir en una sola palabra ideas algo más complejas, como "hemiciclo", "ortoedro" o "psicología".

Los árabes que tanto adoraron el agua hicieron fluir hacia el castellano unas 4.000 palabras. No en vano esta fuente idiomática se estableció como lengua oficial de gran parte de la Península entre el siglo VIII y el XV. Pero sus términos llegaron más como procedentes de una lengua vecina que de la convivencia en un mismo espacio. Así pues, gran parte de ellas constituían entonces verdaderos extranjerismos. Los historiadores de la lengua han demostrado que la mayoría de esos vocablos se incorporó antes del siglo X, cuando aún quedaba lejos la expansión del poder castellano por todo el territorio ibérico. Contribuyó a ello sin duda el que la cultura árabe gozara de un gran predicamento, y que no pasasen inadvertidos sus notables adelantos, que se reflejaban en nuevos conceptos, materiales o espirituales, para los cuales los habitantes del resto de la Península no tenían vocablos disponibles.

Así, Juan de Valdés escribió en el siglo XVI [3]:

"Para aquellas cosas que avemos tomado de los moros no tenemos otros vocablos con que nombrarlas sino los arábigos que ellos mesmos con las mesmas cosas nos introdujeron".

Lo que no impidió que se produjese cierta lucha por preferir una u otra fuente, el latín o el árabe. También Juan de Valdés:

"Aunque para muchas cosas de las que nombramos con vocablos arábigos tenemos vocablos latinos, el uso nos ha hecho tener por mejores los arábigos que los latinos, y de aquí es que dezimos antes alhombra que tapete, y tenemos por mejor vocablo alcrebite que piedra sufre, y azeite que olio".

Bien, *alhombra* dio lugar a alfombra, pero persistió el concepto del tapete latino para las alfombras más pequeñas (la extensión de las árabes debió de asombrar a las gentes de la época) y después para los paños que se sitúan sobre las mesas. *Alcrebite*, tenido por mejor entonces, desapareció; y, al contra-

---

[3] Citado por Antonio Alatorre, *op. cit.*

rio de lo que explicaba Valdés, ganó la raíz latina para componer "azufre" y "sulfúrico". Y aceite venció a *olio* pero no del todo, puesto que aún usamos los óleos; y gasóleo, y oleoducto, y oleoso, y plantas oleáceas (de las cuales el olivo, y del olivo la oliva, y de la oliva o aceituna… el aceite).

En rarísimos casos, pues, se da con el árabe el fenómeno de sustitución que tanto atribula hoy en día a cuantos aman el idioma español y temen con fundamento a los extranjerismos actuales. Las palabras que se adquieren a los musulmanes sirven, por tanto, para nuevas realidades, no se entregan las palabras del castellano para que las arrollen otras extrañas. No se va creando un nuevo idioma, sino que pervive la base del que ya había dado a la historia de la humanidad el *Poema de Mio Cid*.

Todas las palabras árabes se adaptaron además a los sonidos y las letras del castellano, forjados principalmente por el latín y a los que apenas habían molestado los préstamos admitidos hasta entonces. Con el árabe se produce, pues, el primer implante de un cuerpo extraño, que hubo de adaptarse para resultar compatible. Una vez más, la evolución del idioma hace que los castellanohablantes asuman esas nuevas voces mediante leyes que se van cumpliendo inexorablemente, con la sustitución de los sonidos fricativos dentales del árabe por las apicoalveolares *s* y *z*, por ejemplo, y las africadas *ts* y *dz* se convertían en *c* y *z* en español; y en miles de casos quedan fusionados a las palabras los artículos definidos del idioma importador: "alfanje", "alférez", "alforjas", "alarde", "almirante", "alcaide", "alcázar", "alcazaba" (muchos turistas hispanos que van a Marruecos regresan con la palabra *kashba, al kashba*, desconociendo que el equivalente español es ése precisamente: alcazaba, con su brillante adaptación fonética), "almenas", "atalaya", "aldea", "alguacil", "almacén", "alquiler", "albérchigo", "albaricoque", "aceituna"… Las técnicas de la agricultura árabe causaron una revolución en los cultivos de Castilla, y también en sus denominaciones, resultado de la imitación de estilos y herramientas, sobre todo los relacionados con el agua: "alberca", "acequia", "aljibe", "noria", "almazara", "altramuz"… Palabras ahora tan españolas y tan americanas. Y siempre moldeadas por el pueblo en su conjunto.

Las lenguas indígenas de América aportaron después muchos conceptos que los españoles de entonces no podían encontrar en su acervo por más que buscaran, porque desconocían las ideas mismas: palabras mayas, del quechua, del náhuatl, del taíno, del guaraní, araucano o mapuche, el caribe, el aimara... y así obtuvieron carta de naturaleza "ajolote", "canoa", "caoba", "maíz", "maní", "sabana", "yuca", "cacique", "aguacate", "coyote", "hule", "jícara", "nopal", "petaca", "petate", "alpaca", "cancha", "coca", "cacao", "chapulín", "llama", "charal", "mate", "puma", "mapache", "guacamole", "totopo", "jaguar", "ñandú", "petunia", "tapir", "tiburón", "zapote", "zopilote"...

...Y también "guajolote" (del náhuatl *huexelotl),* un ave mexicana. He oído al guionista cinematográfico de aquel país Gustavo Montiel Pagés esta definición del guajolote: "Un animal que durante 11 meses al año se llama guajolote y en la cena de Navidad se llama pavo".

A veces conviven dos palabras para designar un mismo concepto, una procedente del español peninsular y otra asimilada por los españoles en América, y ambas se convierten así en sinónimos: jacal y choza, por ejemplo, tecolote y búho; o casi sinónimos, como zopilote y buitre (el buitre centroamericano o zopilote es más pequeño y con el plumaje algo diferente, pero quien se comporta como un buitre se comporta también como un zopilote).

Los misioneros hicieron de transmisores de muchas de estas expresiones, pues ellos —que sabían latín, y entiéndase ahora en los dos sentidos— se interesaron por conocer las lenguas autóctonas para comunicarse mejor con los indígenas y transmitirles la religión católica, como los curas castellanos aprendieron la lengua vasca para predicar en las remotas aldeas del norte [4]. Unos y otros adoptaron también muchas de esas voces, y en su caso las acomodaron a la fonética del español. A veces, esta asunción de palabras se sirve de metáfo-

---

[4] Jon Juaristi relaciona estos dos hechos en su ensayo, referido al País Vasco, *El bucle melancólico,* Madrid, Espasa, 1997.

ras o analogías. "Ananá", por ejemplo, se convierte en "piña", porque la forma de la fruta les parecía a los conquistadores semejante al piñón, aunque ambos frutos no guarden relación biológica alguna. Los españoles, en efecto, españolizaban las palabras, y Caribe se llama de tal guisa a pesar de que en la lengua caribe se decía algo así como "Carina". Algunos vocablos siguieron luego sus propios caminos, fruto del capricho de quienes los hicieron legítimamente suyos. Por ejemplo, "butaca" procede de la tribu venezolana de los cumanagotos, que llamaban *putaque* o *putaca* a un asiento muy incómodo compuesto por dos tablas cruzadas. Quién sabe por qué, los españoles debieron de encontrar cierto regusto en semejante invento, y ahora tenemos la palabra en casi todos los teatros.

No siempre la extensión del español en el Nuevo Mundo se produjo por caprichosa imposición. También por necesidad. Los misioneros que llevaban la voz de Dios a aquellas tribus se daban cuenta de que la lengua aprendida con cristiana paciencia que les había servido para adoctrinar a un grupo de indígenas les resultaba inútil unos kilómetros más allá. Más de cien grupos de lenguas y sus correspondientes ramificaciones convivían entonces en el continente americano. Los soldados y colonos —muchos de ellos de baja extracción, no se puede decir que la mayoría representara lo mejor de cada casa— empezaron a defender la imposición del español, mientras que los religiosos consideraban que de ello sólo se derivarían desgracias, empezando por el rechazo natural de los indígenas a una nueva religión que de ese modo les llegaría envuelta en un idioma obligatorio. El propio Hernán Cortés describió en sus cartas al rey que los integrantes de la infantería que le acompañaba en la conquista eran "de baja manera, fuertes y viciosos", poco recomendables como ejemplo de devoción mariana. Los misioneros intentaron apartarlos de los nativos, y con ello dificultaron el flujo de palabras españolas. Y permitieron que aún escuchemos aquellos idiomas precolombinos.

Años después, los jesuitas hicieron suya la reivindicación de los pobladores primitivos de América de hablar la lengua que les pluguiera. Y en verdad que les placía, porque entre todos han traído aquel habla hasta nuestros días. Así que probablemente fueron los religiosos —intermediarios entre las dos culturas— quienes asumieron la condición de hilo conductor para tantas palabras autóctonas que ya utilizamos con tamaña naturalidad en español que ni siquiera reparamos en su origen maya o quechua. De todas formas, la inicial tolerancia de Felipe II —quien conocía bien los relatos de Bartolomé de las Casas en defensa de los indígenas, porque se los había dirigido a él cuando era príncipe— se torna en intransigencia con Carlos III, y el español se impone entonces como instrumento de evangelización porque ya no hay misioneros suficientes para aquel vasto imperio, y los que quedan —expulsados los jesuitas en 1767— no sienten muchas ganas de aprender tantas lenguas diferentes.

El español se extiende con mayor rapidez, pero sigue incorporando palabras americanas. Las voces que llegan a España desde América lo hacen tras quedarse un tiempo en Canarias, en cuyos puertos cumplían escala las naves que cruzaban el Atlántico. Eso explica todavía que los canarios digan "papas", la forma quechua en que se comen las patatas y que imitaron Colón y los suyos hasta que en el siglo XVI los españoles decidieron freírlas con más letras y llamarlas "patatas".

Otras lenguas con las que compartió espacio el español han aportado igualmente durante los siglos lo que en su día fueron neologismos necesarios. Del catalán vienen "anguila", "calamar", "rape", "anís", "paella", "escalfar", "entremés", "escarola", "vinagre", "barraca", "delantal", "picaporte", "reloj", "galera", "nao", "socaire", "capicúa" *(cap i cua,* cabeza y cola), "timonel", "mercader", "oferta", "tarifa" (tomado del árabe), "cartel", "cordel", "cotejar", "crisol", "prensa", "papel", "imprenta"...

Y del navegante portugués se toman expresiones de la mar, como "carabela", "ostra", "mejillón", "buzo", "chubasco", "pleamar", "vigía", "virar"...

El italiano dejó buena parte de su herencia en el arte de la música: "soneto", "terceto", "barítono", "alto", "bajo", "tenor", "mandolina", "piano", "viola", "violín", "violonchelo", "batuta", "cantata", "concierto", "compositor", "fusa", "madrigal", "libreto", "ópera"… fruto de la veneración española por el *bel canto* (italianismo también): pero igualmente nos despacharon "brújula", "corsario", "bombardear", "escopeta", "escolta", "mosquete", "mosquetero", "dársena", "fragata", "zarpar"… no fuéramos a pensar que tanta finura les restaría poder guerrero en los océanos, por mucho que hubieran inventado la romántica góndola.

A partir del siglo XI entraron galicismos y occitanismos, que llegan con los peregrinos del Camino de Santiago, con los monjes franceses y los repobladores, incluso con los guerreros de allende los Pirineos que echaron una mano en la Reconquista. Entre todos ellos nos dejaron "blandir", "jamón", "jefe", "corcel", "aliar", "galopar", "trotar", "capellán", "capitel", "fraile", "hereje", "hostal", "mesón"… y hasta la palabra "español", que sustituyó al autóctono "españón". Mucho tiempo después, en el Siglo de Oro, la admiración hacia lo francés (además de la pugna con el francés mismo) aporta "damisela", "etiqueta", "moda", "peluca", "servilleta"… con su correspondiente adaptación fonética al genio del español. Y "jardín", palabra también francesa que entra con todas sus letras (y no por el sonido, puesto que entonces estaríamos diciendo ahora *yardán* —o *yagdán*— como explicamos más atrás).

Los galicismos nos han acompañado ya desde entonces, entrando y saliendo —y quedándose de vez en cuando— con el ambiente de la bolsa ("cotizar", "endosar", "financiero", "finanzas", "garantía", "letra de cambio"…), con nuevos conceptos técnicos ("aviación", "aterrizaje", "biela", "bobina", "bujía", "camión", "descapotable", "garaje", "autobús"…) [5], y con aportaciones políticas ("burocracia", "buró", "comité",

---

[5] Autobús sale de "auto" y "ómnibus", palabra ésta que en latín significa "de todos"; por tanto, tiene raíces familiares. Ahora bien, siempre podemos echar de menos el concepto "coche de línea" que se dijo en los pueblos, cuya segunda parte pervive en uso para las líneas aéreas, como Aerolíneas Argentinas. Y precisamente nos parece un hallazgo brillante del

"compló"…) y hasta domésticas ("chalé", "bidé", "parqué", "quinqué", "paté", "consomé", "coñac", "suflé", "bisté", "escalope"…) y muy personales ("carné", "gripe", "turista"…) , y hasta de la alta sociedad ("élite", "chófer"… o "chofér", como se pronunciaría en México de un modo más parecido al *chauffeur* original).

Vemos, pues, que el español jamás estuvo cerrado a la incorporación de palabras, generalmente imprescindibles para nombrar las realidades con las que se tropezaban los hablantes de cada siglo. La célebre frase "que inventen ellos" se vio precedida por el lamentable hecho de que "inventan ellos", a lo que no cabía sino supeditarse porque las ideas no encontraban ropaje adecuado con las palabras del español, todavía en formación.

Por hospitalario, nuestro idioma ha acogido incluso voces del suajili ("safari") o de las lenguas orientales ("karaoke", "kimono", "kamikaze").

Y casi todas estas visitas caídas de los siglos —cada época, con su idioma de influencia— se quedaban entre nosotros gracias a un disfraz adecuado: la escritura en consonancia con la ortografía española, la pronunciación posible, los genes entroncados en la base histórica del español formada por el latín, el árabe y el griego.

Podemos discutir, no obstante, algunas de esas asunciones. El concepto "garaje", por ejemplo *(garage* en francés, pronunciado más o menos *garásh)* tenía disponible la palabra española "cochera", que pervive aún. En Madrid, los estacionamientos donde pernoctan los autobuses urbanos se llaman todavía "las cocheras de la EMT" (Empresa Municipal de Transportes), y la misma palabra se emplea para "las cocheras del Metro", aunque en este caso acojan vagones. Recuer-

---

pueblo argentino la forma "colectivo" para designar al autobús; y mucho más brillante aún la canción *Somos los colectiveros,* del grupo humorístico Les Luthiers, que cualquier hispanohablante entendería cabalmente aunque no hubiese oído nunca tal vocablo.

do que mi abuelo llamaba "la cochera" al lugar donde mi padre resguardaba del frío burgalés su primer automóvil. Podemos identificar los genes de "cochera" pero no los de *garage*, que no dispone de familia en el español. En francés tiene como pariente la voz *gare* ("estación"), y curiosamente nosotros podemos llamar "estacionamiento" a un garaje. En fin, esta palabra ya forma parte del español (una vez sustituida la *g* por la *j*), y así ha de aceptarse porque lo han decidido los hablantes, pero incluso quienes usan a menudo este vocablo sentirán cierto placer si en un texto literario que les conduzca por las palabras calientes de nuestro idioma encuentran en una frase que "el auto del señor marqués duerme en la cochera".

El italiano, el francés, el árabe, el portugués... son lenguas tan próximas que sus aportaciones al español casi no necesitan de aduana. No ocurre lo mismo con el inglés, de pronunciación y grafía más distante; pero también este idioma germánico ha dejado su huella en el español. Ahora bien, sus ofertas han llegado sólo en los últimos años, cuando todos los órganos vitales del ser vivo estaban ya formados. Paradójicamente, el inglés, expresión hoy de todos los adelantos, llegó con mucho retraso.

Los anglicismos sólo se empezaron a considerar a partir de mediado el siglo XX, procedían generalmente del inglés británico y solían venir desde el francés y no por el contacto popular (lo que sí había sucedido con decenas de ejemplos explicados más arriba) sino mediante la letra impresa (periódicos, tratados científicos, traducciones claudicantes...). Así pues, no pasaban por una adaptación fonética en la frontera, sino que llegaban con todas sus letras, a menudo impronunciables para un hispanohablante monolingüe.

Así aparecieron *camping, baby-sitter, auto-stop, smoking* (ninguna de estas dos últimas existe en inglés, sin embargo), *striptease, football, parking, recordman, dancing, bestseller, cameraman, cassette, copyright, disc-jockey, film, meeting, hit-parade, flash, offset, mass-media, script, poster, playback, pop, show, speaker, spot, trailer, video, bikini, charter, jersey, boom, leasing, manager, marketing, self-service, interview, stock, base-ball, set, groggy, passhing-shot, lob, holding, match,*

match ball, smash, panty, pullover, spray, test, shorts... y otros que, por coincidir sus genes con cromosomas ya existentes en el español, se han acomodado a la fonética y la ortografía sin mucho problema: "aeropuerto", "inflación, "ecología", "esquizofrenia", "fobia", "fuelóleo", "gasóleo", "síndrome", "tándem"...

Una muestra de cómo ahora la unidad de la lengua se halla mucho más indefensa, y de cómo los hablantes ya no deciden su evolución desde abajo, viene dada por el hecho de que en apenas medio siglo el inglés ha colocado en nuestras bocas tantas palabras como el árabe en ocho centurias. Y se han publicado ya diccionarios completísimos con miles de anglicismos para auxilio de navegantes [6]. La mayoría de las palabras anotadas en ellos no señalan, sin embargo, funciones nuevas ni revolucionarios inventos. Las que sí lo hacen —como *base-ball, leader, football* o *meeting*— se acomodan suavemente con su propio sonido (béisbol, fútbol y mitin), por más que se aportara en su momento algún equivalente en español (balompié, pelota-base, arenga, acto electoral o discurso político).

Pero no reflejan esos casos la tónica general. El inglés, por algún salvoconducto especial, ha colocado en el vocabulario del hispanohablante palabras de grafía extraña, inadaptadas a su nuevo entorno, impronunciables en la fonética y la prosodia del español. Ha dispuesto, por tanto, de un privilegio que ninguna otra lengua tuvo en su poder. Habrá entrado el afrancesado "jardín", en efecto, pero todas sus letras y fonemas pertenecen ya al español. Ahora se franquea el paso, sin embargo, a una expresión como *footing*, con la doble *o* tan campante y una terminación que la mayoría de los hispanos no puede pronunciar.

---

[6] El lector interesado en el estudio de los anglicismos puede disfrutar con el *Diccionario de anglicismos* de Ricardo J. Alfaro, Madrid, Gredos, 1970; con la obra de Emilio Lorenzo *Anglicismos hispánicos*, Madrid, Gredos, 1996. Y con *El anglicismo en el español peninsular contemporáneo*, de Chris Pratt, Madrid, Gredos, 1980. Más reciente —y, por tanto, más actualizado, cuestión importante en esta materia— es el *Nuevo Diccionario de anglicismos* de Félix Rodríguez González y Antonio Lillo Buades, Madrid, Gredos, 1997.

Ahora bien. El idioma sabe defenderse solo. Únicamente necesita tiempo y que le dejen tranquilo. La mayoría de los anglicismos que recogía Ralph Penny en su *Gramática histórica del español* —editada en 1993— han ido claudicando ante palabras equivalentes del español que se encuentran ya en uso, aportadas por los propios hispanohablantes. Entonces, ¿a qué tanta veneración?

En efecto, el anglicismo nos llega no tanto como un neologismo necesario, sino mediante un amaneramiento de las altas capas de la sociedad, reforzado una vez más por los medios de comunicación, los políticos, los economistas... De nuevo el poder de la cúpula frente a las decisiones del pueblo. El poder, deslumbrado a su vez por el mayor poder. La fuerza de Estados Unidos y su colonización mundial hace sucumbir a quienes admiran la potencia económica y científica de aquella sociedad. Por eso propalan palabras extrañas que les alivien el complejo de inferioridad de no haberlas inventado ellos, voces que les acerquen ficticiamente a una cultura que se les superpone, vocablos que conjuren el maleficio de haber quedado por debajo, expresiones que puedan equipararlos con quienes hablan el idioma poderoso, más poderoso que ellos incluso. De este modo, asumen así su papel secundario, y esas gentes —y la influencia que ejerzan— nunca servirán para que la cultura hispana se haga valer en el mundo.

Pero el pueblo ha defendido con uñas y dientes su idioma frente a estos cuerpos extraños, clonados o de genética artificiosa. Por un lado, ha adoptado —y, por tanto, adaptado químicamente— los conceptos que podían resultarle útiles —aeropuerto, cibernética, rugby, gol, poni, boxeo, boxeador, boxear, boxístico...— como vino haciendo siempre. No se trataba de aplicar ningún racismo idiomático. Han llamado a la puerta —y han podido pasar sin problema alguno— palabras que no cambian el significado de las que ya utilizaron los grandes maestros de la literatura, los creadores de las leyes o los estudiosos de la geografía, sino que aportan nuevas ideas que han de ser nombradas sin que ello ocasione que dejemos de entender poco a poco a nuestros antepasados.

Nadie puede desdeñar neologismos necesarios como "bricolaje" —y sus derivados: bricotienda, bricobazar, bricotrabajo—, apenas sustituido por el lema "hágalo usted mismo", que suena a publicidad, o el "chapuzas caseras" que asociamos con las historietas de tebeo. Y no les falta razón a quienes defienden que "güisqui" no puede sustituir nunca a *whisky* porque con aquellas letras el trago sabe mucho peor.

Ahora bien, los conceptos que durante algún tiempo permanecieron en boca de los pedantes acomplejados o de los grupos reducidos que deseaban salvaguardar con ellos su influencia y su exclusividad han ido dejando paso al genio del español, que se abre camino frente a la impostura, y que hasta se atreve a proponer "güisquería" tal vez porque ahí ya no se ve afectada la calidad del producto concreto. Pondremos ahora ejemplos que el pueblo hispanohablante ha consagrado; algunos, todavía no extendidos en Latinoamérica; otros, pedientes de llegar a España. Pero surgidos ya del fondo común que constituye la genética del español.

Así, *baby sitter* dejó su lugar a "canguro"; *spray*, a "pulverizador" o "aerosol" (esta última también de influencia inglesa, pero con mejor adaptación); *passhing-shot* a "golpe paralelo" o "golpe cruzado" (según cada caso); *lob* se ha cambiado por "globo"; *drive*, por "derechazo"; *trailer*, por "avance"; *match*, por "partido"; y *match ball*, por "punto de partido"; *mass media* por "medios de comunicación" o "medios informativos"; *wagons-lit* por "coches cama"; *manager* por "representante"; *hacer auto-stop* por "hacer dedo"; *show* por "espectáculo", *royalties* por "regalías" (aceptado en algunos países de América, inusual en España); *cassette* por "grabadora" o por "cinta", según se empleara con artículo masculino o femenino; *stocks* por "reservas"; *holding*, por "grupo"; y *disc-jockey* ha dejado paso al castizo "pinchadiscos" (ahora más bien "el pincha", de formación similar a la ya comentada del "hincha"); *interview* a "entrevista"; *spot* a "anuncio"; *self-service* a "autoservicio"; *speaker* a "portavoz" o "vocero", *best-seller* a "éxito" (y el "autor de *best-sellers*" puede convertirse simplemente en "autor comercial"), *recordman* a "plusmarquista", *overbooking* a "saturación" o "sobreventa"... y hasta el *quarterback* del fútbol americano, el lanzador del balón con su largo brazo, ha huido de una traducción literal (*quarter*, cuarto; *back*, atrás) para denominarse "mariscal de campo", el sonoro equivalente usado en México, donde la famosa *Superbowl* se ha convertido en el más prosaico Supertazón.

Ojalá dentro de poco también dejemos de desayunar huevos con beicon (del inglés *bacon*, término admitido recientemente por la Academia con grafía españolizada, pero desconocido en gran parte de América) para volver a comerlos con panceta, que es lo mismo que el beicon pero que tiene mejor sabor.

De hecho, el habla de los hispanos sigue creando día a día expresiones propias que se oponen con originalidad popular a las anglicadas: tomar el sol en *top less* se dice ya en muchas playas españolas "tomar el sol en tetas", y escuchar música en un *walkman* (¿o *walkwomen*?) equivale a llevar los cascos puestos, o a escuchar por los auriculares; y la caja de leche en *tetrabrik* se ha convertido en "un cartón de leche".

El director del Instituto Cervantes, Santiago de Mora Figueroa, marqués de Tamarón, declaraba en marzo de 1997 [7]: "A mí no me asustan las importaciones de palabras. Siempre se han hecho. Lo que sí me preocupa es la manera en la que se importan ahora. Antes, el pueblo cogía la palabra extranjera y la metabolizaba. Así, *jambon* se convertía en jamón y sustituía a *pernil* [8]. ¿Quién piensa hoy que 'jamón' sea una palabra extraña?"

Pero ahora las capas altas de la sociedad han tirado la toalla en la defensa del idioma, su psicoanalista sabrá por qué. Sin embargo, el pueblo está asumiendo su responsabilidad histórica, entroncando con tantos hablantes del español durante los siglos. Los ejecutivos que proponen un *benchmarking* para cotejar sus sistemas de trabajo con los de otra fir-

---

[7] Santiago de Mora Figueroa, marqués de Tamarón, *El País,* 23 de marzo de 1997, entrevista de Tomás Bárbulo, Madrid.

[8] "Pernil" pervivió en el catalán para nombrar al jamón, y también se usa, aunque muy raramente, en algunos pueblos de Castilla y Aragón.

ma no competidora, o de los diferentes departamentos de
su propia empresa entre sí, creen que con esa palabra asom-
bran a los incautos y se prestigian por su relación con el
mundo sajón; y, sin embargo, probablemente sus interlocutores habrán llegado a la conclusión de que esos profesionales encorbatados son incapaces de dar con una buena traducción de semejante palabro y explicar que sencillamente
desean establecer una comparación o un contraste. El médico que habla a la familia de un paciente con el argumento de
que el enfermo necesita un *bypass* habrá hecho un flaco servicio al seguro social que pagan todos los ciudadanos (al menos
todos los que lo paguen). Porque tanto esa operación cardio-
vascular como la construcción de una variante de carreteras
se resuelven en español con la palabra "circunvalación", fría
por técnica; o con una más caliente, por vieja: "rodeo"… que
ya estaba inventada (y el médico no lo vio).

No podemos tratar tampoco a la lengua inglesa como invasora, porque este efecto se produce sin un esfuerzo especial por su parte. Se trata de algo mucho más patético: determinados hablantes del español desean ser invadidos porque
anida en ellos el desprecio inconsciente hacia su propia cultura, no sólo la de su país sino toda la cultura hispana, a la que
consideran inferior y, por tanto, con la obligación de rendir-
se ante el resto del mundo. Y el resto del mundo es para ellos
Norteamérica.

No se trata sólo de una pelea por cuestión de palabras.
Como hemos visto, el idioma español tiene capacidad de defenderse ante esas autoagresiones, sólo hace falta que los hablantes perciban vagamente la situación. Después, todas estas
modas irán acabándose con el tiempo porque es de esperar
que la fuerza de nuestra lengua resista semejantes pleitesías.
Las palabras quedarán donde están, no radica en ellas el problema. Se trata de algo más hondo: el sentimiento de formar
parte de una tradición que por algún motivo debiera sentirse
culpable, inferior, incapaz de situarse a la altura técnica de
otros pueblos. La zorra no alcanzaba a coger las uvas y se ex-
cusaba en que aún las veía verdes, y eso mismo les ocurre a
quienes piensan sin mayor reflexión que cualquier palabra

inglesa ha de resultar más expresiva porque no existe equivalente en español; y lo que sucede no consiste en que la palabra alternativa esté verde, sino en que no se halla al alcance de quien habla, quizá porque para dar el salto necesario y tomarla de la parra precisa de una buena gimnasia escolar, y no la tuvo.

A menudo no sólo no está a su alcance encontrarla sino tampoco amarla como algo propio en caso de que otros se la ofrezcan. "Es que se dice *marketing*", opondrá el técnico correspondiente.

El idioma inglés ha llegado al nuestro en mal momento, por paradójico que parezca. Ahora podemos saber que *ticket* equivale a "boleto" o "billete", y que *ticket* no corresponde a ningún invento especial que no existiera antes en nuestro ámbito, mientras que ante la palabra "huracán" que decían aquellos navegantes de lo lejano no cabía alternativa alguna; y sabemos ya que con *script* —muy usado en el cine— se puede entender lo mismo que "anotador", que el *casting* es una selección o un reparto, según; que quien está *groggy* anda mareado, que el concurso de *misses* puede consistir en la elección de "reinas" de belleza (así se usa, y cómo no, en Venezuela), que el *estresado* no es más que un "agobiado", y que la ya referida palabra *marketing* no gana en nada ni a "mercadotecnia" ni a "mercadeo".

Marketing no le sugerirá gran cosa a un hispano monolingüe, que se quedará sin saber lo que significa tal expresión la primera vez que la oiga; pero no le sucedería lo mismo con "mercadotecnia", cuyos cromosomas puede relacionar con "pirotecnia" o "luminotecnia", por ejemplo; ni con "mercadeo", tan expresiva en sí misma y tan extendida en Latinoamérica para escarnio de los españoles, cuyos expertos en mercadotecnia desean seguir imitando al superior caballero inglés y autodenominarse señores del *marketing*; lo cual, por cierto, hace desconfiar de que conozcan realmente los mercados a los que se dirigen, porque en ellos miles de personas pondrían ojos de búho ante la nueva palabra, antes de responder: ¿mande?

Un hispanohablante escribía desde Miami al Departamento de Español Urgente de la agencia Efe —que atiende consultas por correo electrónico: deu@efe.es— para preguntar cómo sustituir el verbo "lonchar" —del inglés *lunch*—, aplicado allí para "comer al mediodía". La respuesta no ofrecía mayor dificultad: el verbo adecuado es "almorzar" en la mayoría de los países de habla hispana. Pero el miamés tenía otra duda: "La última vez que estuve en España, en septiembre del 95, oí a un señor utilizar la palabra 'estresado' (de *stress)* en la radio ¿Está aceptado eso ya?".

Da la impresión de que a este buen ciudadano norteamericano la formación de *estresar* le sonaba tan ajena a su lengua como *lonchar.* Y con razón.

Según el académico Manuel Seco, "el extranjerismo y el neologismo no son, en sí, un mal para el idioma. Lo que hace falta es que estas importaciones sean, ante todo, necesarias, y que se acomoden bien al genio del idioma, como había dicho Rufino Cuervo: esto es, que se amolden a las estructuras formales de nuestra lengua; y, sobre todo, hay que evitar que esta introducción de extranjerismos y neologismos ocurra anárquicamente: que cada país o cada región escoja un término distinto para denominar un mismo objeto nuevo".

Ahora bien: no todas las palabras llegadas del inglés que ha aceptado últimamente la Real Academia, pese a transfigurarse con la morfología del lugar, resultaban realmente necesarias. "Liderar", por ejemplo, se puede sustituir por "encabezar", "capitanear", "comandar", "dirigir", "presidir", "acaudillar"… Tan superflua puede considerarse "liderar" que nadie la oirá en el lenguaje rural. Sólo a políticos y periodistas, sólo a quienes ejercen el poder para torcer los designios lingüísticos del pueblo. Ahora se puede oír en la transmisión de los encierros de San Fermín, en Pamplona, que el toro cárdeno va liderando la manada. ¿Tantos años de sanfermines y aún ningún toro había liderado a los demás? ¿Cómo nos las hemos arreglado hasta ahora para explicar que un toro iba delante? ¿Nos aporta "liderar" un neologismo necesario sin el cual dejamos de nombrar algo?

¿Y era imprescindible la palabra "estrés" porque aventaja a "agobio"? ¿No podía adquirir esta última también un significado médico, como "colapso" o como "fractura"?

Hoy en día ya no se puede esperar que el español —un ser adulto— se acomode de igual modo que siglos atrás a las palabras ajenas a él, cuando era un ser vivo adolescente. Para empezar, porque la actual vía de acceso no parece tan ortodoxa. Como hemos venido explicando, son los usuarios del idioma los que decidieron siempre qué aceptaban y qué no, y la cúpula culta se limitaba a sancionar esas decisiones en las gramáticas y la literatura, ajustando si cabe leves matices. Pero quienes tienen en sus manos el manejo de los altoparlantes toman ahora las decisiones en nombre del pueblo, vulnerando las democráticas leyes del idioma, y lo hacen no desde el respeto a la gente sino precisamente con desprecio por el más importante patrimonio de una comunidad. Porque ningún pamplonica de los que corren por la calle de la Estafeta hablaría del "toro que lidera la manada".

El papanatismo llega incluso a reproducir con grafía anglicada las meras onomatopeyas internacionales: *boom* inmobiliario, *crack* de la bolsa (que además no se escribe originariamente *crack*, sino *crash*), el *flash* de la cámara fotográfica...

No existe superioridad del idioma inglés; simplemente, complejo de algunos importantes difusores del español. Asusta ver escrita la palabra "flas", y el "bum" parece haber explotado sólo si lleva dos oes; y hasta nos parece cursi traducir un *birdie* del golf (lograr el hoyo con un golpe menos de lo previsto) por "pajarito"; o *eagle* (dos golpes menos) por "águila", pese a que tales palabras se aplican literalmente en inglés. Envidiamos el desparpajo sajón para estos menesteres, pero los periodistas se achicopalan a la hora de dar un paso al frente y crear palabras equivalentes con el genio del idioma español. Temen el ridículo y se refugian en tablas.

"El inglés no tiene miedo al ridículo", declaró en una entrevista el académico español Emilio Lorenzo. "Y además hace lo que no hace el español: acude al latín como si fuera su propia lengua. El español siente recelos y temores ante cualquier innovación, y no llega al aprovechamiento exhaustivo de sus propios recursos expresivos".

A veces sí lo hace, pero ello necesita además el éxito del invento. Estoy rememorando el hallazgo de un burgalés a quien en mi infancia consideré un intrépido personaje. Creo recordar que se apellidaba Casado y que era dueño de unos ultramarinos (palabra preciosa española ya casi en desuso: los ultramarinos eran las tiendas que vendían los productos llegados del otro lado del mar). Este hombre inventó un divertido juego que consistía en disputar un partido de fútbol en una plaza de toros... con el toro dentro. Lo llamó "balontauro", bebiendo en el latín como es menester y creando un concepto que cualquier hispanohablante entendería. Llegué a presenciar algún espectáculo de aquéllos, en el coso de El Plantío, pero la gente no secundó mucho la iniciativa y siguió prefiriendo que el de negro no fuese el toro sino el árbitro. Así que el magnífico invento de aquel burgalés se fue al garete.

Últimamente anda correteando por los países hispanos —no por todos— la palabra *airbag*, que define la bolsa de aire que al hincharse atenúa el choque de los ocupantes de un vehículo en caso de accidente. Ha sido introducida por la publicidad y los fabricantes, sin respeto a la unidad del idioma porque en unos países se emplea y en otros no (se cambia por "peto" de seguridad o por "bolsa de aire"), y sin consideración alguna con la genética del español. El *airbag* constituirá sin duda una magnífica aportación técnica, pero su principio ya lo conocía nuestro idioma, que hincha globos casi desde que se inventaron los pulmones.

Sin embargo, ningún publicista se lanzará a la televisión y la radio para ofrecer "globos" de seguridad en los coches; por un absurdo miedo al ridículo de las propias palabras y del propio idioma, por la sinrazón de su vergüenza ante lo más arraigado que puedan atesorar como personas; renegarán de su misma raíz espiritual, de los genes de sus palabras, y se conformarán con repetir el lema llegado desde algún país superior. Evidenciarán así su condición de acomplejados. Tanto más peligroso cuanto que ni siquiera habrán tomado conciencia de ello.

Porque además *airbag* no precisó de alteración alguna en inglés: significa literalmente "saco de aire" *(air-bag)*; y podríamos emplear "aerosaco" si lo quisiéramos resumir en un solo vocablo. En el momento en que reconocemos que los publicistas de habla inglesa pueden inventar una palabra con los propios recursos de su idioma y nosotros no, estamos admitiendo nuestra inferioridad. Que no es real, sino producto de un simple problema psicológico.

La lengua acabará rechazando este extranjerismo —siempre que no nos quedemos todos cruzados de brazos, lo que no ha solido ocurrir hasta ahora—, pero mientras tanto su presencia generará incomunicaciones, fracturará la unidad del entendimiento hispanohablante y expandirá el sentimiento segundadivisionista porque apoya ese infiel servilismo ante el inglés en el caso de cualquier innovación; incluso ante un invento sueco.

Estos complejos se producen principalmente entre las capas cultas de la sociedad; no en los pueblos y aldeas. Allí no tiene sentido hablar como un extranjero, y si alguna rara vez se adopta un vocablo extraño queda convertido enseguida en propio con su adaptación fonológica correspondiente. Incluso si se trata de un nombre comercial. El ingenio sevillano, por ejemplo, ha dado en llamar a los grandes almacenes británicos Marks & Spencer de un modo muy sencillo de pronunciar: "Mariespense". Lo cual no ha de extrañar porque años antes a un futbolista del Real Betis Balompié que había llegado de Yugoslavia le adaptaron también su largo nombre para la alineación de cada domingo. En lugar de Hazibezjic le pusieron "Pepe". Y al guardameta ruso Dasaev, que jugó en el Sevilla Club de Fútbol, le apodaron "Rafaé". Con igual criterio, María, mi vecina madrileña de cuatro años, anima así a su madre para que la lleve a comer a un MacDonalds: "Mamá, vamos a comer una hamburguesa al Manolas".

Las contaminaciones no asimiladas suelen salir del idioma al cabo de un tiempo, pero en ciertas ocasiones se quedan; y generan así pequeñas fracturas en la unidad de los hispanos, sobre todo porque, como hemos visto, en distintas zonas se adoptan diferentes vocablos. Por ejemplo, un español asume el extranjerismo "jersey" (que es ya una palabra hispana), pero un peruano se vestirá una "chompa" (que también se ha convertido en una palabra nuestra). Chompa procede de *jumper*, y, como se puede apreciar, entró por vía fonética. O más exactamente, entró por la vía del tren, puesto que llevaron la palabra los trabajadores estadounidenses que construían el ferrocarril en Perú. Se empezó a pronunciar algo así como *yámpar*, para derivar con el tiempo en "chompa". Y de ese modo se apeó en la estación andina, de donde pasó a otros países limítrofes. Como siguió un camino natural —de ahí que se hable de "naturalización" para los extranjerismos que se han adaptado bien al idioma—, se acomodó a la fonología del español y a su morfología. Igual que "fútbol" o "líder".

Después, en este caso por vía impresa, apareció también en Perú la palabra "jumper", de la misma raíz sajona pero que ahora designa un vestido sin mangas; y se pronuncia *yámper* pero se escribe "jumper". Por tanto, un peruano puede llevar una chompa encima de un jumper, aun procediendo ambas palabras de la misma prenda: un jersey.

El volumen de estos ejemplos no resulta alarmante aún, y por tal motivo podemos sostener que el español forma una unidad indiscutible. Pero eso no significa que hayamos de permanecer quietos ante un fenómeno que se puede propagar hoy en día a la velocidad de las ondas electromagnéticas. Hasta hace unos decenios apenas habían entrado anglicismos en el español, como hemos comentado, y ahora llegan por oleadas de a mil.

Muchos de estos palabrones se introducen en los textos —ya decimos que no se trata de expresiones que se acepten por vía auditiva como antaño— por culpa del mal trabajo de traductores de libros o de teletipos. "Desde el punto de vista del traductor, el extranjerismo es una confesión de impotencia", escribe el académico Valentín García Yebra [9]. "O bien —como en el caso de escritores originales, de locutores de radio y televisión o de simples hablantes que lo usan sin necesidad— de una muestra de esnobismo". "Parece claro", añade, "que sólo debe recurrirse al extranjerismo cuando no existe ni es posible formar un término equivalente en la lengua a la que se traduce".

Por otro lado, resulta curioso que nos inunden los anglicismos y no los germanismos. El poder económico de Estados Unidos tiene una gran influencia en ello, por supuesto, pero la

---

[9] Valentín García Yebra, *Teoría y práctica de la traducción*, vol. I, Madrid, Gredos, 1997.

escasísima entrada de palabras germanas no guarda relación con la gran importancia de la República Federal en la Unión Europea. ¿Por qué? El propio García Yebra da, entre otras, esta explicación: "En general, quienes traducen del alemán, aparte de ser menos numerosos, suelen tener una formación lingüística más sólida que la mayoría de los traductores del francés y aun del inglés. Entre éstos, por ser muchos, abundan también los malos. Y una de las características del mal traductor es carecer del sentido y del gusto de su propia lengua, con lo cual deja libre el campo para que proliferen las interferencias de la lengua ajena".

En 1991, un centenar de lingüistas y académicos reunidos en Sevilla con motivo del Simposio Internacional de Investigadores de la Lengua Española alertó públicamente sobre la introducción de tecnicismos ingleses. Según los reunidos, estos términos cada vez más usados por "el hablante medio" deberían ser los mismos en todo el mundo hispánico. Los reunidos acordaron pedir a los gobiernos hispanohablantes que dedicaran atención a este problema.

Dos años después, los progresos habían sido escasos según se verificó en un congreso similar celebrado en Santander, en el cual el lingüista Alberto Gómez Font criticó que "la colonización extranjerizante del español no es sólo léxica, sino que se esconde en aspectos como el revelador soniquete de los locutores de televisión".

La situación no había variado mucho desde que en octubre de 1985, ocho años atrás, el académico Rafael Lapesa advirtió también sobre la amenaza latente en el idioma técnico: "Si el castellano no lo actualiza a tiempo, se infiltra en forma de neologismos distintos en las diferentes áreas de la lengua, con el consiguiente peligro de crear una nueva Babel. Puede ocurrir que llegue un momento en el que los libros técnicos en castellano utilicen tal número de palabras distintas para designar una misma realidad, que terminen por ser incomprensibles para otros hispanohablantes"[10].

---

[10] Rafael Lapesa, *op. cit.*

Tal vez tomaron buena nota de estas palabras los integrantes de la Federación Iberoamericana de Instituciones Sanitarias (FIIS), que se constituyó en Sevilla en mayo de 1994. En su primera asamblea, los representantes de entidades sanitarias públicas y privadas de España y de todos los países de América Latina acordaron adoptar como objetivo principal "potenciar el idioma español como lengua científica y exigir su oficialidad en los congresos internacionales". Para ello consideraron necesario solventar uno de sus puntos débiles: el léxico científico. "El español lleva años bombardeado por miles de palabras científicas inglesas y de otros idiomas", se lamentó el entonces presidente del Instituto Cervantes, Nicolás Sánchez-Albornoz. "Tal terminología", continuó, "adopta una equivalencia que no siempre es la misma en los países hispanohablantes, de ahí que el FIIS tenga la tarea urgente de unificar el léxico para que la equivalencia sea única en todos los países de habla castellana en cada campo de la ciencia".

Más tarde, en el VII Curso en Español de la Academia Norteamericana de Neurología, celebrado en San Juan de Puerto Rico, el ponente Joaquín Segura habló sobre el uso de los anglicismos en las ciencias médicas, que se pueden hallar a centenares en textos que se suponen escritos en español: "Tan enorme raudal de nuevos vocablos refleja en muchos casos —no siempre, pues hay muchos términos de jerga y repeticiones— las incontables innovaciones o invenciones anglosajonas, lo cual pone a los que hablan y escriben en español un tanto en desventaja, porque casi no queda tiempo de pensar en cómo bautizarlas en castellano. Con demasiada frecuencia optamos por la vía más fácil: el préstamo, el calco, el *espanglish*. Por si esto fuera poco, gran número de médicos generales y especialistas oriundos de países de habla castellana se forman en Estados Unidos y en Inglaterra, o cursan en estos países estudios de posgrado o se quedan en ellos para ejercer su profesión; a menudo se casan con americanas o inglesas, trabajan día tras día con colegas que sólo hablan inglés y atienden a enfermos de habla inglesa". Ése era el caso de los ponentes de aquel curso, entre ellos dos neurólogos argentinos, uno colombiano, un italo-norteamericano que hablaba muy bien el español y dos españoles, todos ellos miembros destacados o jefes de los servicios de neurología en centros norteamericanos. El doctor Segura, miembro de la Academia Norteamericana de la Lengua Española, hizo ante ellos un repaso por anglicismos y calcos lingüísticos —las diferentes formas de la clonación de palabras— que se habían empleado en el propio congreso médico y que, merced a ese uso de los facultativos, acaban pasando a los pacientes. Raro contagio.

Así, *médula* en lugar de "bulbo raquídeo"; *randomizar* por "sortear" o "distribuir al azar"; *bizarro* por "curioso" (cuando en español significa "valiente"); *embolismo* por "embolia"; un catarro muy *marcado*, en lugar de "pronunciado"; *disquinesia* por "discinesia"; *bradiquinina* por "bradicinina"; *interleukina* por "interleucina" (la partícula griega *kin* se convierte al español como "cin"); *constipación* por "estreñimiento"; *patofisiología* en lugar de "fisiopatología"; tomografía *computadorizada* en vez de "tomografía computada"...

Finalmente, este científico ejemplar anunció a sus compañeros que, a cambio, había aprendido una buena traducción de *scanning* o *we need to do a scan:* tal frase se puede decir en español tradicional así: "necesitamos hacer un estudio de imágenes"; pues, en efecto, en eso consite un escáner (extranjerismo admitido por la Real Academia y que figura en el *Diccionario).*

Con escáner sucede, por cierto, lo que con tantas otras palabras del inglés aceptadas ya. *Scanner* significa en aquel idioma "el que explora" o "el que registra". Como la palabra "registrador" ya la empleamos para referirnos a los que dan fe de las propiedades inmobiliarias en un registro oficial, no vemos ningún inconveniente en llamar "explorador" al escáner. Evidentemente, en un primer momento se haría denominar "explorador electrónico", para no confundirlo con aquellos señores que, vestidos de marrón claro, camisa con dos bolsillos y pantalón corto, y tocados con un ancho casco blanco en la cabeza, se iban a lo más profundo de África para descubrir tribus. Pero el contexto nos haría suprimir enseguida el adjetivo de este aparato, igual que cuando alguien sube en nuestro coche le decimos solamente "ponte el cinturón", porque se entiende que nos referimos al cinturón de seguridad (y podríamos decirle también "pero tranquilo, que este coche tiene globos", de modo que se comprendiera que se trata de globos de seguridad). Así que un médico podría decir: "Voy a ver ese tumor en el explorador", y todos le entenderían.

También se ha aceptado la palabra "escanear", equivalente a convertir una imagen física en virtual o digital. En este caso, podemos acudir a fórmulas como "copiar" o "reproducir".

De cualquier forma, no se trata aquí de propugnar la aceptación de "explorador" para "escáner"; ya no hay nada que hacer. Sólo pretendo explicar que, incluso en las palabras más complicadas, aquellas que sirven para avances científicos o técnicos, el español puede aportar su fondo documental y hallar los conceptos adecuados. Porque, insistimos, se trata ya de un idioma formado. Cualquier idea, cualquier aparato —las excepciones suman una cantidad insignificante— se puede nombrar en español, una lengua que se ha enriquecido lo suficiente en los últimos diez siglos como para valerse por sí misma. Que se ha ganado la independencia como idioma y que puede darse el lujo de rechazar las invasiones. Incluso las propiciadas por sus propias autoridades.

Esta búsqueda de palabras españolas para inventos anglosajones resultará más complicada, no obstante, cuando la voz de origen constituya casi una onomatopeya: *chip*, por ejemplo, aventaja en mucho a "microproesador"; y *clip* a "sujetapapeles" o "grapa". Las dos se mueven con raro acento en la boca de los hispanos, cuyo léxico no admite voces terminadas en *p*, sin una vocal donde apoyarse, y, por tanto, con una dificultosa construcción del plural. Pero se adaptarán con el tiempo, como "club" ya ha dado "clubes" (pese a lo cual se mantiene la más lógica pronunciación popular: el "clú" y los "clus"; el presidente de la Federación Española de Fútbol, Ángel María Villar, da buena muestra de ello). Ahora bien, las palabras del inglés que incorporan verdaderos sememas (significados que corresponden a partes de la palabra) caben perfectamente en el español, no siempre con la traducción literal. "Club", por ejemplo, podía haberse sustituido por "sociedad" o "entidad". Y "fútbol" triunfó frente a "balompié"

—un calco de la palabra inglesa— porque no se buceó en el propio idioma para aportar, por ejemplo, "jugar al balón" donde se fuera a decir "jugar al fútbol". Jugar al balón es, por antonomasia, jugar al fútbol. Si alguien nos dice que va a jugar al balón, sabemos exactamente lo que va a hacer. Y si dijera que va a jugar a la pelota, pensaríamos con más probabilidad en la pelota vasca (al menos en España). Cierto que "jugar al balón" puede referirse, por ejemplo, al "voleibol" (antes "balonvolea", otro calco), que también se juega con un balón; pero "voleibol" significa "volea" y "balón", y significa a la vez "volea" y "pelota" *(ball* ocupa ambos campos semánticos), y, por tanto, en rigor podríamos deducir que si alguien va a jugar al "voleibol" es que se marcha a practicar el tenis. Así que "jugar al balón" y el "juego del balón" (como "el juego de pelota") se hallaban en el acervo del español; pero no fueron utilizados en el momento adecuado [11].

Renunciar a ese intento —al menos el intento— significa dar ventaja psicológica a todos los inventores anglosajones —inventores de computadoras o de deportes— en la carrera de las patentes, de la industria o del olimpismo.

Cómo vamos a inventar artilugios con nuestra ciencia si no somos capaces de inventar palabras con nuestra lengua, cuando en este caso ni siquiera hace falta financiación.

El doctor Joaquín Segura terminó su intervención en Puerto Rico con una clarividente afirmación: quienes formaban su público no sólo eran "maestros de neurología" sino también "maestros del idioma español empleado en la neurología". Y, por si fuera poco, les espetó que "el idioma no es sólo un medio de comunicación, sino reflejo de un alma, de una manera de ser, extracto de vivencias multiseculares".

Ojalá el reconocimiento que obtuvo aquella intervención entre los asistentes se deje notar cuanto antes entre sus colegas.

---

[11] La palabra "balompié" pervive en la prensa en español que se publica en Estados Unidos, para diferenciar al fútbol europeo y latinoamericano del fútbol norteamericano. Así, por ejemplo, el diario *El Nuevo Herald,* de Miami, titula el 7 de junio de 1998: "Miami necesita triunfos en balompié". Y en el texto se continúa usando esa palabra.

Porque, en efecto, la siega indiscriminada de palabras propias puede acabar con aquellas que, semiocultas en el huerto, dan la verdadera medida de nuestra manera de entender la existencia, forjada durante siglos y de la que somos herederos. Por ejemplo, un anglosajón escribiría literalmente que "saca placer" al contemplar una película; pero un hispano nunca emplearía la expresión "sacar placer", sino "recibir placer" o "sentir placer", tal vez "obtener placer". Una traducción que no tuviera en cuenta este, en apariencia, insignificante matiz habrá acabado con un fina planta aromática de nuestro cuidado carmen. En efecto, nosotros concebimos el placer como algo que se recibe, que llega con naturalidad a nuestros sentidos, y lo entendemos así quién sabe si por la influencia de aquellos árabes españoles que supieron cultivar el humanismo y el gusto de la vida. El genio del idioma inglés ha querido, sin embargo, que sus herederos *piensen* —y, por tanto, *sientan*— que el placer ha de sacarse, extraerse de algo, lo que implica un cierto esfuerzo que no casa con la idea de placer como "placer absoluto" que nosotros hemos incorporado a nuestra piel.

Y si alguien dice que un trabajo "tomará mucho tiempo" se habrá expresado con la genética del inglés, que ha heredado la sutileza de que el trabajo obra por su cuenta y nos ocupa el espacio o los minutos con cierta autonomía, independientemente de lo que nosotros deseemos dedicarle. En español, por el contrario, el trabajo "requiere" tiempo; y con ese verbo —y con ese pensamiento— sí podemos decidir nosotros cómo gobernar la fuerza de tal requerimiento.

Un ciego inglés "gana" la vista, pero un ciego que hable español la "obtiene" si era invidente de nacimiento o la "recobra" si en algún momento había podido ver. Habrá hecho algunos esfuerzos para "ganar" la función ocular, tales como someterse a tratamiento médico y tal vez desembolsar cierta cantidad, pero en nuestro concepto profundo tenemos asumido que la vista forma parte de los dones naturales y que nacemos con derecho a ella, y, por tanto, no la ganamos nunca aunque en algún momento la hayamos perdido.

Un norteamericano puede concebir que si alguien le pasa un mensaje para que a su vez lo remita a otra persona ello signifique "pasarlo hacia adelante" (una de las acepciones del verbo *to fordward),* con la peyorativa visión que nos da a nosotros mismos sobre el lugar que ocupamos en la cadena, donde siempre hay alguien más vanguardista. Un hispanohablante utilizaría en cambio el verbo "reenviar" o, más familiarmente, "rebotar"; que en ningún caso implican un papel secundario para el primer receptor.

El presidente Bill Clinton vio cuestionada su honestidad en 1998 con el *caso Lewinski,* pero no su honradez si nos expresamos en correcto español. En inglés, los dos conceptos forman parte de la palabra *honesty* porque los hablantes de ese idioma han querido poner en el mismo saco al que mantiene relaciones extramaritales y al que se lleva dinero de la Hacienda pública; algo que el idioma español ha querido separar porque hemos heredado con la genética del idioma los matices que definen las dos conductas. La influencia del inglés, no obstante, está arruinando esa diferencia (en español lo honesto se aplica de cintura para abajo, y lo honrado de cintura para arriba) y hay quien resalta la cualidad de un político "honesto" cuando a nuestra cultura lo que más le preocupa es que sea "honrado". Si los norteamericanos pueden plantear la destitución de un presidente por sus relaciones sexuales y por haber defendido su intimidad ante los jueces, ésa es su manera de pensar. Perder la diferencia entre "honrado" y "honesto", lo que ya está sucediendo en nuestro idioma, significa que empezamos a pensar en esto como ellos. Porque la lengua española sabe que existen atenuantes de la mendacidad. Nunca pondríamos en el mismo saco las trampas políticas de Richard Nixon en el *caso Watergate* y las mentirijillas de Bill Clinton respecto a lo que disfrutaba de su despacho. Y, sin embargo, los norteamericanos lo han hecho, sin duda porque, de hecho, no han diferenciado esas dos situaciones con dos palabras distintas.

Igualmente, los tribunales norteamericanos "encuentran culpable" al supuesto asesino, y tal parece que hubieran ido buscándole por diversos lugares y le hubieran hallado en el momento mismo en que cometía el crimen, con lo cual encontraron al culpable y además le encontraron culpable a la vez, en el mismo momento de su culpa, sin posibilidad de duda. En el lenguaje español, en cambio, se *declara* culpable a alguien, y con eso tenemos bastante. Pero ya se empieza a decir en nuestro idioma que un sospechoso "ha sido hallado culpable", lo que no casa con nuestro genio ni con nuestra sintaxis, porque, en caso de haber hallado algo, habremos hallado su culpabilidad. O habremos hallado *al* culpable (presunto), que luego se verá si tiene la culpa o no.

La falta de respeto al lenguaje común ha propiciado que algunas administraciones públicas que se expresan en español denominen "parque temático" (un calco del inglés *theme parks)* a lo que siempre concebimos como parques de atracciones o parques recreativos. Nadie se ha preguntado por qué la esencia de lo que se define tiene más relación con un "tema" —algo que forma parte del decorado— que con lo sugestivo de aquel recinto (el fondo del asunto: estamos hablando de un lugar atractivo; y compararemos, por tanto, la altura de dos norias diferentes y el vértigo de las distintas montañas rusas, y la diversión que procuran, por encima de los dibujos que se hayan puesto sobre ellas). Son éstas también cuestiones que enlazan con la personalidad de los pueblos en relación con su idioma: para un hispanohablante importa si el lugar que se define le atrae o no, si contiene atracciones (ferias, tiovivos, tiro al blanco…) y si se recrea en él. Para un anglosajón, en cambio, la diversión se debe de dar por supuesta y lo importante parece basarse en si todo eso está envuelto en la publicidad de Disney, de Warner Bros o de *La guerra de las galaxias,* cuyos personajes constituyen los temas entre los cuales podemos elegir. Ahora los llamamos "parques temáticos", y con la palabra compramos también la industria importada.

Las malas traducciones de películas de habla inglesa suelen trasladar literalmente la expresión malsonante "que te follen", que, dicha en español, no suena necesariamente agresiva, más bien al contrario, pese a que así les parezca a quienes hablan inglés. Alguien que usa bien el español no dice "que te follen" cuando quiere mandar a alguien a la mierda, porque a la persona que nos molesta o nos zahiere le deseamos algo malo, y tal expresión —ineducada de todas formas— requerería de algunos calificativos para hacerse peyorativa. Por ejemplo: "que te folle un pez" (expresión real extendida en España), o los hipotéticos "que te follen mal", o "que te folle una fea" o "que te folle un bruto", pongamos por caso. Como expresión equivalente a la inglesa, en buena parte del territorio hispano se diría "que te den por el culo", para lo cual se precisa, no obstante, que nuestro interlocutor sea un hombre heterosexual.

No parece ninguna casualidad que la cultura anglosajona haya dado a la primera persona gramatical una letra mayúscula (*I*), por la que sale el ego individual de cada uno mediante el cual acabarán buscando su cuarto de hora de gloria, ni que los españoles otorguen a su representación colectiva siempre el primer lugar de cualquier fusión: un jugador de nacionalidad hispanoargentina, un convenio hispanomarroquí, un congreso hispanoárabe, expresiones que nunca veremos escritas al revés: argentinoespañol, marroquinohispano o arabigoespañol, si es que existen estas fórmulas alternativas.

La presencia superflua del "yo" no molesta al genio del francés o del inglés, al contrario. Pero en español no podemos escribir o hablar así: "Ángeles está apenada porque ella no se esperaba un suspenso. Ella es sensible, y ella acusa mucho los reveses académicos a pesar de que ella tiene mucha experiencia en exámenes difíciles". Sin embargo, esta frase se puede trasladar con todas sus palabras al inglés o al francés.

El anglosajón también *piensa* muchos más adjetivos posesivos que el hispanohablante, y quizá por todo eso tiende a mirar al globo terráqueo sólo en cuanto guarda relación con su persona o, como mucho, su país. Quién sabe si ese rasgo idiomático tiene alguna relación con el hecho de que los británicos crean que si el mal tiempo interrumpe las comunicaciones marítimas o aéreas en el canal de la Mancha, eso significa que "Europa se ha quedado aislada".

Por el contrario, el genio del español prescinde de estas partículas egocéntricas, y así un futbolista se ha lesionado en "la" pierna derecha y no en "su" pierna derecha, y podemos invitar a que alguien venga "a casa" y no "a nuestra casa". Y jamás decimos "me duele mi cabeza".

Sin embargo, los frecuentes calcos del inglés que esparcen los periodistas —y las malas traducciones palabra por palabra pero no idioma por idioma— conducen actualmente a expresiones antinaturales en español como "saca Cañizares de portería con *su* pierna derecha", o "he llevado *mi* coche a lavar". El académico Emilio Lorenzo interpreta esta tendencia como un indicio de que ya nos ha invadido el mercado del consumo y de la individualidad. Puede ser. Pero también parece posible que la imitación del habla inglesa nos esté cambiando la manera de sentir.

Se puede apreciar muy bien en la publicidad, cuyos profesionales tienen una peligrosa inclinación por los lenguajes subliminales que manipulan el inconsciente del consumidor. Dice el anuncio televisivo: "el detergente X deja *sus* manos suaves", en lugar de "deja las manos suaves". Y otro: "compre *su* coche en nuestra red de distribución" (en lugar de "compre el coche…"). Y otros: "si no está satisfecho, le devolveremos *su* dinero"; "el ambientador Tal, lo mejor para *su* hogar", "vacaciones en el hotel Cual, lo mejor de *su* verano".

La presencia del individuo en el ámbito gramatical se reitera en el plano semántico, que a veces nos llega al español con clonaciones quizá imperceptibles pero que sacuden internamente nuestra forma de sentir.

Por ejemplo, el español tiene la palabra y la idea de "intimidad", relacionada semánticamente con "lo más interior" y cuyos genes comparte con "intimar" o "intimista". Pero ahora la idea de "intimidad" está sufriendo de arrinconamiento porque su lugar lo ocupa a menudo una palabra *pensada* en inglés: privacidad (clonación de *privacy)*. Un anglosajón entenderá muy estrecha la relación entre lo íntimo y lo privado, pero no un hispanohablante. A veces los actores o cantantes que hablan nuestro idioma responden ya frente a una pregunta indiscreta: "No, eso es privado". Pero nuestra idiosincrasia no tiene a lo privado por íntimo. La empresa es privada, la casa es privada, nuestro jardín es privado, pero en cada uno de estos lugares podemos tener un espacio íntimo. Porque lo íntimo está dentro de nosotros mismos, no en nuestro territorio circundante; lo relacionamos con nuestra propia piel o nuestros propios sentimientos. Tenemos un amigo íntimo, pero no un amigo privado. Lo privado es aquello que nos pertenece por haberlo comprado; y lo íntimo nos pertenece sin transacción económica alguna, forma parte de las decisiones más solitarias. Nunca equivaldrán en español la ropa privada y la ropa íntima, salvo que progresase esta clonación que cambiaría nuestra manera de concebir la intimidad.

Un anuncio publicitario puede expresar: "Estamos comprometidos en resolver su problema", y seguramente se tratará de una mera traducción del inglés que un hispanohablante desavisado ni siquiera percibe como ajena a su manera de ser y expresarse. Pero alguien que hablase en español sin una referencia previa de la misma frase en otro idioma diría con espontaneidad: "Prometemos resolver su problema". Y así se marca la diferencia psicológica entre el compromiso y la promesa, porque el compromiso forma parte del "yo" —*me* comprometo— y la promesa se adentra en el "tú" —*te* prometo—. Y el genio del español habrá querido en un caso así fijar la atención en la persona a quien prometemos algo, ante la que somos responsables por ello; frente al genio del inglés que nos hará responsables ante nosotros mismos.

Cuestiones éstas que describen cómo los idiomas son también formas de pensar.

El mero hecho de anteponer el adjetivo al sustantivo, como sucede en las lenguas germánicas, constituye asimismo una sutil manera de sentir: así parece que importa más la cualidad que el objeto; como cuando hablamos de "un educado niño" en vez de "un niño educado", y resaltamos con la primera fórmula su atenta compostura frente a la segunda que parece meramente enunciativa de que el niño ha ido al colegio. Por ese cambio de orden del inglés hemos traducido equivocadamente "ciencia ficción", convirtiendo a la palabra adjetiva en sustantiva, lo que nos hace pensar a nuestra vez que las obras futuristas parten de una "ciencia" aunque sea ficticia; porque en este caso la ficción queda en un segundo plano; cuando precisamente lo ficticio consiste en el elemento sustantivo de la expresión inglesa.

Que en inglés al bombero se le llame *fireman* (hombre del fuego) o que los periodistas norteamericanos hablasen de las señales dejadas por Neil Armstrong en la Luna con el término *footprints* (literalmente, impresión de los pies) mientras que los hispanohablantes empleaban "huellas" (y no les hacía falta explicar que se trataba de los pies) son diferencias que pueden dar idea también de cómo las palabras tienen la capacidad de imprimir carácter a millones de personas, en unos casos para juntar partículas en la superficie del idioma y acomodarlas en un sola voz, en otros para bucear en la esencia de los conceptos y extraer de ellos su adaptación. No podemos interpretar en español que alguien "hace una decisión", porque un hispanohablante la toma o la adopta; y qué decir de la jugosa separación entre el ser y el estar, de la que carecen otros idiomas y que aplica a nuestro lenguaje la sabiduría de quienes plasmaron toda la filosofía en dos verbos.

Las connotaciones que percibimos con estas pequeñas y grandes diferencias de forma proceden a menudo del contenido secular de las palabras y de todo el pensamiento de nuestros antepasados. Nuestra lengua conoce bien la diferencia entre oír y escuchar (si bien últimamente los locutores que hablan desde algún lugar lejano les preguntan a sus compañeros de la emisora central: "¿se me escucha bien?", cometiendo así un error de empobrecimiento del lenguaje); y sabe distinguir entre el trabajo que empieza y el que se acomete, la obra que se inicia y la que se emprende. Porque cada palabra lleva consigo todas las voces que la han pronunciado.

Así, cada vez que decimos "jamelgo" se aposenta en nuestra memoria, casi imperceptible, semioculta pero influyente, la raíz "famélico", de la cual viene tal expresión. Al escuchar "jamelgo" estamos oyendo también, tan subliminal que casi no lo percibimos, la idea "caballo famélico", y, por tanto, hambriento. La evolución genética de la palabra parte de *famelicus*, que en latín significaba precisamente "hambriento"; sigue por *famelcu* porque sufre la ya citada norma sobre la sílaba intermedia de una palabra esdrújula, continúa por *hamelcu*, al cumplir otra regla evolutiva que muda las *f* en *h*, y termina en *hamelgo*, de donde la aspiración de la primera letra aplicada en otro tiempo nos acaba dando nuestro ya familiar "jamelgo". Pero por el arte del dios de las lenguas sabemos al pronunciarla que lleva en su interior el concepto latino de famélico; no hace falta estudiar latín, simplemente puede llegar a nuestro conocimiento por mera intuición, por el sonido y la magia que nos convierten en dominadores de nuestro propio idioma. Porque no sólo lo hablamos: lo pensamos, lo sentimos en el corazón de cada frase.

En los etéreos espacios de nuestra mente, aquellos silos donde conviven todas las palabras que somos capaces de dominar, se producen unas conexiones neuronales de las que nunca tomaremos consciencia, pero que, a buen seguro, saben enlazar a velocidad electrónica "litigar" con "lidiar", "minuto" con "diminuto", "delicado" con "delgado", "auscultar" con "escuchar", "llorar" con "implorar", "caldo" con "cálido", "laxo" con "relajo", "espejo" con "espejismo", "peso" con "pesaroso", "estricto" con "estrecho", "fruto" con "disfrutar", "huir" con "ahuyentar"... y que también se conectan por conducto retrospectivo, y saben que "odorosa" fue algún día *odorem de rosa*... Y así decenas de miles de relaciones que nos dan la verdadera medida de las palabras, no sólo la superficie de papel o de frecuencia sonora que ocupan, sino también la hondura desde la cual fueron creadas y los vínculos históricos que tienen entre ellas, de modo que cada vocablo es en sí mismo y en cuantos le precedieron, y su significado suma todos los anteriores.

Por todo esto se puede imaginar cabalmente que los genes metafóricos del idioma materno se mezclan con los genes de nuestras células reales para que nos transmitamos no sólo las palabras, sino una manera de sentir y de pensar que conforma nuestra propia identidad como pueblo hablante del español y como individuos que pertenecemos a él. Y nada menos racista que esta genética, puesto que pasa de unos a otros sin intervención alguna del color de la piel, y puede remansarse lo mismo en un guineano que en un filipino o un maya, en un inglés bilingüe o en un hispanista neoyorquino apasionado por nuestra cultura. Sólo hace falta soñar en español.

Las palabras, pues, no sólo transmiten los conceptos sino que se fusionan con ellos hasta presentarlos en cada idioma con distintas tonalidades, a veces muy distintas en el mismo color. Olvidar esa línea de entronque con el pasado se parece mucho a perder la casa, el barrio, los amigos, la fuente o el colegio del lugar donde crecimos; y recuperarla o descubrirla puede resultar tan placentero como reencontrarse con una vieja marca de cacao, con el monte de la primera acampada o escuchar de nuevo al maestrillo que nos enseñó las letras vocales. El mayor drama de quienes regresaron a Sarajevo tras la guerra de los Balcanes, una vez superado el dolor por los seres queridos que murieron, se hundía en la desesperación al no encontrar la propia casa, los columpios del parque donde se recibieron los primeros vaivenes de la vida... barrios enteros desaparecidos y reconstruidos después que conformaban una ciudad distinta, en la que ellos habían nacido y que, sin embargo, no podían reconocer.

La adquisición de palabras extrañas va configurando poco a poco también un nuevo paisaje que, de no mediar el tiento, puede modificar las calles interiores de nuestro patrimonio común, la manera de pensar y sentir que nos ha sido transmitida, de modo que los vocablos que nos empaparon de niños dejen de tener valor —anoto entre mis pérdidas la palabra "cochera"— y dejen sitio a un paisaje real, eficaz, con todas sus señales de tráfico y sus tiendas y sus colegios, pero formado sobre las ruinas de lo que fue nuestra raíz.

Sin embargo, lo peor no consiste en que las palabras inglesas sustituyan *en el futuro* innecesariamente a las españolas, y que con cada cambio suceda algo tan grave como un nuevo rasguño en cualquier obra de Goya. Seguramente los hispanohablantes sabrán reaccionar dentro de un tiempo ante ese peligro (para lo cual se precisa en primer lugar que algunos avisen ahora sobre él; por si acaso). Aún parece más preocupante el que consideren *en el presente*, a la manera subliminal, que todo aquello que se envuelve en el idioma inglés gana en predicamento y prestigio a lo hispano, y con efecto indiscriminado, irreflexivo. Parece más importante emplear el *pay per view* que ver un programa de pago, o de televisión a la carta, o de teletaquilla.

No es casual que los negocios establecidos en cualquier ciudad opten por darse a conocer con palabras extrañas, porque así las *boutiques,* las *boîtes* o los *supermarket* imaginan mayor clientela. Y con ello se produce una renuncia capital: algo profundo que sugiere la idea de que no tiene sentido inventar, crear, investigar y extraer del saco patrimonial hispano lo mejor de nosotros mismos, porque igual ganancia tendremos por el mero sistema de copiar lo que ya hicieron otros. Copiar el *pub* londinense, o el *snack,* o el *bowling* o el *dancing,* y colocarle un nombre sonoro que nos arrastre como roedores tras el flautista: *After hours, Drugstore, Charlie and Dorothy* o *Manolo's peluquería.*

Después, copiar los hallazgos científicos o técnicos no resultará tan barato. Ahí deberemos pagar regalías y patentes, y perder a nuestros mejores investigadores porque les ofrecerán más ventajosos puestos en el extranjero. Por falta general de gimnasia colectiva, aquella que faculta para ganar después el partido.

Como ha proclamado el lingüista mexicano Luis Fernando Lara en Zacatecas, una cosa es reconocer la preeminencia del inglés en el campo de la investigación y la técnica y otra muy distinta convertirlo "en lengua única de la civilización contemporánea".

En esto, las capas altas de la sociedad están decepcionando probablemente a las más humildes. Si siglos antes el abogado era todo un "letrado", y se tenía por ilustrados a los que hablaban bien (por tanto, los que hablaban bien eran ilustrados), ahora quienes acaparan el poder y pueden por ello mejorar el lenguaje (o al menos pueden no empeorarlo) han abdicado del papel histórico que les confería la evolución de la lengua. No es de extrañar, pues, que los rótulos luminosos del centro de las ciudades incluyan más extranjerismos y tonterías que los de negocios ubicados en las zonas suburbiales o simplemente más sencillas.

Ese subordinamiento a todo lo que proceda de la cultura anglosajona comienza ya en la infancia de muchos niños hispanos. Los programas de televisión que se han concebido para ellos alardean de títulos como *Power Rangers, Jet Mars, Hello Kitty, Space Strikers, Beast Wars, Street Sharks, Beetle Borgs, Under Dog*..., que enmascaran así sus verdaderos mensajes violentos (*Beast Wars* suena menos atroz que "bestias de las guerras") [12] y de añadidura presentan a los niños un mayor prestigio de la lengua ajena frente a la propia, germen de ese complejo de inferioridad que aflorará cuando se conviertan en personas adultas. Con estos programas, por si acaso quedaba algún resquicio, llegarán los juguetes derivados de tal palabrería, los *transformers*, los *destroyers*, los *rangers*, el *action man*. Y por si fuera poco, en los locales de juegos electrónicos hallarán el *Radical Bikers,* el *Real Puncher* y la *Time Crisis* [13].

Y para un día de fiesta, los propios profesores habrán organizado un Halloween, costumbre norteamericana de la víspera del día de Todos los Santos que ya se ha convertido en ritual en las guarderías y colegios de todo el mundo español, cuyos alumnos se disfrazan y van por las casas pidiendo regalos. Y tantos obsequios reciben, que cuando sean mayores tal vez se vean obligados a celebrar también el Día de Acción de Gracias.

---

[12] La Confederación Española de Organizaciones de Amas de Casa, Consumidores y Usuarios (CEACCU) editó en 1998 un interesantísimo trabajo de la periodista Lola Lara, titulado *Televisión y derechos de los usuarios. Contenidos infantiles. Publicidad*. En él se hace referencia, entre otros problemas, a éste de la titulación de programas infantiles, así como a la vulneración, en esos espacios, de valores consagrados en la Constitución Española, como la igualdad entre sexos y razas.

[13] Yo mismo, cuando mi compañero de enseñanza primaria Curro Jaquotot me empezó a llamar "Alex" porque la profesora de inglés, la señorita Cecilia, había decidido nombrarme así, creí absurdamente que ese apelativo anglosajón me daba mayor prestigio frente al resto de la clase. Cuando años después pude aplicar el uso de razón y verificar mi propio engaño, ya se había hecho tarde, porque todos mis amigos y mi familia habían dado en llamarme "Alex". Me alegró después saber que Alejandro procede del griego —*Alex-andros,* "protector de los hombres"— y que esa primera parte, "Álex", se utiliza también como abreviatura española de mi largo nombre; eso sí, convenientemente acentuada; igual que, por ejemplo, Félix).

En 1997, la Compañía Tabacalera Española, dependiente del Estado, lanzó una multimillonaria campaña para mejorar la venta de sus cigarrillos *Fortuna*. Una palabra venerable que tiene más de 2.000 años, porque nuestra "fortuna" coincide letra por letra con la que escribían los romanos. Pero la empresa tabacalera la corrompió mediante lemas de este tenor: "*Fortuna, for* you". "*Fortuna, for* friends"… La campaña no estaba dirigida al mercado internacional, sino que las vallas publicitarias sólo se colocaron en las calles de las ciudades españolas. Indudablemente, los publicistas —también llamados "creativos", en este caso con escasa justicia— pensaron que el uso del inglés envolvía mejor el producto, llevaba a los jóvenes españoles a un estadio de imitación de otro nivel de vida, de superioridad respecto a la propia existencia —todo eso puro humo—, de modo que los muchachos pudieran comprobar que alguien se dirigía a ellos con el inglés por bandera y usando la segunda persona, de tú a tú, *for you*, para ti, para que fumes *Fortuna* y te creas norteamericano, y no pienses ya que esto es un tabaco español, porque lo yanqui sí que viste y no lo que tú has pensado hasta ahora, ni lo que han sido capaces de transmitirte tus padres, porque lo que tú tienes, chaval, la herencia personal y común del idioma español, chaval, eso no vale nada.

Ningún político, ni del Gobierno ni de la oposición, criticó esa campaña.

El Gobierno mexicano obliga a que todos los productos fabricados en aquel país lleven en la publicidad la leyenda, siquiera diminuta, "hecho en México". Y, sin embargo, los publicistas mexicanos llenan los anuncios de estos mismos artículos con expresiones como *corn-flakes* (hojuelas de maíz) o *love-seat* (asiento de parejas) o *lait corporel* (leche para la piel). De ese modo, con el prestigio del inglés o el francés se desprestigia lo que los propios mexicanos han creado.

Las compañías aéreas de países hispanos ofrecen a los pasajeros su *business class*, y los aeropuertos disponen de Sala VIPS *(very important person)* porque parece más relevante un VIP que una personalidad.

La marca de zapatos Camper juega con estos trucos también. *Camper go, Camper shoes, A Camper urban shoes*… Y, sin em-

ÁLEX GRIJELMO

bargo, estos calzados se fabrican en Mallorca. Y en lugar de
la pronunciación llana (Cámper) que se asocia al inglés, en
su origen catalán parten de un vocablo agudo: Campér. Es
decir, el zapato campero que usaban los campesinos baleares. Pero el público cree que se trata de una marca extranjera y acepta de entrada su prestigio.

Un empresario asturiano de productos lácteos vio cómo se
vendían sin pena ni gloria las botellas de magnífica leche do-
nada por las vacas de los montes norteños, alimentadas por
un pasto rico y poderoso, henchido de lluvias y viento. Pero el
plano nombre comercial de leche asturiana no tenía gran
éxito. Hasta que, tal vez asesorado por expertos en el mercadeo y la manipulación, él decidió aportar un original nombre
a su marca. Llamó al producto Reny-Picot, y estos lácteos los
compra toda España seguramente porque se asocian a una
marca francesa, y si es una marca extranjera sin duda ha de
reunir higiene y calidad [14]. Mejor que si fuera asturiana.

El inglés se cuela también en las conversaciones coloquiales, con escaso rendimiento y mucho daño. "Vamos a tomar-
nos un *coffee*", dirá el compañero de trabajo. "*A moment, plea-
se*", responderá el otro. No se trata aquí de anatematizar estos
divertidos diálogos, por otra parte inocuos, sino de mostrar
hasta qué punto estamos siendo poseídos por una cultura
que no es la nuestra, por mucho que puedan interesarnos
sus autores y su historia. Por mucho que necesitemos y deseemos hablar inglés y conocer sus tradiciones. Pero con adita-
mentos que nos enriquezcan, con la suma de otra civilización a la que ya heredamos, nunca con la destrucción de la
propia, algo así como lo que han conseguido los que hablan
catalán en España o guaraní en Paraguay, herederos de dos
culturas sin que la una haya de empequeñecer a la otra.

---

[14] Cuando los agricultores franceses tomaron por costumbre volcar la carga de los camiones españoles en su tránsito por aquel país, el dueño de
Reny-Picot tuvo que hacer la campaña inversa: explicar en su publicidad
que se trataba de leche de Asturias, para no sufrir el boicoteo de los españoles a los productos franceses.

De hecho, empezamos a nombrar las ciudades del mundo conforme lo hacen los norteamericanos ("Miúnic", en lugar de Múnich o en vez de "Munjen", que es como se pronuncia München en alemán); en España muchos periodistas escriben "Oriente Medio" en lugar de "Oriente Próximo" como si lo miraran desde Nueva York. Convertimos a todos los "Michael" en *"Maikel"*, aunque sean alemanes como el nadador Michael Gros o daneses como el futbolista Michael Laudrup (y, por tanto, *"Míjael"* en ambos casos).

Incluso muchos llaman "flamingos" a los flamencos que posan su cuerpo rosa sobre las aguas de América, cuando precisamente la palabra inglesa procede de la española. ꞌ

Alguien que presume de que se va de *week-end* dirá tal expresión en el idioma extranjero porque un *week-end* no se parece en nada a un fin de semana, porque el *week-end* es más prestigioso y nos permite sugerir que, al estar dicho en inglés, por fuerza ha de incluir una playa privada y un barco de vela, o una casa con piscina, o un lujoso hotel con discoteca de lujo.

Y a muchos parece maravillarles cualquier voz que termine en "ing": *planning, consulting, mailing...* Hasta se han creído la palabra *puenting*, que ni siquiera existe en inglés [15].

Este sentimiento de inferioridad que puede generar la pleitesía hacia aquel idioma fue muy combatido en Cuba por el régimen de Fidel Castro. Antes de la Revolución se hablaba allí un español muy anglófilo, y el nuevo Gobierno combatió el inglés enmascarado en el español, y defendió el castellano como una mera opción nacionalista. No vamos a apoyar aquí ninguna solución que proceda de métodos dictatoriales; ni

---

[15] *Planning* equivale a plan; *consulting,* a consultora o consultoría; *mailing,* a buzoneo. Y *puenting* se puede cambiar por "puentismo". Así lo expresé en el *Libro de estilo* de *El País* (Madrid, 1989), pero sólo he visto tal palabra reproducida otras dos veces: una, en el *Libro de estilo* de *El Mundo* (Madrid, 1996); y otra, en el *Libro de estilo* del diario *Siglo XXI* (México, 1997). El puentismo o *puenting* es el deporte que consiste en lanzarse desde un puente pero atado a una cuerda elástica. Si uno se tira sin la cuerda no se llama *puenting* ni puentismo, se llama suicidio.

siquiera que proceda de método alguno: estamos defendiendo que la cúpula —sea cual fuere— no intervenga en el idioma, para que éste siga su curso sano; y si tal intervención resulta inevitable por el mero hecho de que existan los altavoces, defendemos que su corriente se integre en el mismo cauce del pueblo, apoyándola y no desviándola; como hicieron los autores del 98, y antes los tipógrafos de la Corte del rey, y antes los copistas de San Millán de la Cogolla.

Pero la experiencia cubana ha permitido ver que, una vez eliminados por decreto los anglicismos, éstos no resultaban tan necesarios, puesto que la gente siguió entendiéndose sin ellos y llamando de otra manera a las cosas que tenían nombre en inglés. También es cierto que perviven expresiones como "parquear" o "chou" (procedente del *show* inglés). Pero la primera, "parquear", ya se puede considerar una palabra española muy extendida en Latinoamérica, un préstamo en toda regla de naturalización, tan inglés de origen como "aparcar" (aunque un buen estilo prefiera "estacionar", como lo prefiere el Código de la Circulación español, que no usa nunca "aparcar" sin duda porque su texto básico se escribió hace muchos años); y la segunda, "chou", se adapta a la fonología del idioma aunque tenga siempre a su lado el equivalente "espectáculo" o "actuación". Ahora Cuba es el país hispanohablante con mayor pureza en su lengua, y no por ello dejan de nombrar nada. Han conseguido regresar a lo que evocaba Carlos Puebla en aquella grabación de 1957 en La Bodeguita del Medio: "...en aquel tiempo en que el Amaya se quemó, todas las cosas tenían nombre en español" [16].

Podría pensarse que la influencia del inglés se percibe más en países hispanos con alto nivel cultural y donde muchos ciudadanos hablan ese idioma. Más bien parece lo contrario. En la República Dominicana, con un elevado índice de analfabe-

---

[16] Carlos Puebla, acompañado por Santiago Martínez. Disco *La Bodeguita del Medio*. Canción, *Influencia*. Reeditado por Nuevos Medios, S. A. Milestone World Music. Su estribillo se quejaba: "Nadie se acuerda de hablar el español...".

tismo, la fuerza centrípeta del idioma llegado del norte de América hace estragos. Lo cuenta el catedrático dominicano de lingüística Manuel Matos Moquete: "En Santo Domingo se nota la transformación, incluso, del uso de la lengua, particularmente por medio de carteles o letreros, lo que, para un país con un índice de analfabetismo muy elevado, resulta muy perjudicial, puesto que los niños tienden a copiar, a imitar lo que leen y lo que escuchan. A veces, hay expresiones que no las han escuchado en su idioma materno y las aprenden por primera vez en el otro idioma. Se da entonces el caso de que encontramos en la prensa y la televisón, a través de la publicidad [una vez más, añadimos nosotros, el flujo antidemocrático que va de arriba hacia abajo], factores de elisión y omisión del español ahí donde hay perfectos equivalentes en nuestra lengua, simplemente porque se desconoce la terminología española, porque no se ha indagado en ese sentido y es más fácil poner la expresión inglesa proveniente de Estados Unidos".

Pedro Vergés, poeta y novelista dominicano, premio internacional de la crítica española en 1981, lo cuenta así: "El español dominicano es un idioma que vive a la defensiva; y la lucha de quienes estamos por que se mantenga radica en conseguir que esa situación de defensa permanente del idioma pase de ser una situación de debilidad a ser una situación de fuerza. Si logramos eso, si logramos convencer a la población de que por el hecho de la cercanía de la frontera anglófona hay que incentivar e intensificar la defensa del idioma, si lo conseguimos, entonces estaremos convirtiendo nuestra debilidad en una fuerza considerable. Esto lo podemos hacer, porque, aunque somos un país dependiente, todavía somos un país independiente y, por tanto, tenemos cierta flexibilidad en la organización de una política educativa que nos permita hacer eso que, para mí, es fundamental" [17].

Aún queda mucho tiempo para que se acabe la sensación de patito feo que sufren miles de hispanohablantes respecto

---

[17] Manuel Matos Moquete y Pedro Vergés, entrevistados en el libro *La palabra americana*, de Eduardo de Benito, *op. cit.*

del mundo anglosajón. Ese seguidismo que trasladan luego a otras capas sociales y que arrincona la propia valía por el mero hecho de ser sólo potencial, frente a la acrisolada del mundo exterior. Pero hay motivos para la esperanza y para continuar en el cuento hasta que el patito feo se convierta en cisne.

Hace algunos decenios, los grupos españoles de rock cantaban casi todo en inglés, ponían de moda letras como *Black is black* y se procuraban incluso cantantes con dominio de esa lengua. "El inglés es el idioma del rock como el español es el idioma del flamenco", se excusaban. Antes de probar siquiera, ya habían decidido que su propio idioma no les servía para expresarse. Entre ellos surgió un tal Miguel Ríos que renunció a su anterior nombre comercial (Mike Ríos) y empezó a emplear un español andaluz en sus letras, ajeno a los sentimientos de subordinación al inglés que se estilaban entonces en ese mundo. Hoy en día nadie le discute su lugar capital en la música española y, sobre todo, en el rock europeo. A él habrá de agradecerse que otros grupos de jóvenes ya no sintieran dudas al dar sus primeros saltos por los escenarios de aquí y de allá: cantaron en español, y usaban nombres de su idioma, como el grupo Tequila que, formado por músicos de España y de América, se hizo entender por las gentes sencillas y nos llevó a todos a bailar a la plaza del pueblo.

X. El virus informático
ataca a los genes

Los participantes en el Congreso Internacional de la Lengua Española celebrado en abril de 1997 en Zacatecas (México) coincidieron en una preocupación, según se aprecia en las conclusiones: "La expansión de las nuevas tecnologías, vinculadas a poderosos intereses económicos, está acelerando la imposición de patrones culturales externos al mundo hispano, cuyos mensajes estandarizados empobrecen el lenguaje y el pensamiento". El catedrático español Bernardo Díaz Nosty denunció que esa estandarización (homogeneidad) de los mensajes supone un "secuestro de la expresión" y hace asomar una suerte de pensamiento único. Teodoro León Gross, también catedrático español, y la periodista mexicana Alejandra Lajous, directora del Canal 11, explicaron que la llamada "globalización" es en realidad una "norteamericanización", y defendieron que el reto de los países hispanohablantes consiste en fortalecer las industrias culturales propias. Daniel Martín Mayorga, ingeniero español que estuvo a cargo de la mesa sobre nuevas tecnologías, proclamó que en el mundo hispano se da "una escasa conciencia de la relevancia económica del idioma".

Pues bien, todos estos fenómenos se hallan presentes en el mundo de la informática.

Hemos venido analizando hasta aquí cómo el idioma no se está construyendo ahora desde abajo, desde el pueblo, sino desde la cúpula de la sociedad. Actualmente, las descomunales empresas de informática también forman parte de ella, acomodadas en el poder de su impenitente expansión mundial y de sus espectaculares cuentas de resultados. Un poder en este caso que se concentra asimismo en pocas manos. Son millones de personas ya las que se han adentrado en los misterios de las computadoras, pero los programadores y quienes toman las decisiones fundamentales constituyen un reducto. Desde su torre de marfil dictan palabras y manipulaciones que luego siguen a pies juntillas quienes se hacen pasar por sacerdotes de esta nueva religión.

Las élites sociales han descuidado el idioma español, como hemos dicho en páginas anteriores. Y aquí, en el mundo de la informática, el descuido se convierte en saña. La incompetencia lingüística de los profesionales de este sector raya en el analfabetismo. No es de extrañar que se les pasase inadvertida durante años y años la inexorable situación de que algún día los ordenadores fueran a entender los guarismos 00 como correspondientes a 1900 en lugar de referirlos al año 2000. Sus mentalidades binarias no podían caer en el significado que atesoran las representaciones gráficas, las palabras y los signos, que acaban logrando la independencia frente a quienes creen haberlos conquistado por el mero hecho de usarlos a su antojo.

Todos los mundos excluyentes han inventado un lenguaje propio, para que quienes no pertenecen a él se sientan inferiores. Lo hicieron los hechiceros de la tribu, que imaginaban palabras incomprensibles para atraer a los espíritus y sembrar el desconcierto entre los nativos. Sólo ellos debían pronunciar tales retahílas de sílabas, no fuera que los demás pieles rojas probaran de la misma ciencia. Como en el caso de los culpables del *efecto 2000* —que tantos fondos públicos ha despilfarrado—, siempre llega un momento en que se destapa la farsa, y los miembros de la tribu descubren que el hechicero les tomaba el pelo; pero el truco debe de tener su rentabilidad en el mientras tanto, a la vista de la contumacia del ser humano en utilizarlo.

Ahora la red mundial informática y los nuevos caminos comerciales de las computadoras han dividido el mundo entre profesores y alumnos de una nueva ciencia. Y, como siempre, el lenguaje se convierte en un instrumento de poder. Los alumnos deben aprenderlo porque así alguien se ocupa de enseñarlo. Pero durante ese proceso la gente sufrirá pereza ante el nuevo invento, incomunicación con quienes lo defienden, rechazo tal vez definitivo ante las nuevas técnicas. Y la belleza de nuestro idioma sucumbirá a menudo ante la frivolidad de los ladrones de palabras, deslumbrados por cualquier expresión inglesa como los pieles rojas se quedaban estupefactos ante las invocaciones a Manitú.

En la vida cotidiana, podemos tomar una silla de la cocina y llevarla al salón. No por eso dejará de ser una silla. El concepto seguirá respondiendo a la palabra que lo designa. Incluso si pintamos la silla de rojo cuando antes lucía un brillante color blanco seguirá siendo una silla. Lo mismo que la toalla que nos hemos llevado distraídamente en la maleta al salir del hotel continuará erigida en toalla al llegar a nuestra casa.

En cambio, en el mundo de la informática los conceptos de la vida real tienen que cambiar de nombre al entrar en la vida virtual. Como si la silla dejara de llamarse de ese modo si alguien la dibujase en un papel. Así, lo que en la vida real llamamos "orden" aquí se convierte en "comando". Y nos dice el mensaje del ordenador después de que hayamos logrado hacer algo bien: "El comando ha sido ejecutado con éxito". No nos habrá confundido con el responsable de una sangrienta fuerza parapolicial, simplemente el programador habrá utilizado un lenguaje pedestre mediante el cual puede lograr que los incautos admiren la inmensa sabiduría de su inventor.

Lo que en cualquier otra actividad humana se llama simplemente "copiar" —se puede copiar un cuadro, un examen, un informe... hasta se puede copiar a un japonés— aquí recibe el nombre de "bajar", una clonación del inglés que se delata en su perniciosidad porque a su contrario no se le llama "subir", sino "cargar". Otro anglicismo. Y si alguien remite un mensaje en el mismo envío que un documento, esta última añadidura se llama *attachment*, y se llama tanto *attachment* que incluso se dice "te atacheo una foto"; pero en la vida real si enviamos un texto a alguien con una fotografía sujeta al papel, por ejemplo, diremos simplemente que la adjuntamos, o que enviamos un anexo donde se incluye la imagen. Y en este caso ni siquiera se hará valer el burdo argumento de que la palabra inglesa ocupa menos espacio, puesto que entre "anexo" y *attachment* se aprecia con claridad la menor extensión del término español.

Por su parte, el correo y las cartas de la vida real se transfiguran en *e-mail*, tal vez porque los informáticos desconocen palabras tales como "mensaje", "carta", "correo", "buzón"... A enlazar se le dice *linkar*, y a borrar *deletear*, y a estar conectado se le llama "estar *on line*", a un enlace se le denomina *link*; a un conjunto de páginas, *site* (¿y por qué no cuaderno?). A un anuncio se le dice *banner* ("estandarte" o "bandera" en inglés) sin que se sepa por qué a los anuncios de los autobuses no se les llama igual, pues también son estrechos y alargados. Y lo que en la guerra sería una contraseña y en la paz una clave recibe aquí el nombre de *password*, que algunos además traducen como "palabra de paso". Todo influido por el gran dios inglés, ese ser superior al que debemos adorar con sílabas extrañas y ofrecerle cabelleras de rostros pálidos. Porque nuestro pobre idioma necesita más esfuerzo para decir lo mismo y entonces no nos vale. En realidad, no les vale a quienes tomen eso por un esfuerzo.

Se ve con la palabra *plug-in*, que se aplica en informática a la conexión de unos programas con otros. Algunos defienden la españolización de esta fórmula como "pluguín", porque no encuentran un equivalente específico. Pero qué curioso: en inglés *plug-in* significa "enchufar", y en ese idioma lo mismo se puede enchufar el computador a la corriente que se puede enchufar un programa informático con otro. ¿Por qué en español debería haber un "enchufar" para conectar el ordenador y un "pluguín" para enchufar o conectar un programa; una silla de color rojo que se llame silla y una silla de color blanco que se llame de otra manera?

Vemos, pues, que en este mundo nuevo las palabras de la cocina no nos sirven en el comedor, ni podemos llevarnos a casa las toallas del hotel.

Para colmo, esta colección de calcos y barbarismos ha conculcado uno de los verbos españoles que más podemos celebrar. A los diálogos que se establecen por Internet les llaman *chatear* (de *to chat)*. Por tanto, si hablamos con unos amigos en un bar, entonces estamos charlando. Pero si hablamos con unos amigos por Internet, entonces estamos *chateando,* lo cual resulta de lo más absurdo porque donde se sirven los chatos es en el bar. El tradicional chateo pierde así su principal elemento: el vaso de vino bajo y ancho (chato, por tanto). En el chateo, lo de hablar viene por añadidura. Eso que pierden también los que se dediquen al chateo informático.

El profesor Sergio Lechuga Quijada ha escrito al respecto: "Alrededor de Internet se ha desarrollado un lenguaje pletórico de tecnicismos y de palabras *spanglish* de lo más curioso. Lo sorprendente no es el fenómeno en sí, sino la absoluta pasividad de la gente, que los acepta, adapta y utiliza sin el menor sentido crítico. Ahí radica el problema, [...] en la falta de espíritu crítico y, digámoslo de una vez, en la falta de cariño por nuestro idioma. He observado que raras veces ese respeto por nuestra lengua lo aporta la escuela; suele ser un descubrimiento personal y a menudo tardío, derivado de la mucha y buena lectura o de una especial sensibilidad (y de algunos profesores entusiastas que saben de eso: entusiasmar)" [1].

Se podrá oponer que todos estos nuevos vocablos incorporan una diferencia respecto a los anteriores: suponen un avance tecnológico que modifica el concepto preexistente.

Pero ya hemos dicho que nuestro idioma es a estas alturas un ser adulto que tiene sus órganos vitales bien formados. Porque diferencias había entre la pluma que usó Cervantes para escribir *El Quijote* y la que puede emplear mañana el presidente del Gobierno para firmar un decreto. Pero ambas responden a la misma palabra de base: pluma, por más que esta última no guarde ni resto de ave. Y diferencias técnicas había entre el coche en el que mataron en Madrid al general Prim el 27 de diciembre de 1870 y el coche en el que más de un siglo después, el 20 de diciembre de 1973, ETA

---

[1] Sergio Lechuga Quijada, "El lenguaje en Internet y el cariño por el castellano", revista *Alacena,* agosto de 1998.

asesinó en la misma ciudad al jefe del Gobierno franquista, el almirante Luis Carrero Blanco, movido aquel vehículo por la potencia de los caballos y éste por los caballos de potencia. Pero a los dos los asesinaron en su coche. Y ciertas diferencias técnicas hay entre los carretes fotográficos y el carrete de hilo que les dio nombre, y entre las bobinas de lino y las del motor de un camión; y tan reloj es el de arena como el de cuarzo; y llamamos "mechero" al que ya no tiene mecha; y el patio de butacas de un cine se diferencia en algo más que su tercio-pelo del patio de corrala donde el público canturreaba las zarzuelas; y la palabra "nevera" ha sobrevivido al moderno fri-gorífico para convertirse en un sinónimo del invento, a pesar de que aquélla acababa derritiendo el hielo y éste lo fabrica; y algunos se sentirán asombrados —los informáticos desde lue-go— si se les cuenta que las azafatas existían mucho antes que los aviones, que las azafatas trabajaban ya en el siglo XVI, una época en la que todos los que intentaban volar sólo podían contar su experiencia con un larguísimo grito.

La palabra "azafata", en efecto, designaba a la camarera de la reina que le recogía la ropa en el "azafate" o bandeja (la pa-labra "azafate" sigue en el *Diccionario,* emparentada con la *sa-fata* que utiliza el catalán para llamar igualmente a la bande-ja). Y fue rescatada del olvido por las primeras personas cultas de la aviación cuando las modernas aeromozas se caracteriza-ron por llevar la bandeja a los pasajeros, verdaderos reyes del viaje. Por eso decimos ahora azafatas y azafatos, y reconoce-mos esa palabra y podremos intuir su significado si la encon-tramos en los clásicos del XVI o del XVII.

La propia palabra "cibernética" que define tan moderna actividad, y que parece inventada en el siglo próximo, proce-de del griego *xibernetixé* y servía para designar la ciencia que estudia las conexiones nerviosas en los seres vivos. De ahí ha pasado a definir las conexiones electrónicas entre los seres muertos (pero inteligentes).

Hasta la "chupa" de moteros, rockeros y jóvenes en general —muchos de los cuales creen que se trata de un término de su jerga— entronca con la chupa del dómine, que era también una chaqueta corta y ajustada a la cadera (del árabe *yubba,* túnica), aunque aquélla más bien parecía un trapo porque los dómines, o maestros de latín, no ganaban para comprarse una cazadora de cuero; y poner a alguien como chupa de dómine equivale cabalmente a dejarlo como un trapo.

No tienen presentes todos estos casos —y otros tantos que nos distraerían del discurso— los que manejan el mundo binario. Ignoran que los grandes avances de la ciencia y la técnica han acudido con frecuencia a las raíces del español para buscar sus nombres, como el "helicóptero" de Juan de la Cierva, con nombre de insecto pese a su inmenso tamaño; como las modernas "lanzaderas" espaciales recuerdan las lanzaderas del telar, como la maravillosa "red" informática mundial entronca con el viejo utensilio de los pescadores. Y este rescate de palabras nos ayuda a entendernos porque sus sonidos nos evocan nuestra propia experiencia, los sentimos familiares; y podemos por eso identificarnos con ellas. Nada en esas sílabas recuperadas nos aparta de su mundo, ni del viejo ni del nuevo, y así sabemos que sus conceptos seculares también se pensaron para nosotros.

Lo contrario nos lleva a caer en las jergas. El *Diccionario de argot español* que publicó Luis Besses en 1905 [2] recogía esta definición de "jerga" según el *Diccionario de la Real Academia* de entonces: "Es una manera de hablar de los gitanos ó de los ladrones y rufianes, usada por ellos solos y compuesta de voces del idioma castellano con significación distinta de la genuina y verdadera, y de otros muchos vocablos de formación caprichosa ó de origen desconocido ó dudoso".

Después, la Academia fue variando su significado. Ahora la define así: "Lenguaje especial y familiar que usan entre sí los individuos de ciertas profesiones y oficios, como toreros, estudiantes, etc.". Pues sí, podemos considerar jerga todo lenguaje específico de un grupo; pero en el fondo de la palabra permanece el concepto histórico peyorativo que se refería a "ladrones y rufianes". En efecto, en robadores de palabras y

_____

[2] Luis Besses, *Diccionario de argot español*, Barcelona, 1905. (Edición facsimilar del servicio de publicaciones de la Universidad de Cádiz).

gentes sin honor se convierten los que intentan apropiarse del lenguaje de todos para usarlo a su medida, en beneficio propio y contra la comunidad, y también los que miran con una sonrisa de desprecio a quienes no entienden la supuesta lógica de sus palabrones.

Besses explica en su prólogo que el argot francés y las jergas españolas (dos palabras que ahora se consideran equivalentes, al haberse aceptado el galicismo innecesario) "fueron casi exclusivamente empleadas en otros tiempos por esa sociedad maleante tan obligada á valerse de raras expresiones como medio de disfrazar sus malos propósitos". Qué facilidad la de este retrato para adaptarse a nuestros días.

Ese diccionario publicado en 1905 da buena idea, leído casi cien años después, de lo efímero de tales vocabularios. Mujer se dijo alguna vez "lajá", las ladillas se llamaron "pinsorras", robar una prenda era "pintarla", un "pipi" no era un pajarito en el lenguaje infantil, sino un pazguato… y mostrarse muy listo equivalía a "ser un pimienta". Así hasta 280 páginas. La mayoría de esas voces han volado, pese a su gracia y buen sonido. Si alguien elaborase hoy un diccionario de la horrorosa jerga informática ¿cuántos años permanecería vigente?

El fútbol, el gran entretenimiento masculino del siglo XX (en el siglo XXI será también femenino), nació igualmente con un lenguaje exclusivo del que hacían gala quienes habían adquirido algunas nociones sobre su práctica. Así pues, hubo un día en que constituyó una gran novedad y, como todo lo llegado de fuera, incorporó un lenguaje específico, lleno de palabras inglesas. Con el tiempo —que no se hizo largo—, el señor del silbato al que los iniciados llamaban *referee* se convirtió en "el árbitro", precisamente lo que era; *dribbling* dejó sitio a "regate", y *driblar* a "regatear"; *offside* se cambió por "fuera de juego" en España y "fuera de lugar" en México y otros países latinoamericanos; al españolizado "córner" le releva ya "saque de esquina", aunque resultaría más preciso "saque de rincón" —puesto que la pelota se pone en el ángulo interior del campo—, una vez que nadie aportó la palabra española "cornijal" (esquina de un terreno); el *scorer* se denomina ahora "marcador", con las variedades de "marcador simultáneo" (el que ofrece los resultados de varios partidos a la vez) y "marcador electrónico" (que se va quedando en sólo "el electrónico": "Un gol a cero marca el electrónico del Camp Nou", por ejemplo"); y el *linier* ha ascendido a "juez de línea" en España y se define como "abanderado" en algunos países de Latinoamérica (una expresión más genuina, salida del genio del castellano que también es argentino). Y el antes denominado *goalkeeper* pasó a llamarse Zubizarreta.

Las palabras a las que el pueblo no dio traducción se adaptaron con una nueva grafía: *football* es ya "fútbol", si bien gana terreno —como ya hemos comentado— la expresión "jugar al balón" en lugar de "jugar al fútbol", y pervive la expresión "balompié" como recurso estilístico, así como su derivado "balompédico"; y algunos nombres propios de equipos recogieron esta alternativa que aún luchaba contra *football* cuando se fundaron: "Real Betis Balompié", "Balompédica Linense"... Y *goal* se hizo el "gol" que gritan millones de gargantas al unísono, y que ha proporcionado (además de muchas alegrías) derivados como "goleador" o "golear"; pero convive con la expresión "tanto" ("Boca Juniors ha vencido por dos tantos a uno"); y *penalty* perdió la i griega final para convertirse en "penalti" y ocupar un lugar junto a "máximo castigo" o "pena máxima", de modo que el "punto de penalti" es también "el punto fatídico"; y "friqui" resultó ser la denominación castiza de *free-quick,* el tiro libre a portería, el libre directo, el lanzamiento de falta directa, pero va cayendo en desuso ante el vigor de su equivalente español. Con el tiempo, tal vez sólo "fútbol" y "gol" sobrevivan a los mecanismos inmunulógicos de nuestro idioma, y quién sabe si de ellos saldrá "supercastigo" para el "penalti" como "libre directo" o "falta" sustituyeron a "friqui". Pero ya hoy en día un locutor deportivo puede comentar el partido de la jornada sin acudir a una sola palabra extraña y sin que al hacerlo así caiga en rebuscamiento alguno.

Vemos, pues, que el genio del idioma sabe bucear en sus baúles y extraer vocablos viejos pero capaces de designar los más nuevos inventos porque unos y otros tienen la misma esencia. El fútbol se hizo tan masivo que quienes lo dirigían o practicaban no pudieron mantener como suyo ese lenguaje. De hecho, el mundo de las computadoras ya empieza a asumir palabras tradicionales como "virus", "página" o "ratón", respondiendo por lo común a la inventiva sajona, pero respetando al menos los cromosomas del español. Y en otras ocasiones aparecen alternativas autóctonas, como "página principal" en lugar de *homepage* [3] (¿y por qué no "portada", puesto que se trata del pórtico al través del cual nos adentramos en un conjunto de páginas?).

Dentro de algunos años, alguien explicará que ha escrito a su primo de Nueva York una carta a la cual ha adjuntado unas fotos del hijo recién nacido, y todos comprenderemos que habrá hecho todo el envío por satélite desde su computadora. Hasta hace poco entendíamos que las cartas viajaban con el servicio de Correos en avión, en tren o en automóvil, y siglos atrás nadie se planteaba otro sistema de distribución que no fuera un coche de caballos o el barco. Cambiará el medio de transmisión, pero continuaremos acudiendo a palabras como "carta", "mensaje", "dirección" o "buzón", porque no se alterará la esencia de lo que nombramos; y durante un tiempo añadiremos tal vez el adjetivo "electrónico" a todas ellas, pero con el tiempo tal calificativo se dará por sobreentendido igual que no decimos "pásame la silla roja" si todas tienen ese color.

Por tanto, los expertos en ordenadores y programas que aún siguen en el propósito anglófilo están llamados a fracasar cuando el público haya hecho tan suyos los aparatos como unas entradas para la final de Copa. Pero su daño, aunque transitorio, se habrá dejado notar entretanto en muchas incomunicaciones y recelos, habrá generado nuevos complejos y servirá para consagrar durante un largo tiempo una casta profesional que se arroga para sí lo que debiera pertenecer a todos. Y en definitiva, su lenguaje no habrá significado aportación alguna.

Este sector profesional, además, muestra un escasísimo conocimiento del idioma, y tal vez habría que rastrear por sus

---

[3] En efecto, se usa "página principal", pero el icono correspondiente muestra una casita, aludiendo al *home* inglés. Habrá que arreglar también eso.

estudios para averiguar qué formación humanística recibieron sus integrantes, qué gimnasia mental fueron capaces de practicar en el colegio y en la universidad, qué tipo de educación les lleva a escudarse continuamente en que tal cosa no tiene traducción (de nuevo las uvas están verdes) y a no pensar en por qué dicen a cada rato que "minimizan" un texto cuando únicamente lo reducen, desconocedores ellos de la diferencia entre la importancia cualitativa y cuantitativa de los objetos y los hechos, tal vez porque lo cualitativo no encaja en sus conceptos binarios.

De ese modo, nos ofrecen "archivo" o "fichero" (dos palabras distintas repartidas entre los países hispanohablantes para sustituir al *file* de la versión inglesa) a fin de designar así lo que en ningún caso consiste en un archivo o en un fichero de la vida real, sino en un simple documento. La suma de documentos, eso sí, puede conformar un archivo o un fichero.

¿Con qué derecho traduce Microsoft *file* por fichero, o *save* por "guardar" o el calco "salvar"? Con ninguno, pero su poder se ha convertido en omnímodo, y si en sus programas y folletos en español emplea tales traducciones, costará mucho erradicarlas porque habrán entrado en los hogares y las cabezas de millones de hispanohablantes, quienes, si no se pone remedio urgente, algún día llegarán a no comprender la palabra "archivo" si la leen en cualquier escrito... ¡del siglo xx!

¿Ya nadie se le ocurrió que *save* puede equivaler a "memorizar"? ¿No hemos quedado en que los computadores tienen memoria, dándoles así una metáfora humana para explicar sus capacidades técnicas? Pero los informáticos siguen hablando de "hacer clic" o *cliquear* en lugar del más evidente "pulsar", y ese complejo de inferioridad de los hispanos jamás nos permitiría, al menos en la actualidad, acudir como alternativa a la palabra "latido" (el latido dotado a su vez de dos movimientos, el *doble clic* que hace el corazón si continúa vivo).

Algunas iniciativas particulares contra esta corriente sí han logrado alguna repercusión. Yolanda Rivas, peruana experta en lenguaje de la comunicación que trabaja en la Universidad de Texas, en Austin, ha puesto en la Red un diccionario para los hispanohablantes del ciberespacio (www.actlab.utexas. edu/seagull/espanglish.html). "Pretendo orientar a la gente que emplea estos términos en su trabajo, en sus traducciones al español. Que sepan que en su lengua hay términos para expresar lo que quieren decir. Ahora toman la raíz de una palabra en inglés y la conjugan como si fuera español. Sin embargo, con ello se crea una especie de inglés castellanizado", declaró a la agencia Efe en junio de 1998. Su diccionario contiene en primer lugar la palabra en inglés, después en "ciberespanglish" y finalmente en español de España y en español de Latinoamérica. A simple vista, parece tratarse de una propuesta coherente. Pero las críticas que han recibido sus recomendaciones inducen a desconfiar.

Así, Alberto Gómez Font, lingüista español —que vivió su infancia en Colombia— y miembro del Departamento del Español Urgente de la agencia Efe, aseguró durante una conferencia en Venezuela: "En la jerga de los iniciados en la Internet que usan el español como lengua de comunicación ya es conocido el término *ciberspanglish*, creado y difundido por la cibernauta peruana Yolanda Rivas, profesora del departamento de Política y Tecnología de la Comunicación de la Universidad de Texas, en Austin, que ha distribuido con ese título, a través de la red, un glosario de términos ingleses y su correspondiente traducción en español, traducción que, como veremos en algunos ejemplos, dista mucho de lo que hasta ahora se entendía por español. Dice Yolanda Rivas que hay una falta de reflejos por parte de los hispanohablantes, a quienes acusa de exceso de celo al pretender no usar términos o construcciones ajenos al español, mientras que los anglohablantes no tienen ese tipo de reparos al crear, por ejemplo, el verbo *to email,* derivado de *e.mail* o *electronic mail.* Y así se atreve a defender algunos usos que a ningún hispanohablante con un mínimo de sensibilidad idiomática pueden parecerle aceptables, como el traducir *exit* por *hacer un exit* cuando en español eso es 'salir'; o el horrible *printear* en lugar de 'imprimir' como equivalente al inglés *print;* o *deletear,* de *delete,* por 'borrar'... Pretender que verbos tan españoles como salir, borrar o imprimir dejen de usarse sólo por estar relacionados con una computadora es, ésa es mi opinión, actuar contra la unidad y la corrección del idioma. Y el parecer de la doctora Rivas es compartido por muchos usuarios hispanohablantes de la Internet, especialmente, como es lógico, por los que viven y trabajan en Estados Unidos, y también, desgraciadamente, algunos de otros países entre los que debo decir que se encuentra España. Y ello hace que ya sean aceptados como válidos en español mensajes como el siguiente: 'Querido Jesús: ya que hemos decidido emailearnos, te envío un archivo para que lo downloadees a tu ordenador. Lo he encontrado surfeando en el Web, cliqueando de site en site. Lo puedes pasar a un floppy o printearlo, y si no te interesa salvarlo lo deleteas…'".

Y continuaba Gómez Font: "También José Ángel Martos, director de una prestigiosa revista especializada en las redes de comunicación, defiende esa jerga llamada *ciberspanglish* en un artículo publicado en su revista en el que no duda en afirmar que *linkear* es la única forma de decir en español lo que en inglés es *to link,* y rechaza de plano el uso del verbo 'enlazar', que sería la traducción correcta para cualquier hispanohablante. Dice el señor Martos que él defiende la 'amplitud de miras y de vocabulario y la subversión de los valores establecidos, sacudiéndose sin más las dictaduras económicas, culturales y demás historias'. Vemos con este ejemplo qué tipo de personas están influyendo en la forma de usar el español en la Internet, aunque por suerte no todo es así"[4].

Leticia Molinero, directora de la revista *Apuntes,* dedicada a cuestiones de traducción, se muestra también muy crítica con la página de Internet de Yolanda Rivas: "Esa postura de defensa del *spanglish* se basa no sólo en una crasa ignorancia de las posibilidades del español, sino en una actitud fácil y servil ante el idioma inglés. Además, la propuesta de españolizar los sustantivos y verbos del léxico informático del inglés con ejemplos como '*uplodear* los *files*', en vez de 'enviar los ar-

---

[4] Alberto Gómez Font. Conferencia en el homenaje a Ángel Rosenblat, Caracas, 1997.

chivos', sólo será válida para aquellas personas que no sólo conocen los dos idiomas, sino también la tecnología. Es decir, por un lado es una actitud servil ante el inglés y, por el otro, arrogante ante el resto de los hispanohablantes monolingües".

Y entre los usuarios de Internet también hay que mencionar la reacción del traductor español Xosé Castro Roig, quien, en una carta abierta titulada "Ciberidioteces", contestaba así a Martos en la propia Red: "La informática, Internet y otra serie de tecnologías pasan ahora por un proceso por el que han pasado ya todas anteriormente, y es la fase en la que se mezclan términos en inglés y en castellano hasta que se encuentra un término que pueda comprender la mayoría de los destinatarios. Por esa misma fase pasaron la televisión, las batidoras y los secadores de pelo... Perdone, pero es que *linking* en inglés significa 'enlazar' o 'vincular', y los angloparlantes no se sorprenden de que signifique eso".

En efecto, ya hemos avisado en páginas anteriores sobre los que, desde pretendidas posiciones de izquierda y acudiendo al vocabulario de las revoluciones humanas ("la subversión de los valores establecidos", "sacudiéndose sin más las dictaduras culturales y demás historias"... "la gramática es un mandarín"...) defienden en cambio posturas muy conservadoras, las que siguen los mandatos de las cúpulas de hoy, porque los valores establecidos en la lengua son los que estableció el pueblo. Y no guarda relación alguna con el progresismo defender los valores de Microsoft.

Tiene razón Gómez Font también en que "por suerte, no todo es así" en Internet. Porque él y sus compañeros del Departamento del Español Urgente mantienen en funcionamiento un consultorio electrónico, igual que el Instituto Cervantes, y allí dan soluciones cabales que respetan el mandato popular frente a esa caterva de acomplejados, imitadores de lo ajeno por el mero hecho de que venga de fuera.

También hay otros que se toman en serio la labor de traducción y divulgación de la terminología de Internet, como Rafael Fernández Calvo, autor de un *Glosario Básico Inglés-Español* para usuarios de Internet. Él explica que se trata de "un modesto folleto de consulta, elemental y sin pretensiones", y que lo concibió con el objetivo de que resulte útil "en las navegaciones de ocio y negocio por Internet". Pero se trata de un trabajo "serio, concienzudo y muy respetuoso con el español", en palabras del citado Gómez Font.

Otra labor decisiva es la que desarrolla la Academia Norteamericana de la Lengua Española, cuya comisión de traducciones edita un boletín titulado *Glosas*, dirigido por el académico Joaquín Segura. En la sección dedicada a los neologismos norteamericanos con equivalentes propuestos por la comisión de traductores, encontramos listas de términos de la comunicación informática con la forma inglesa, su traducción y la correspondiente definición.

Al menos, las posiciones iconoclastas nos sirven para comprobar que la unidad del idioma corre ciertos peligros por este flanco. Podemos confiar en que el cuerpo vivo de la lengua española reaccione con el tiempo, pero mientras tanto los términos extraños que se alojan en distintos países hispanos —que reaccionan a su vez ante ellos con diferentes soluciones— contribuyen a separarnos y a crear problemas culturales y económicos. Como venimos defendiendo, el idioma aplicó hasta ahora durante los siglos su sistema inmunológico, en efecto; pero nunca como hoy se había enfrentado a una infección tan poderosa —de catalizadores ultrarrápidos como los medios de masas y la cibernética—, que influye desde una cúpula universal, que afecta a los órganos vitales y que no repara en gastos. Si atendemos a la historia, no corre peligro el español porque sabe defenderse. Pero si pensamos en la descomunal amenaza global de nuestros días, concluiremos que no tiene parangón con nada de lo que ha sucedido hasta ahora.

Y no pueden arguir que "el español siempre admitió préstamos" quienes sólo miran hacia atrás para aportar esa simpleza, puesto que si hemos de volver la vista para comprender cómo se comportó el idioma durante los siglos habremos de considerar también que hasta fecha muy reciente las cúpulas del poder respetaron el lenguaje del pueblo, sin manipularlo ni corregirlo, como lo asumió Carlos V ante las Cortes de Castilla, como lo reprodujo Nebrija para la reina Isabel, como lo consagraron todos los escritores que fueron a parar al *Diccionario de autoridades,* y habremos de recordar así con ese vistazo retrospectivo que las palabras nuevas llegaron porque su lugar estaba vacío, y que fueron asumidas por todos sin rupturas nacionales, con su asimilación a la morfología española, admitidas democráticamente por el pueblo y no por mandato de quienes se creen dueños de la sociedad con su poder *on line.*

Sin embargo, esto no suele preocupar a cuantos andan envueltos por los *bytes* y los *megas* y se limitan a comerciar con sus resultados independientemente de su contenido.

Nadie puede extrañarse, entonces, de que el diccionario informático que los programas de Microsoft nos proponen a los hispanohablantes sea un desastre sin paliativos. Para estos genios de los sinónimos, ser "pobre" implica sentirse "infeliz", "triste" o "miserable"; "castellano" equivale a "señor", "barón", "hidalgo", "caballero" y "amo", mientras que el término "andaluz" puede sustituirse por "cañí", "agitanado", "gitano", "flamenco" y "calé". Un "hombre" es un "ser humano", pero una mujer no goza de tal categoría y ha de conformarse con los sinónimos "señorita", "doncella", "venus" y "eva". Los equivalentes que el programa ofrece para la palabra "homosexual" incluyen "invertido", "pederasta" o "desviado"; y en la entrada "lesbiana" se aportan "pervertida" y "viciosa". Siguiendo con insensateces, "mestizo" se equipara a "bastardo"; "blanco" tiene como sinónimo "inmaculado", pero "indígena" ha de penar con "salvaje", "nativo", "aborigen", "bárbaro", "antropófago", "caníbal", "cafre", "indio" y "beduino". Un occidental queda retratado como "europeo", "ario", "blanco", "civilizado" y "culto", mientras que el oriental es simplemente "asiático", "amarillo" o "chino".

"Los términos empleados en los diccionarios de sinónimos que se incluyen en los programas de ordenador no valen muchas veces ni como pista", denunció en el congreso de Zacatecas el español José Antonio Millán, una *rara avis* que domina la informática y el buen lenguaje, colaborador del Instituto Cervantes y creador de la interesantísima Página Virtual de este organismo español.

A raíz de un reportaje publicado en *El País* el 26 de mayo de 1996 por su redactor Armando Neira —colombiano, por cierto—, que incluía los desatinos y racismos referidos, Microsoft anunció que introduciría modificaciones. Pero sus diccionarios siguen presentando inconveniencias hirientes. Por ejemplo, quien disponga de un procesador de textos Word puede hacer la prueba: tras pasar por herramientas + sinónimos, búsquese la palabra "ansioso" y aparecerán estos equivalentes: "codicioso", "anhelante", "afanoso", "ambicioso", "avaro", "caprichoso", "intranquilo", "preocupado", "aspirante", "suspirante", "ávido", "apetente", "esperanzado", "deseoso", "glotón" y "egoísta". Pero si el usuario busca la palabra "ansiosa", hallará esta respuesta: "ninfómana", "ninfomaniaca", "lujuriosa", "ávida sexual".

Lo denunciaba Francisco Javier Carravilla Amores en una *carta al director* publicada por *El País* el 28 de junio de 1998, y la comprobación da efectivamente ese resultado. Pero aún se pueden buscar más ejemplos, como reflejó Caridad Cano en otra carta al mismo periódico, publicada el 13 de septiembre siguiente. Esta lectora buscó los equivalentes de "astuto" y halló "sagaz", "calculador", y "artificioso" (?). Pero "astuta" lleva como sinónimos "pécora", "malvada" y, nuevamente, "viciosa". No repuesta del susto, continuó con "seductor", palabra que en masculino equivale a "fascinante", "atractivo", "atrayente"; pero que en femenino se transfigura en "casquivana", "infiel" y "engañosa".

También muestran evidencias sexistas adjetivos como "liviano", "frívolo", "coqueto", "vanidoso", "presumido", "ligero", "veleidoso", "fatuo", "ufano", "disipado", "engañoso", "engatusador" y "camelador".

Con las aclaraciones posteriores de la empresa de Bill Gates supimos que tales dicionarios se elaboran ¡en Irlanda del Norte!, eso sí: con la participación de dos personas "de origen español".

Lo curioso es que Microsoft hace todo un panegírico de nuestro idioma en sus manuales para el usuario. Y dice así: "Al terminar el siglo XX habrá en el mundo cerca de 500 millones de personas que tendrán el español (o castellano) como lengua materna. Esta expansión se verá, sin embargo, envuelta en numerosas dificultades y conflictos idiomáticos. Algunos de los peligros que acosan al español son: el influjo del inglés, el mal uso que del mismo hacen los medios de comunicación y, quizá el más importante y relacionado con el primero, los vacíos existentes en el vocabulario técnico. [...] Hagamos entre todos del español una lengua universal, tratando de aunar esfuerzos con el objetivo de evitar, en la medida de lo posible, por una parte ese vacío en el vocabulario técnico y por otra el surgimiento y adopción de nuevos términos en inglés sin su correspondiente adaptación al español. Somos 300 millones de hablantes que compartimos la misma lengua y todos tenemos que sentirnos orgullosos y responsables de ella".

Sean bienvenidas estas buenas intenciones, pero a ser posible, por favor, que lleguen acompañadas de los hechos, empezando por los propios mensajes que muestra la pantalla cuando el programa se comunica con el usuario, llenos de barbaridades y de palabras incomprensibles. Mal puede defender la cultura de los hispanohablantes quien no sabe la diferente extensión de campo semántico que separa a "ninfómana" de "ansiosa". O quien, como consecuencia de ello, tropieza también con la sintaxis y hace que aparezcan en el monitor mensajes como éste: "Word puede reconvertir automáticamente el párrafo a un título, si hace clic en *cambiar* o haga clic en *más ayuda*".

El desinterés de los fabricantes de ordenadores por mostrar un cuidado idioma español resulta evidente. Pero, como siempre ocurre, los errores en la relación con el idioma reflejan problemas de otra índole, más profunda. Y más grave. Porque aquí no se trata de una simple incompetencia lingüística, sino de desprecio hacia la cultura del español y a la igualdad de sus hablantes. Estamos ante unos errores que jamás se habrían cometido en inglés.

Lo reconocía el propio Cheluís Riesco, un lingüista asturiano que, a sus treinta jóvenes años de edad, logró a principios de los noventa la plaza para elaborar los manuales de instrucciones de Microsoft: "En 1989 los manuales y programas de Microsoft en español eran lamentables", ha declarado al periodista Javier Martín. Las traducciones las hacían americanos que sabían algo de español, con faltas de ortografía y de gramática inaceptables. Cuando llegué a Redmond hice un test [5] de traducción y otro de corrección a la gente que trabajaba en español. El 99 por ciento no logró pasar" [6].

Los intereses comerciales y económicos priman en este tipo de empresas frente a los meramente culturales. Así, por ejemplo el "ratón" que nos sirve de puntero en la pantalla se llama *mouse* ("ratón" en inglés) en México. ¿Por qué? Porque en su día la compañía Logitech lo llamó allí en su publicidad "el ratón de Logitech"; y Microsoft en México, para diferenciarse, decidió usar el "Microsoft *mouse*".

Precisamente la fuerza del mercado mexicano llevó a la gigantesca empresa norteamericana, y también a otras, a preferir los vocablos informáticos de aquel país frente a los del resto del mundo hispanohablante. Así, *mouse* en lugar de "ratón"; o *turnar* como traducción de *forward* o "ir hacia adelante", "adelantar" o "adelantarse" (supongo que por el inglés *turn*, volver, en este caso volver hacia adelante); o "charola de entrada y salida" en lugar de *in-out box* (charola significa "bandeja" en Bolivia, México y Perú, y se ha aportado allí en el lugar de *box* o "caja"). O la exclusión de la palabra "ordenador", que usaría un español, frente al latinoamericano "computadora". Las bienintencionadas protestas de Riesco por no desterrar las palabras asumidas en España desataron un conflicto precisamente entre "computadora" y "ordenador". Y la manera de lograr un término medio "neutro" entre ambas palabras —pese a que tan española es una como otra, y, por tanto, no había lugar a la batalla— consistió en la brillante idea de echar mano de las iniciales PC (*personal computer*), con lo cual se hizo un pan como unas tortas.

---

[5] La palabra *test* tiene varios equivalentes en español, con unas posibilidades más ricas por precisas y matizadas: prueba, cuestionario o examen.

[6] Javier Martín, "Un asturiano es el responsable de los manuales de Microsoft en castellano", suplemento *Ciberpaís*, diario *El País*, de Madrid, 18 de junio de 1998.

Una oficinista de Toledo preferirá siempre el supuestamente ajeno "computadora" frente al más neutro "PC", esqueleto andante sin carne ni calor.

En alguna ocasión se llegó a pensar incluso en una doble versión, para España y Latinoamérica. El lingüista asturiano se opuso a ello, con magnífico criterio: "Yo no quería, porque era romper la unidad del idioma. Les pregunté a los vendedores: 'Si nos gastamos medio millón de dólares en dos versiones de un mismo manual, ¿venderemos un solo programa más?'. La respuesta fue que no, y se acabó la discusión. Las dobles versiones nos llevaban a un túnel sin salida. ¿Por qué una versión mexicana para Latinoamérica y no otra argentina y otra chilena?".

Estos problemas constituyen sólo una pizca de lo que se avecina. Los manuales de instrucciones y los diccionarios de sinónimos no son nada al lado de los revolucionarios programas de traducción. Dentro de muy poco habrán alcanzado un alto grado de eficacia —aún muestran muchas deficiencias— las bases de datos capaces de suplir un texto en inglés por otro en español. Para ello, eso sí, la *lógica* de los ordenadores deberá aprender que no siempre el lenguaje se construye *lógicamente*.

Ilustran muy bien este problema dos ejemplos que aporta el académico Emilio Lorenzo:

"No es el lenguaje humano, sometido siempre a los humores y caprichos de los usuarios, modelo de código y funcionamiento lógicos. Las palabras y las frases no son únicamente lo que registran los diccionarios y tratan de describir las gramáticas. Decimos, para entendernos, que tantos millones de personas 'hablan el mismo idioma', pero en rigor se pueden descubrir diferencias en el seno de una familia […]. Las dos frases siguientes, tomadas al azar del español coloquial de hoy, con su evidente carga de ironía, difícilmente serían explicables con diccionario y gramática en la mano, debido a su enrevesada formulación sintáctica, pero incluidas en una novela o comedia de costumbres están al alcance de cualquier español. Helas aquí: '¡Como que te

crees tú que él no lo notaba!'. '¡Pues sí que no costó trabaji-
to ni nada ir adelante!'" [7].

Un ordenador deberá enfrentarse ante expresiones así algún día, y trasladarlas a fórmulas comprensibles en todo el
mundo hispánico.

El Periódico de Catalunya, radicado en Barcelona y que se
vende en toda España, emplea ya un programa de este tipo
para publicar simultáneamente una edición en castellano y
otra en catalán (de contenidos idénticos), iniciativa que puede llenar de orgullo a sus promotores porque el diario se hace
así heredero de las dos culturas naturales de las que pueden
disfrutar los catalanes como un verdadero privilegio, como
los millones de uruguayos que comparten el español y el guaraní, porque ser dueño de dos lenguas constituye un doble
tesoro cultural.

En el caso del catalán y el castellano, se trata de dos idiomas
mucho más cercanos que el inglés y el español, pero aun así los
textos traducidos se someten a supervisión. Los propios autores
de artículos literarios, como el siempre sugerente columnista
Joan Barril, prefieren a veces reescribir algunos fragmentos
de la traducción, por cuestiones de ritmo, sonoridad o connotaciones propias de cada idioma (todos los que hablan catalán
son bilingües). No obstante estos cuidados, a veces se deslizan
errores que ocasionan anécdotas periodísticas, como el hecho de que la ministra de Agricultura, Loyola de Palacio, del
conservador Partido Popular, haya aparecido reflejada en la
edición catalana de *El Periódico* como "Loyola de Palau".

Algunos errores similares con los nombres propios se han
producido en otros periódicos al aplicar a los textos el corrector automático, que tampoco sabe diferenciar entre apellidos
y sustantivos. Así, el diario *El País* publicaba en su edición de
Andalucía del jueves 24 de septiembre de 1998 la siguiente
"fe de errores":

"Un fallo del corrector informático llenó de errores algunos párrafos del reportaje 'Los artistas pasan por el diván',

---

[7] Emilio Lorenzo, "Lógica y gramática", *Abc*, 17 de noviembre de 1997.

publicado ayer. Se llamaba 'El diván del timorato' al disco de Carlos Cano *El diván de Tamarit,* inspirado en García Lorca, no en Gracia Loca; los versos son 'Gacelas y casidas', no 'tócalas y casadas'; y la sala de muestras es San Hermenegildo, no San Hermenéutica".

Ya hemos visto que la simple elaboración de un manual de instrucciones que se ha de distribuir por todo el mundo escrito en varios idiomas implica un gasto descomunal. Y que unas simples modificaciones en una de esas lenguas multiplican la inversión. Difícilmente los programas de traducción de textos atenderán —pues supondría un coste muchísimo mayor aún— a peculiaridades regionales, al menos en los primeros lustros.

Generalmente, este servicio informático no se empleará —salvo irresponsabilidad editorial— para traducir las obras literarias, trabajo que permanecerá reservado a competentes profesionales capaces de distinguir los matices, el ritmo y los sonidos. Pero sí para todo tipo de textos comerciales, documentos de negocios, folletos, prospectos, libros técnicos, teletipos, cartas... y cuanto aparezca escrito por Internet.

Paradójicamente, los informáticos que tanto daño han hecho al español, y que tantas incomunicaciones han favorecido en el escaso tiempo en que hemos soportado su influencia, habrán de purgar aquí sus errores y bendecir un idioma lo más unido posible para que el nuevo programa traductor resulte realmente comercial y ahorre cualquier coste añadido a quien lo adquiera.

Ahora bien, ¿qué español piensan utilizar?

Cuando la industria del cine se hizo internacional buscaba mayores beneficios con apenas algunos costes añadidos. Así, un solo doblaje servía para todo el mundo hispano, y otro para los países francohablantes, y otro para los germanos. Dividir la versión española por todas las naciones que hablan esta lengua habría resultado un esfuerzo poco rentable. Por eso las series de televisión y los actores de Hollywood empezaron a expresarse con un habla que se suponía de todos y que, sin embargo, no era de nadie. Con muchos anglicismos además. Así, Ben Cartwright decía en *Bonanza:* "*Lusy*, qué bonita te ves hoy"; y los ascensores se convertían en "elevadores" (por *elevator*), y el Superagente 86 no hacía más que soltar a sus interlocutores "ya se los dije", con la mala concordancia del pronombre "lo" pero con toda la razón del mundo porque efectivamente ya se lo había dicho [8].

Los dibujos animados de Walt Disney que hemos visto los niños españoles nos llegaban con acento mexicano. Pero a la vez los traductores lograban en aquellas películas un español exento de localismos. Sólo desde *La Bella y la bestia*, tan recientemente, la compañía Disney graba dos doblajes distintos, con el coste adicional que supone una nueva versión incluso de las canciones: con acento castellano para España y con seseo mexicano para Latinoamérica. Un gasto innecesario, puesto que se trata del mismo idioma y no resulta imposible encontrar palabras que formen parte del acervo común de todos los hispanohablantes —por tanto, huyendo de coloquialismos y jergas; excepto cuando se trate de reflejar con fidelidad a algún personaje, por supuesto— para crear lo que se ha dado en llamar el "español neutro" donde no aparezcan palabras peculiares.

Habrá quien confunda "español neutro" con "español elemental" o, lo que es lo mismo, "español pobre". Pero ¿acaso no está escrito en "español neutro" la novela de García Márquez *El amor en los tiempos del cólera*, pese a incluir un léxico riquísimo, con palabras y giros peculiares, y en todos los países hispanohablantes lo hemos entendido y disfrutado? ¿Acaso no son también español neutro los argentinismos de Mafalda que han salido del lápiz de Quino y que nos han enriquecido desde niños y que nos han sobrecogido cuando los hemos releído como adultos?

La poderosa empresa de comunicación mexicana Televisa se planteó ya hace tiempo que necesitaba un español neutro

---

[8] Este "se los dije" es común en México; pero incorrecto pese a todo. El académico mexicano José Moreno de Alba ofrece una amplia explicación sobre el origen de este error. *Minucias del lenguaje*, México, Fondo de Cultura Económica, 1992.

para sus informativos difundidos por vía satélite a todo el mundo hispano (ECO, Galavisión). Según datos aportados por Raúl Ávila, investigador de El Colegio de México, en un amplio sondeo sobre el lenguaje empleado en esos programas sólo se observó cerca de un 1 por ciento de palabras no comunes a todo el mundo hispano; y concretamente en los informativos ECO, sólo 12 de cada 10.000 palabras son localismos.

Tal vez los programas informáticos de traducción busquen ese español neutro y a la vez correcto que no han utilizado hasta ahora en los prospectos ni en los diccionarios. Con el habla culta se darán pocos problemas de incomunicación, como ya hemos dicho, igual que los 400 millones de hablantes pueden entender una buena obra literaria escrita en cualquiera de las 21 naciones hispanas. Las innovaciones particulares de diversos países —trancón por atasco, achicopalarse por acobardarse, aventar por arrojar, o villas de miseria por chabolas…— enriquecerán el vocabulario y no supondrán incomunicación alguna si parten de los mismos genes lingüísticos y se arraigan en lo más auténtico del idioma. Salvo algunas contadísimas excepciones, sólo al reproducir lenguajes familiares o coloquiales se pueden apreciar diferencias insalvables. Y aun así la buena voluntad, donde no se cuente con buen oído, alcanzará a salvarlas.

Los hispanos de Estados Unidos aportan hoy un buen ejemplo de interés por el entendimiento entre sí. La población de origen latino cada vez se cohesiona más y ejerce a diario esa lengua neutra que permite a sus hablantes entenderse sin localismos o jergas relacionados con sus orígenes; de manera intuitiva, empleando palabras genéticamente transparentes.

Ahora bien, el mercado mundial de habla hispana debería exigir a las grandes compañías informáticas el esmero del que en otro tiempo carecieron los directores de doblaje: que opongan a cada frase en inglés o francés una expresión en verdadero español, sin calcos ni complejos; y que sean lingüistas y expertos hispanohablantes quienes supervisen las equivalencias de giros y palabras. Así no habría que sentir miedo, pues, ante la posibilidad de que a cualquiera de los 21 países que tienen el español por lengua oficial les llegasen expresiones ajenas, porque llevarían el marchamo del mismo idioma.

Solamente los cromosomas de las palabras pueden resolver este problema. Será neutra, en el mejor sentido de la expresión, cualquier versión que los respete.

Y de ese modo, las traducciones informáticas, lejos de suponer una dificultad, continuarán el enriquecimiento que ya emprendieron los culebrones a la chita callando.

Pero pocos años después de la difusión de las traducciones informáticas aparecerán las soluciones técnicas que consigan lo mismo no con letras y signos, sino con la voz. Y que puedan traducir incluso sobre la marcha un programa de radio en el que intervengan contertulios de distintos idiomas. Una emisora en español optaría así a vender un producto radiofónico en cualquier otra parte del mundo, como se venden películas y documentales, como se compran series policiacas y superproducciones. Incluso películas y documentales abaratarán su coste de exportación gracias a estos avances de traducción simultánea informática que trasladarán un idioma a otro sin usar una sola letra, sino sólo fonemas articulados. Y cuyo rendimiento económico se basará probablemente en la ausencia de versiones diferenciadas para cada región.

Pero ¿qué pronunciación española se escogerá? Los españoles que se sigan creyendo los dueños del idioma y los poseedores de la correcta dicción —ya forman un sector reducidísimo quienes así piensan en España, por otra parte— habrán de asumir que la mayoría de quienes hablan la lengua que nació en Castilla viven a miles de kilómetros de Madrid, y que han decidido usar otros tonos y otros modismos. Nadie deberá escandalizarse entonces si las industrias de la lengua eligen un acento más americano para traducir el español, porque tan español es el seseo como la vieja pronunciación de Burgos.

El acento castellano (o la ausencia de acento, según se mire) podrá quedar en minoría incluso ante los aparatos programados que mantengan diálogos con los clientes. Por ejemplo, en esta escena que el ya citado José Antonio Millán ponía como ejemplo de las futuras industrias de la lengua:

Telefonea un pasajero al aeropuerto de Valencia y pide un pasaje para Santiago. Una máquina le responde: "¿Para Santiago de Compostela, Santiago de Chile, Santiago de Cuba... o una localidad llamada Santiago que no es ninguna de las anteriores?". "Para Santiago de Compostela", responderá el emigrante gallego. "Tiene usted que tomar un vuelo Valencia-Madrid y después otro Madrid-Santiago", le contestará de nuevo el invento. "¿Para qué día lo quiere?". "Para el próximo martes". "El próximo martes siguiente es día 15. Si le parece correcto, diga sí". "Sí". "Quedan plazas libres en el vuelo Valencia-Madrid de las 17.50. Diga si desea volar en clase turista"... Y así continuará el diálogo hasta que el ordenador pida al pasajero el número de su tarjeta de crédito; y después, que teclee en el teléfono su código personal.

Pero esa voz probablemente tendrá el mismo deje en Buenos Aires que en Madrid, en Puebla que en Punta del Este. Y los viajeros del aeropuerto de Valladolid deberán entenderlo como algo propio, porque ese acento también es suyo, forma parte del idioma que ellos hablan, pueden amarlo y asumirlo con la naturalidad de quien participa de una misma cultura, igual que los pucelanos hicieron suyo a Valderrama, el futbolista colombiano que dictó lecciones de visión del juego en el estadio Nuevo Zorrilla. Los castellanos se acostumbrarán así al predominio del seseo en los medios de comunicación —en los medios de masas y también en los de uso bilateral como la voz del aeropuerto— igual que los andaluces o los canarios se habituaron a escuchar durante decenios a presentadores y locutores que se expresaban siempre en un pulcro dialecto castellano.

¿Y qué papel desempeñará la informática en nuestra expresión escrita? Ya hemos visto que se imponen las vulgaridades, que el desinterés de los propios programadores y el de quienes predican con sus vocablos ha establecido una moda iconoclasta (pero sin cuestionar los iconos que aparecen en la pantalla) que consiste en malear las palabras. Quienes dejan mensajes en la Red o se comunican entre sí emplean generalmente un lenguaje superficial, inexpresivo de cualquier sentimiento profundo, pobre de misericordia, lleno de lugares comunes y tópicos, y con nulo criterio sobre puntuación y acentos (favorecido esto último por los problemas de algunos enlaces con los signos del español). Ojalá pronto queden todos trasnochados.

Las comunicaciones por correo electrónico —más baratas y eficaces que el teléfono— y el envío de textos por Internet —mucho mejor que el fax— habrán de basarse, pues, en la palabra escrita. Como ha explicado Juan Luis Cebrián, "no es posible negar el fantástico tributo que rinde al alfabeto un sistema que, antes que nada, utiliza un teclado para relacionarse con la máquina"[9].

En nuestra vida cotidiana nos sirven para identificarnos el tono de voz, la vestimenta, los gestos, los ademanes... así deducimos muchos datos de la persona a quien tenemos enfrente. En el futuro electrónico sólo podremos obtener deducciones a partir de la escritura. Por esa vía, tal vez quienes hereden el oficio del administrador de la comunidad de vecinos al que me refería en el primer párrafo de esta obra mostrarán un mayor cuidado en su imagen gráfica, que no será otra que el modo de elegir las palabras y de escribir las comas y los acentos. El nuevo mundo telemático nos mantendrá más horas en el hogar, relacionados con el resto de la sociedad mediante nuestro computador, con el que haremos las compras diarias o encargaremos a un técnico que venga a arreglarnos el televisor, incluso que nos responda a vuelta de mensaje cómo repararlo nosotros mismos, para lo cual nos adjuntará un esquema del aparato donde señalará el circuito que se ha de corregir. Tanto en uno como en otro escrito nos reflejaremos más que nunca, el teclado se convertirá en nuestra viva voz. El técnico de televisores necesitará escribir cada cierto tiempo mensajes a sus clientes, con lo cual empezará a plantearse preguntas que sus antecesores en el oficio jamás se hicieron. ¿Cómo debo escribir "pantalla", con *ll* o con *y*? ¿Llevará acento la palabra "botón"?

---

[9] Juan Luis Cebrián, *La red*, Madrid, Taurus, 1998.

Quizá un corrector de textos le saque de apuros, pero no de todos; porque al corrector le parecerán igualmente bien "continuo", "continúo" y "continuó"; igual que "término", "termino" y "terminó"; o "aya", "haya" y "halla"; "hecho", "echo" y "echó".. y así miles de posibilidades. Y sólo un programa complejo y tal vez costoso le corregiría los errores de léxico, gramática y sintaxis, la falta de vocabulario adecuado o la precaria expresividad.

En cualquier caso, con ayudas técnicas o sin ellas, habrá de enfrentarse al alfabeto, al teclado y al hecho de la escritura, porque el ordenador no escribirá sus explicaciones por él. Deberá ejercer una gimnasia mental que durará tantos años como su propio oficio, y que le mentalizará para respetar el lenguaje porque con él se representa a sí mismo; cada respuesta a un cliente valdrá tanto como el cuidado currículo de un principiante.

Sí, tal vez un día el ordenador sepa contestar directamente a quien pida ayuda porque su televisor no funciona. Entonces habrá acabado no sólo el lenguaje del técnico de televisores sino también el técnico mismo. Quizá se pueda recolocar, sin embargo, como programador de diálogos capaces de indicar cómo ha de arreglarse el televisor.

XI. La escasa instrucción
de los manuales

Los manuales de instrucciones que acompañan a los electrodomésticos y a los aparatos informáticos resumen muy bien todos los problemas que hemos venido describiendo hasta ahora: la incapacidad de comunicarse, el desprecio hacia el idioma español, la adoración al ídolo anglosajón, la arrogancia de quien tiene el poder —en este caso el poder comercial y económico—, el arrinconamiento del pueblo y de sus palabras más sencillas. Y de nuevo aparece así la barrera psicológica que pretende arrojar a los consumidores hacia los infiernos de la ignorancia, para que crean que cualquier problema que genere luego el aparato será producto de su nesciencia, jamás de la empresa fabricante, jamás porque el comprador no haya sido advertido con todo rigor y precisión sobre los problemas que plantea la máquina.

La primera vez que hube de descongelar mi nuevo frigorífico, de marca Bosch, en julio de 1998, me asaltaron unas dudas terribles, porque el folleto de instrucciones obligaba a que el aparato estuviera "categóricamente apagado". Me preguntaba si en tal expresión anidaba un concepto peculiar, técnico, una manera concreta de apagar el frigorífico. Y vi que las instrucciones no respondían a mi problema principal una vez que terminé su lectura: no sabía si el frigorífico debía estar simplemente apagado (aunque fuera categóricamente), para lo cual bastaba con accionar un interruptor de su parte frontal superior, o si la expresión "categóricamente apagado" significaba que debía desenchufarlo, para lo cual había de mover su pesada mole y sacarlo de los muebles de cocina en los que está encajado, con gran esfuerzo físico y agobio mental por mi parte. Más aún: me preguntaba si el hecho de emprender tal acción "categóricamente" no debía conducir a quitar la corriente eléctrica en toda la casa.

Resulta chocante que incluso los fabricantes españoles redacten sus manuales en un idioma extraño, lleno de estiramientos y perífrasis. Por ejemplo, la firma de electrodomésticos Teka, radicada en Santander, *explica* lo siguiente en la página 13 del folleto para su horno de cocina: "Si después se observa que en el esmalte del horno existen residuos de comida en pequeñas proporciones, éstos son eliminados poniendo a funcionar el horno en vacío a 250 grados durante una hora según el grado de suciedad".

Tal parece que quien se encargó de redactar estos manuales hubiera cobrado por palabra, porque en cada párrafo sobran unas cuantas. Así sucede con los "residuos" de comida "en pequeñas proporciones", puesto que si no se tratara de restos en pequeñas proporciones no podríamos hablar de residuos. Estaríamos ante el hecho de que alguien se hubiera olvidado un muslo de pollo en el horno.

Y hay que poner a funcionar "el horno en vacío", fórmula que quizá da más sensación de dominio de la técnica que si encendemos simplemente el "horno vacío".

Pero Teka parece estar adornándose con plumas ajenas. Porque algunas de sus frases jamás las escribiría un español, salvo que estuviese traduciendo del inglés. Por ejemplo, la ya reproducida: "Si después observa que en el esmalte del horno existen residuos de comida en pequeñas proporciones, *éstos son eliminados* poniendo a funcionar...". Nadie redactaría así en nuestro idioma, sino de este modo: "Si después observa... restos de comida, *éstos se eliminan* poniendo a funcionar..."

¿Quién fabrica los hornos de la empresa santanderina Teka? ¿Están haciéndonos creer que salen de Cantabria y en verdad se fabrican con explotación de niños en Taiwan?

Pero siempre que nos tropezamos con la torpeza lingüística de alguien que escribe para comunicar algo —como en el ejemplo inicial de la impermeabilización de las antenas—, encontramos también que lo comunicado no alcanza precisión alguna. Porque la referida frase que obliga a poner el horno "a 250 grados durante una hora según el grado de suciedad" carece de sentido. O bien lo mantenemos a esa temperatura durante una hora, o bien lo decidimos según el grado de suciedad (falta saber además si la suciedad nos condicionará la temperatura o el tiempo, o ambas cosas). Pero las dos medidas a la vez parecen incompatibles. ¿Y entonces qué hacemos para limpiar el maldito horno?

También derrocha palabras el autor del manual de las licuadoras Blender, que recomienda "retirar el enchufe del tomacorriente", acción que debe de ser algo parecido a "desenchufar". Después advierte este librillo sobre lo que hay que hacer "si el motor reduce su régimen de velocidad", un hecho seguramente relacionado con que el motor se pare.

Lo peor es que el organismo que vela por la calidad de los productos en España, Aenor (Asociación Española de Normalización), certifica en un documento adjunto que el electrodoméstico adquirido tiene una "calidad comprobada". Pero mal podrá evaluar Aenor la calidad de los manuales de instrucciones —de los que de todas formas no se ocupa—, cuando su propio documento explica al comprador: "Si encontrara algún defecto o anomalía, Aenor establece que el fabricante disponga de un procedimiento de reclamaciones".

Para empezar, vemos ya una falta de concordancia: si encontrara, establece. Había dos posibilidades correctas: "si encontrara, establecería": o "si encuentra, establece". Se opta por la errónea que consiste en mezclar ambas. Pero de cualquier forma el significado carece también de sentido, al decir en rigor: si encontramos algún defecto, Aenor establece que el fabricante disponga de un sistema de reclamaciones. Así que si no encontramos un defecto Aenor lógicamente no establece nada, y el fabricante no está obligado a contar con ese procedimiento. Con lo cual le haremos una faena a otro que sí encuentre problemas, porque al no haberlos tenido nosotros el fabricante queda exento de atender la reclamación de nadie más.

La redacción correcta habría sido ésta: "Aenor establece que el fabricante disponga de un procedimiento de reclama-

ciones, por si encuentra usted algún defecto o anomalía".
Porque la primera parte de la oración no depende de la segunda. Ahí el redactor que cobra por palabras se ha perdido cierta cantidad, al olvidarse del término "por" que ha de añadirse en la nueva versión.

Pero quien elaboró el libro de instrucciones de las ollas a presión Monix sí anduvo espabilado para sumar palabras a sus honorarios. Véase esta frase en la que se dice cuatro veces lo mismo: "Ahorra combustible y tiempo tratando los alimentos en brevísimo espacio de tiempo: hierven más rápidamente y se cuecen en pocos minutos". Su texto añade en otro punto, por si no hubiera quedado claro lo relativo al ahorro de tiempo, que "toda mujer moderna la utiliza, porque porporciona economía diaria de tiempo".

Y, como ocurre inexorablemente cuando alguien usa el lenguaje sin reflexionar sobre él, los males no se quedan sólo en desastres lingüísticos. Notemos que el manual indica "toda mujer moderna la utiliza". ¿Y los hombres no? Una vez más se da por sentado que sólo deben cocinar las mujeres y sus hijas.

A veces las instrucciones del fabricante le hacen sentirse a uno imbécil por no saber evaluar el PH o el HF del agua, cosa que, al parecer, todo el mundo hace a simple vista sin que nadie le explique cómo. Dice así el manual de Byse Electrodomésticos, empresa radicada en Navarra, sobre el correcto funcionamiento de un lavavajillas (también llamados "lavaplatos"): "Si el agua que va a entrar en el aparato tiene una dureza superior a 13 HF es necesario añadir sal en el depósito".

Y para que nos demos cuenta del mérito que atesoran estas máquinas y valoremos el que un día tras otro estén ahí a nuestro servicio, sin reparar en domingos ni festivos, a los fabricantes les gusta explicar en sus manuales que los aparatos "trabajan", quizá porque el verbo "funcionar" les suena mecánico y resta mérito a la marca. Así, la olla a presión Monix "trabaja con tanta facilidad que sobrepasa cualquier otro método de cocina", con lo cual averiguamos además que las ollas son mucho más que un utensilio: son incluso un método.

Más adelante hablaremos de las deformaciones del lenguaje que imponen políticos, jueces o economistas. Los fabricantes de aparatos diversos no les quedan a la zaga. Véase, si no, esta manipuladora expresión que emplea Ufesa en el manual de un tostador TT-7654, y supongo que también en otros prospectos:

"El uso de accesorios no recomendados por el fabricante puede ser peligroso".

El peligro es siempre potencial, y la posibilidad de que se produzca un hecho negativo va incluida en el propio término. Así, generalmente no se dice que un perro "puede ser peligroso", puesto que si puede ser peligroso ya lo es. El peligro no consiste en una desgracia cierta, sino sólo en su posibilidad. Pero aquí el empresario no podía haber escrito: "El uso de accesorios no recomendados por el fabricante es peligroso". Porque nadie podrá sostener que un tornillo no instalado por un electricista de la propia firma comercial supone algún tipo de riesgo. Por eso el mal retruécano "puede ser peligroso" salva al fabricante de tamaña aseveración pero al final introduce en el usuario el miedo a tocar el aparato sin avisar a los técnicos de la propia marca que se lo ha vendido, y comprarles también los repuestos.

En ocasiones estos manuales dan cierta risa, siempre que uno haya llorado a menudo por los atropellos que se cometen con nuestro idioma y esté curado de tristezas. El libro de instrucciones del temporizador de un sistema de riego creado para que las macetas estén contentas en nuestra ausencia espeta ya desde el primer párrafo:

"Usted disfrutará muchos años de servicio y satisfacción".

¿Pues no era para regar las plantas? ¿Y las plantas, qué; nadie se acuerda de su disfrute? En fin, el caso es que "operando el regulador" (la palabra "operar" triunfa en todos los manuales) se mantendrá el riego "ya sea que usted esté en su casa o no". Y lo mejor viene luego: "El regulador de riego WaterMaster cuenta con un dispositivo de anulación manual que le permite regar todas las zonas en secuencia, o, regar manualmente una a la vez".

Para regar "una a la vez" no hacía falta tanta industria, ¿no?

Pero sí para lo que se avecina:

"En los casos de paredes blandas o muy duras, si fuera necesario se pueden usar sujetadores expandibles".

Eso sí que explica que el cliente disfrute muchos años "de servicio y satisfacción" como se había anunciado al principio.

Y por si fuera poco, la instalación cuenta además con "un cable eléctrico del calibre 16 para *agregar longitud*". La perífrasis quizá se ha escrito así con el fin de, ya entrados en materia ambigua, no decir ni "alargar" ni mucho menos "hacerla más larga".

En cuanto a la instalación, no ha de sorprender que en estas actividades confusas hayan de adoptarse siempre precauciones: "No permita", advierte, "que la pila tome contacto con la faja del terminal".

Y por si llegara una emergencia de cualquier tipo en tal acto, el mecanismo consiente, eso sí, "descontinuar el riego bajo el modo manual".

Una vez que se aplica este sistema, "el riego ha sido detenido temporariamente".

La expresión no mejora después, porque "el cable se puede instalar bajo tierra, aunque, para mayor protección, se le puede pasar por adentro de un caño de plástico grueso y después enterrarlo". También se pueden "entrar cambios", "ordenar un nuevo modelo", y "saltear un día".

El manual de la licuadora Blender, fabricada por Hamilton Beach, no tiene desperdicio:

"Si utiliza el artefacto en la cercanía de niños, debe vigilarlos muy de cerca". (Parece una obviedad que, estando cerca los niños, los vigilaremos de cerca. ¿Pero cómo preparar entonces el batido?).

"No opere ningún artefacto que tenga el cordón o el enchufe dañado, si no funciona correctamente, se ha dejado caer o está dañado de cualquier otra forma". (No consta que ningún aparato se deje caer, en plan insinuante, así como diciendo…; bueno, sólo si está dotado de sujetadores expandibles).

"No permita que el cordón cuelgue de la mesa o del mostrador, o que toque superficies calientes, incluyendo la estufa". (Menos mal que nos avisan de que entre las superficies calientes se incluye la estufa, que si no la habríamos minusvalorado injustamente).

"Mantenga las manos y utensilios fuera del envase mientras está licuando, para evitar la posibilidad de lesiones personales severas" (magnífica la aclaración de que las lesiones son personales, a lo mejor porque también se puede lesionar a una silla; pero desconcierta que las lesiones vayan a resultar "severas" con nosotros como los maestros que suspenden mucho).

"Retire la pieza central de la tapa cuando licúe líquidos calientes". (El comprador se verá aquí ante un reto insalvable, que le dará idea de su terrible incompetencia para hacer lo que el manual espera de él: a ver quién licua un líquido, aunque sea caliente).

"Enseguida saque la base de la caja quítele el papel que la protege". (Se adivina que detrás de ese "enseguida" debió de existir en algún tiempo un "tan pronto como"; pero hace falta imaginación).

Y también las máquinas están sujetas a los problemas de la gente, porque el manual de Blender explica lo que hay que hacer "en caso de paro repentino del aparato". Y mucho cuidado con dejar olvidadas las cuchillas en una vitrina: "Si las cuchillas en movimiento son expuestas accidentalmente, pueden causar daños".

Unos frigoríficos fabricados en Navarra por Byse Electrodomésticos incluyen en su libro de instrucciones algunos sabios consejos: "Evitar categóricamente exponer la unidad a llama libre o a fuentes de ignición" (mostrando de nuevo el gusto por la expresión "categóricamente", aun tratándose de distinta marca de la citada más arriba); "cuando cese de utilizar una unidad obsoleta, por favor, tome la precaución de rendirla inservible inmediatamente"; "desmonte el cierre o destruya su funcionamiento"; "confíe siempre el desabastecimiento de una unidad inservible a la competencia de su servicio de desguace municipal". (¿Y si nuestro servicio de desguace municipal no tiene nadie que le haga la competencia?).

Incluso un simple tapón hermético para guardar líquidos sin que se deterioren necesita de intrincadas explicaciones.

Dice así el manual de Vacuvin, fabricado en Holanda: "Consista de una bomba de vacío y uno o varios tapones de vacío que le permiten vaciar una botella de vino empezada de aire, de modo que se conservará el sabor or un largo tiempo. Los materiales los mejores obtenibles, junto con nuestros sistemas estrecticos de control de calidad garantizan que quedará Usted muy satisfecho con su adquisición". (Las erratas son las del original).

El frigorífico Liebherr, fabricado en Alemania, incorpora a sus adelantos tecnológicos 105 faltas de ortografía en 14 páginas. La campana extractora Thermor se ha llevado con su potente aspiración nada menos que 74 acentos que deben de haber volado al aproximarse las tres cuartillas al aparato. La lavadora WWA 8852 de General Electric ofrece un infame manual de 13 páginas al que faltan 128 acentos y sobran 46. Y además se explica con estilo: ¿Qué hacer con una mancha?: "Trate las manchas nada más ocurrir, antes de que puedan establecerse". ¿Y si encoge la ropa? Hay solución "a largo plazo": "Compre toallas mayores para dejar sitio al encogimiento".

La lavadora de Zanussi tiene por su parte "mandos escamoteables"; y si se quiere limpiar el filtro hay que girar la manilla "en sentido antihorario". El horno de Balay se expresa como los pieles rojas de las películas: "Para extraer el alimento hacer uso del mango desmontable, roscándolo en el espadín". Este aparato no contecta, sino que "conexiona", y está dotado de un "interruptor minutero". Y si desea ponerlo en marcha habrá de seguir estas instrucciones: "Para cualquier operación con el horno, además de posicionar el termostato en la temperatura elegida, deberá programar la duración de la misma colocando el mando en el número que representa la duración en minutos que queremos esté funcionando el horno". El extractor Thermor aconseja "mantener la campana en funcionamiento hasta bien después de haber terminado la cocina"; y nos advierte del peligro de que la campana y un quemador funcionen "contemporáneamente". ¿Y qué hay que hacer con un filtro sucio?: "Lavar y secar sin torcer". La secadora Bosch anima al cliente: "Le deseamos mucha alegría con el cuidado económico y cuidadoso de su ropa". Esta secadora "por motivos de seguridad está equipada con un dispositivo de seguridad". Pero al final tanta cautela tautológica se queda en un consejo muy poco técnico: "No meter la mano en el tambor girando".

El manual de la lavadora ÖKO AEG incitará a los más apáticos detectives: ¿Qué mensaje cifrado se habrá querido transmitir aquí?: "Asegure mi manguera de desagüe. Si me instalará debajo de una encimera en la cocina o el cuarto para trabajos domésticos, será necesario después de haberse desmontado el tablero de la mesa de trabajo se monte, de acuerdo con las instrucciones de la instalación y conexión, una chapa intermedia debidamente conectada a tierra en calidad de protección contra el contacto con piezas bajo corriente eléctrica". Así durante 72 páginas [1].

Más enrevesado aún se nos presenta el libro de instrucciones de una cortadora de césped marca Briggs & Stratton. He aquí algunas de sus frases:

"Cómo usar las figuras del manual: 1-9. Refiérase a las figuras en el interior de los cuadros. 1-13. Refiérase a los componentes del motor de la figura. A-D. Refiérase a los repuestos en el interior del cuadro anterior". "El motor Briggs & Stratton que usted compró con su equipo fue fabricado con el material más fino en una facilidad de fabricación". "Los motores Briggs & Stratton no deben ser usados en vehículos con menos de cuatro ruedas. Ellos incluyen bicicletas motorizadas, productos de aviación y Vehículos todo Terreno" (¿serán las bicicletas motorizadas muy distintas de las motocicletas?). "Además, Briggs & Stratton no aprueba que sus motores sean usados en eventos competitivos" (¿alguien está organizando carreras de cortadoras de césped?). "Podrían ocurrir fallas si no se sigue esta advertencia ocasionando muerte, he-

---

[1] He tomado casi todos los ejemplos de unos manuales muy recientes que guardo en mi casa y de algunos que ojeé en las de algunos amigos durante la elaboración de este libro. Los ejemplos y datos de los dos párrafos anteriores proceden del reportaje publicado por Javier Martín en *El País* el 13 de febrero de 1995 y titulado "Antología de prosa electrodoméstica".

ridas graves, incluyendo parálisis, o daños a la propiedad" (pues parece mucho más grave la obligación de "seguir esta advertencia ocasionando muerte": sería mejor seguir la advertencia sin ocasionar nada). "No opere el motor en un área encerrada". "No almacene, derrame o use gasolina cerca a una llama abierta ni cerca a aparatos tales como estufas, hornos o calentadores de agua los cuales usan luz piloto o que puedan crear chispa". "No compruebe la chispa si se removió la bujía". "No golpee la volante con un martillo o con un objeto duro ya que esto podría ocasionar que se astillara la volante durante la operación". "Use las herramientas correctas para darle servicio al motor". "No opere el motor sin mofle". "Si el motor vino equipado con deflector en el mofle, inspecciónelo periódicamente". "Consulte las instrucciones de bodegaje"[2].

¿Es éste el idioma al que nos quieren llevar los que defienden el resquebrajamiento del español, los que celebran esos palabrones que se adentran en Internet, los que hablan de acabar con la dictadura de las academias y los lingüistas? ¿Acaso tiene que ver algo este lenguaje con el que emplea el pueblo llano, con el que ha sido esculpido en las mejores obras de la literatura mundial, realmente supera en algo a una obra escrita hace cientos de años como *El Lazarillo de Tormes*? ¿Existe en algún lugar esta manera de hablar, llena de clones y deformaciones genéticas; hay alguien que ame este idioma contaminado y, por tanto, irrespirable? ¿Sólo el hecho de haber dado con un nombre gracioso, *spanglish*, justifica esta mezcla del agua con el vino?

Los manuales de instrucciones nos proyectan hoy en día un documental que permite ver en la pantalla cómo resulta-

---

[2] La palabra "bodegaje" se usa en Costa Rica, Chile y Nicaragua como equivalente de "almacenaje", y así figura en el *Diccionario de la Real Academia*. Pero incluso con ese sentido se emplea mal aquí, porque lo que se explica en tales instrucciones es simplemente cómo guardar el aparato; no se trata de almacenarlo, porque para almacenar un objeto se necesitan otros del mismo o distinto género que se almacenen con él.

ría en la realidad el idioma que empieza a formarse en las cabezas de algunos irresponsables, el idioma traducido por ordenador. Los culpables de esos libros de instrucciones y quienes vitorean los "avances" del lenguaje frente a los retrógrados inmóviles coinciden en acumular desidias, ignorancias, incompetencias... y, sobre todo, el desprecio a sus semejantes. Qué importa si quienes han comprado un electrodoméstico entienden o no las palabras que se les muestran, qué importa si esta jerigonza genera distancias, incomprensiones... incluso accidentes. Qué importa si alguien no sabe lo que es un mofle, ni el PH, ni categóricamente.

¿Cómo puede consentir el mundo hispanohablante esta tomadura de pelo? ¿Por qué no nos indignamos ante tamaña estafa?

¿Se mostraría tan descuidado un fabricante argentino, mexicano, chileno, español, guatemalteco, colombiano, peruano... que quisiera conquistar el mercado estadounidense?

El servilismo ante el inglés nos lleva a bajar el listón de la calidad que exigimos a quienes lo usan. Nos llegan los electrodomésticos del mundo sajón —o a través de él— y por eso ya tenemos bastante con que funcionen. Alegrémonos de que existan y podamos comprarlos. Y si se trata de un producto fabricado en el mundo hispano, no consideremos que el escaso interés de la firma por comunicarse con sus clientes pueda darnos pistas sobre la seriedad de la marca, no. Creamos ingenuamente que el idioma carece de importancia, que no refleja nunca lo que hay detrás, que nadie altera el valor de las palabras en su propio beneficio. Pensemos que grandes fábricas multinacionales como las citadas apenas ganan dinero y por ello no pueden distraer tan ingentes cantidades como se necesitarían para pagar a la legión de filólogos que seguramente hacen falta para escribir en correcto español.

XII. La manipulación interna del español

Ciertas zonas del lenguaje no son inocentes. Algunos conciudadanos nuestros, hijos del mismo idioma, han analizado sus resortes para manipularlo a su conveniencia, y arrebatárselo al pueblo por medios aún más peligrosos que todos los que hemos analizado hasta aquí.

Cuando vamos al banco a gestionar un préstamo usamos una palabra muy significativa. Decimos que queremos "pedir" un crédito. Ese verbo nos sitúa en una situación psicológica de inferioridad, porque nos pone de rodillas ante el empleado de la sucursal, nos obliga a contarle toda suerte de detalles sobre nuestra vida y nuestros números, y nos deja a la espera de una decisión igualmente de verbo envenenado: nos informarán pronto de si nos han "concedido" el préstamo.

Y en realidad no vamos al banco para "pedir" un crédito, sino para "comprarlo".

Cuando acudimos al concesionario de automóviles con intención de adquirir un coche, no le "pedimos" al vendedor que nos "conceda" tal o cual vehículo; aunque lo paguemos a plazos. Allí nos dirigimos a comprar un auto y ése es el verbo que utilizamos. Para ello sólo necesitamos llevar dinero metálico o plástico en ese momento, o estar en disposición de tenerlo periódicamente para afrontar los pagos sucesivos.

También un crédito lo compramos. Pagamos los intereses religiosamente (bueno, a menudo no tan religiosamente por las palabrotas que soltamos cada primero de mes), y el banco no nos regala ni otorga nada. ¿Por qué utilizar entonces verbos como "pedir" y "conceder"?

En algunas empresas se puede notar que los trabajadores de determinados departamentos "piden" informes a unas secciones y, sin embargo, se los "encargan" a otras; a pesar de que siempre se trate de relaciones horizontales, entre grupos situados jerárquicamente a la misma altura. En el momento en que este vocabulario cambie se habrán modificado también en la psicología de todos los trabajadores las desigualdades de poder entre los distintos departamentos de esa firma comercial.

Algunos cines y casi todos los mensajes de los aviones han cambiado el legendario letrero "se prohíbe fumar" por el más reciente "no está permitido fumar". Además del anglicado uso de la pasiva en el cartel moderno —el anterior congeniaba mejor con el idioma español, *congeniaba con el genio*— vemos la manipulación lingüística que se produce para, sólo en apariencia, decir lo mismo. "Se prohíbe" tiene connotaciones autoritarias que se deseaban eliminar. Y llegó "no está permitido", que añade un mensaje subliminal muy claro: si la oración "se prohíbe fumar" convierte el hecho de prohibir en algo excepcional (es generalizado fumar, pero aquí se prohíbe), en "no está permitido fumar" la carga de la excepción se produce al revés (son muchas las cosas permitidas aquí, pero no la singularidad de fumar).

Estas manipulaciones lingüísticas se pueden dar también en lo más discreto del hogar. Así, suele ocurrir, como ha comentado muy certeramente la columnista y escritora española Rosa Montero, que el marido le diga a la esposa: "Hay que comprar más leche, que se está terminando". La fórmula parece cortés, pero sólo la apariencia le da tal amabilidad. Porque el marido —con todas las excepciones que se puedan anotar— habrá empleado un verbo impersonal ("hay que") para no expresar una segunda persona del singular que resultaría hoy en día bochornosa para muchas culturas, a pesar de que eso no arregle el fondo de la cuestión. El marido ha evitado decir: "Tienes que comprar más leche".

Pero eludir este "tienes que" mediante el "hay que" no impide que la esposa entienda el mensaje como dirigido a ella indefectiblemente, pues sólo ella se encargará de comprar la leche y cuantas más cosas hagan falta en la casa, a pesar de sufrir el mismo horario laboral que el marido. Así, el encargo le llegará adulterado, dulcificado, manipulado, escondido. Sólo la sutileza lingüística o un buen entrenamiento gimnástico podrían alertarla.

Las palabras consiguen que los conceptos existan, y no al revés. "En cualquier manual de Lingüística se nos dice, por ejemplo, que cada persona distingue tantos colores como nombres tenga en su lengua para dividir el espectro cromático", explica Gregorio Salvador; y añade: "Si en un determinado sistema lingüístico existen tan sólo tres nombres de colores, sus hablantes serán incapaces de distinguir visualmente más; si en tal otro sólo hay dos, uno para tonalidades claras, otro para tonalidades oscuras, sus hablantes serán completamente ciegos para el color. En una lengua que sólo distinga entre frío o caliente, lo tibio no es que no se nombre, es que no existe sensorialmente para aquellas gentes" [1]. El académico aclara que estos hechos se dan sólo en lenguas indígenas africanas o de los indios americanos (el resto de los idiomas sí prevén esos matices), pero nos ilumina sobre cómo la forma de la palabra puede condicionar lo que se siembra en nuestra mente.

Las palabras no forman, pues, una caja de cartón en cuyo interior sólo se ve el dibujo de una idea. Al contrario, dentro de la caja se halla la idea misma. Quien logra cambiar las cajas de sitio, anularlas, agrandarlas o reducirlas habrá conseguido también alterar los pensamientos y, por tanto, las actitudes; y así habrá creado unas divisiones en las que el manipulador siempre queda por encima.

No hay que perder de vista qué compañeros de viaje fueron maestros en el torcimiento de las palabras, no debemos olvidar que los nazis llamaron "la solución final" al exterminio del pueblo judío; que los ideólogos de la cruel dictadura franquista denominaron a tal sistema de terror del Estado "de-

---

[1] Gregorio Salvador, "Incorporaciones léxicas en el español del siglo XVIII", en *Semántica y Lexicología del Español*, Madrid, Paraninfo, 1985.

mocracia orgánica"; y que los salvajes cachorros de ETA que arrasaron las ciudades, volcaron coches, rompieron farolas y aterrorizaron a los vecinos se hacen llamar "radicales", mancillando tan hermosa palabra; y que sus mayores, los asesinos, acudieron a una expresión como "acción armada" para enmascarar sus crímenes.

El periodista argentino Carlos Ulianovsdy habla en su libro *Los argentinos por la boca mueren* [2] de cómo en tiempos de la dictadura de Videla y sus secuaces (años setenta y primeros ochenta) a los basurales pasó a llamárseles "cinturones ecológicos"; a las chabolas, "villas de emergencia"; y —aún peor— a los asesinados en la sombra, "desaparecidos" [3]. Las palabras impuestas por los poderes —siempre el lenguaje alterado desde arriba— permanecen a veces en el tiempo, y logran que incluso los conceptos históricos se deformen. La periodista puertorriqueña Leila A. Andreu Cuevas se preguntaba en el diario *El Nuevo Día,* de San Juan de Puerto Rico, en junio de 1988, "por qué tantas personalidades puertorriqueñas, políticas y de la prensa, eluden llamar por su nombre a la invasión de la isla por los estadounidenses tras la guerra hispanonorteamericana". "Llama la atención que todavía hay uno que otro noticiario que usa indistintamente 'entrada' o 'invasión' para referirse a los hechos históricos de 1998, como si ambas palabras fueran lo mismo. Todos sabemos que hay una diferencia más que semántica aquí".

La articulista, que preside la Asociación de Periodistas de Puerto Rico, añade una interesante reflexión sobre las invasiones: "El mundo entero ha tenido invasiones. Han marcha-

---

[2] Citado por Daniel Samper en su ponencia "Los cazadores del anacoluto perdido" ante el congreso sobre "El español y los medios de comunicación" celebrado en la Universidad de Valladolid en mayo de 1996.

[3] En *El estilo del periodista,* Marid, Taurus, 1997, dedico un amplio capítulo a los eufemismos que aparecen en la prensa, entre ellos los que consiguen introducir los políticos, los economistas, los terroristas, los ejércitos, la Administración, los sindicatos... Por eso no me extiendo más aquí en los ejemplos.

do o navegado como invasores los visigodos, celtas, dóricos, hunos, griegos, romanos, bárbaros, mongoles, turcos, rusos, moros, españoles, germanos, entre otros. Toda Europa fue invadida, así como Asia, África, los indios de Norteamérica y el Caribe, y todavía estas naciones tienen problemas que datan de estas invasiones, pero no las niegan".

En efecto, una invasión fue lo que se produjo cuando los españoles llegaron a América —aunque no les moviera ese impulso inicialmente, sino el de hallar nuevas rutas hacia las Indias—, y el designio de aquellos tiempos hizo que ocurriese lo que siempre hasta entonces había sucedido: la mayor fuerza militar se imponía inexorable, y el idioma escrito ocupaba el terreno de una lengua preexistente que carecía de escritura, como pasó con el latín frente a las lenguas prerrománicas que se hablaban —pero no se escribían— en la Península cuando llegó la invasión romana; como sucedió asimismo con el inglés en la América del Norte, con una conquista seguramente más cruel aún. Son hechos comprobados que todos debemos asumir sin sentimientos de culpa, entre otros motivos porque ninguno de nosotros estaba sobre la Tierra en aquellos momentos. Sobre tales sucesos no debiera caber alteración alguna mediante las palabras. Y, sin embargo, muchos lo han conseguido porque con su manipulación quieren alterar las situaciones del presente que hoy les benefician.

En España, el conflicto histórico cuya herida continúa abierta se llama Gibraltar. Y aún ahora el lenguaje que se emplee para referirse a este contencioso dista mucho de la neutralidad. Así, la expresión "el Peñón" con que se designa ese accidente geográfico entronca con la posición española, mientras que "la Roca" forma un calco del inglés *(The Rock)* y, por tanto, pertenece al enemigo. España no está de acuerdo con el límite actual de soberanía británica ni con la situación de la valla que separa ambos territorios (yo mismo no quiero escribir aquí "ambos países"), y por ello en España se habla de "la verja", y no de "la frontera" que diría un británico. Con arreglo a eso, a los trabajadores que van de uno a otro lado con la libertad de movimientos que proporciona el espacio común europeo no se les debe llamar en España "trabajadores fronterizos" como lo serían los extremeños que pasan a Portugal, sino "trabajadores limítrofes". Cuando España, en una época de pésimas relaciones con el Reino Unido, cerró la verja con pleno apoyo en el Derecho Internacional, los británicos hablaron de "restricciones" de la comunicación, mientras que las autoridades españolas se referían a las "medidas" sobre el Peñón. Igualmente, para los españoles no existe el espacio aéreo "de Gibraltar", sino "en torno a Gibraltar".

El Tratado de Libre Comercio suscrito por México con Estados Unidos y Canadá ha ocasionado también algunas modificaciones terminológicas como consecuencia de la política y, sobre todo, de la influencia del vecino del norte. El diario mexicano *El Universal* titulaba el 5 de abril de 1997: "Dejará industria maquiladora de llamarse así, por acuerdo del TLC". Y el texto, datado en Ciudad Juárez, explicaba: "Por la normatividad del Tratado de Libre Comercio [TLC] entre México, Estados Unidos y Canadá, la industria maquiladora de exportación dejará de llamarse como tal dentro de cuatro años, para volverse como industria de manufactura. Llamada más familiarmente maquila en los lugares como Ciudad Juárez, donde ha tenido una fuerte incidencia, la industria ha sido una fuente de empleo permanente, capacitadora de mano de obra e impulsora de exportaciones nacionales, dijo Servando Sarabia, director de la Asociación de Maquiladoras [...]. La transición no implicará un cambio radical, sobre todo en casos como los de Juárez, donde el tipo de maquiladora hace procesos intermedios con productos no terminados" [4].

---

[4] Luis Carlos Cano, *El Universal*, México, 5 de abril de 1997. La palabra "maquila" procede de una medida árabe de capacidad, y en Castilla se usa para designar la parte que el molinero se queda de todo el grano que alguien le lleva. El *Diccionario de la Real Academia* recoge esa acepción española, pero no la mexicana que se deduce de este texto periodístico. En él se emplea también la expresión "normatividad", siguiendo el uso absurdo que, a uno y otro lado del Atlántico, cree más prestigiosas las palabras largas frente a sus homólogas más breves, en este caso "la normativa" o, mejor aún, "las normas".

De ahí al lenguaje "políticamente correcto" media un solo paso. Consiste éste en evitar que las minorías sociales o étnicas, o las personas con minusvalías físicas o psíquicas, se vean agredidas por palabras que usamos no con intención de zaherir sino sólo de describir. Nada hay que oponer —todo lo contrario— a la eliminación de frases como "le hizo una gitanería", o "vaya judiada", o "esto es una merienda de negros", o "a ése le ha mirado un tuerto".

Continuando con el argumento que nos ha traído hasta aquí, se puede defender lo "políticamente correcto" cuando representa una lucha popular frente a los elementos que reflejan una cultura dominante, proceda ésta de la Iglesia o el poder político. Este movimiento adquirió basamento en Estados Unidos contra la cultura WASP (iniciales en inglés de "blanco, anglo-sajón, protestante") y desde las minorías que formaban los negros, los homosexuales o los disminuidos físicos.

Lástima que el gusto norteamericano por lo descomunal haya conducido a descomunalidades como arrinconar la palabra "negro" y sustituirla por "afroamericano"; incluso queda preterida en fórmulas como "he tenido un día negro" o "estoy negro", que han de sustituirse por "estoy enfadado" o "he tenido un mal día".

En España, algunos siguen un modelo similar y evitan decir "una persona negra" para sustituir tal expresión por "persona de color", como si los blancos fuéramos incoloros; o peor aún: como si los blancos fuéramos de la manera esencial y los demás tuvieran colores distintivos.

Así, en Estados Unidos se ha desatado una guerra contra palabras como "gordo" (persona de diferente tamaño), "indio" (americano nativo), "subnormal" (especial), "pobre" (económicamente explotado), "proaborto" (proelección), "recuperación de asignaturas" (preparación adicional), "calvicie" (desventaja capilar), "dentadura postiza" (dentadura alternativa) [5].

---

[5] Ejemplos y equivalencias extraídos del *Diccionario de lo políticamente correcto* que elaboraron, no sin humor, Henry Beard y Christopher Cerf, y según ha sido reflejado en diversos medios de comunicación españoles.

Si se produce efectivamente por la base, esta evolución del lenguaje (exclúyanse las exageraciones) significará que vivimos en una sociedad más tolerante y solidaria. Si se impone desde las cúpulas no significará nada bueno, sino sólo el maquillaje de una realidad injusta. Porque las cúpulas intervienen en el lenguaje sólo en provecho propio.

Por ejemplo, un análisis del *Debate sobre el estado de la nación* celebrado en junio de 1997 en el Parlamento español da buena idea de cómo los políticos acuden a un idioma ajeno al sencillo y común de la gente; para marcar las distancias, defenderse en tecnicismos y estropear la gramática.

El lenguaje de José María Aznar en su discurso —leído y preparado, lo que agrava los fallos— incluyó las típicas expresiones ampulosas que, pese a contener grandes palabras, apenas significan nada. La mayoría de tales asertos muestra objetivos como "mejorar", "potenciar", "rentabilizar". Así, por ejemplo, el presidente expuso que el Gobierno "ha defendido una concepción activa de la política de empleo", frase que se pronunció a las 12.10 horas, con todos los españoles bien despiertos siguiendo la transmisión televisiva, principalmente los que no tenían otra cosa que hacer porque carecían de empleo. Y el Gobierno "ha emprendido la modernización del mercado de trabajo" (12.20 horas), sabe "la importancia de que los salarios evolucionen en función de la competitividad" (12.17) y ha dado "un nuevo impulso para promover el sistema educativo que necesita la sociedad española" (12.37).

Las palabras imprecisas por la vía de las metáforas también encontraron acomodo en su discurso. Por ejemplo, las nuevas normas tributarias "permiten a los españoles rentabilizar sus ahorros sin distorsiones fiscales" (12.25) —¿y qué serán exactamente las "distorsiones" fiscales?—; y el objetivo de la política del Partido Popular es "mejorar el tejido productivo español" (12.25) —¿en qué consistirá el "tejido productivo"; tal vez en las empresas y el presidente no quiso decir que hay que mejorarlas?—; y las industrias del Estado buscarán "la potenciación de sus relaciones con las comunidades autóno-

ÁLEX GRIJELMO

mas donde operan" (12.28) —¿qué significa "potenciar las relaciones": comprar, vender, almorzar juntos más a menudo..?—; porque "los españoles saben que el mejor destino para sus ahorros es la inversión en la economía real de nuestro país" (12.30). ¿Existirá también una "economía irreal" a la que no debemos hacer caso ni invertir en ella? ¿y cómo podríamos invertir en algo irreal? ¿es decir: existe una economía que no existe? ¿Y no seríamos un poco idiotas entonces: poner el dinero en algo así? ¿Rehusó el presidente explicar de forma comprensible que hay una economía ilegal, sumergida, con la que él debería haber acabado ya?

Aznar construyó numerosos circunloquios destinados a evitar el nombre real de las cosas. Usó eufemismos, por ejemplo, para referirse a que los gobiernos autónomos deben cobrar impuestos también, y no esperar siempre que el Estado les pague todo; pero tamaña aseveración tal vez no iban a asimilarla bien los españoles, sobre todo después del asedio al que sometió su partido, tiempo atrás, al socialista Joaquín Leguina, cuya administración autónoma intentó establecer un recargo del 3 por ciento en la declaración de la renta de los madrileños. Así que Aznar escogió esta idea enmascarada: "Las comunidades autónomas han de ser corresponsables con el Estado para la obtención de los recursos necesarios para financiar los servicios que prestan" (13.00 horas).

En el capítulo referido a la industria, el presidente soslayó con otro eufemismo la idea de que el Gobierno apoya a las fábricas de armas. Deseaba contar a su público más próximo —por la posición social, por la altura— que el partido conservador español no olvida sus obligaciones ideológicas, nada de pacifismos baratos; pero eso había que expresarlo de modo que le pasara inadvertido al vulgo, que no suele estar muy de acuerdo con todo aquello que favorezca las guerras, así se trate de un buen negocio. Por tanto, Aznar soltó esta frase: "Es necesaria la potenciación de actividades relacionadas con la defensa nacional" (12.27).

Siguiendo con el capítulo de eufemismos y enmascaramientos, el presidente español explicó que la reforma en lo relativo a las pensiones de los funcionarios ha consistido en una "flexibilización de la edad de jubilación" (12.55). La palabra "flexibilización" forma parte hace años del vocabulario de los empresarios, que la aplican no para lo que se estira o se encoge, o se dobla, sino para lo que sólo disminuye ("flexibilización de plantillas" o de planteles, "flexibilidad del empleo"). Así, "las reformas estructurales están aportando un marco laboral más flexible" (12.14).

Este desprecio de aquel idioma español que fue concebido algún día para que las personas se comunicaran no podía excluir otros errores, pues venimos sosteniendo que nunca se separan en un hablante el descuido de la lengua y el desdén hacia quienes escuchan o leen. El discurso del presidente se empobreció con ruidosas redundancias y estiramientos tan del gusto de los políticos, quienes creen que las palabras o frases largas son más prestigiosas que las breves, sin caer en la cuenta de que eso sólo pasa si se enriquecen los significados.

Este vicio político de añadir palabras innecesarias no nació ayer. Puede causar sonrojo a sus perpetradores intencionados (no se trata de despiste, sino de afectación y ampulosidad) que una gramática escrita hace 500 años (la de Nebrija) ya advirtiera sobre lo que ellos iban a cometer. Decía así el sabio sevillano:

"Macrología es cuando se dize alguna luenga sentencia, que comprehende muchas razones no mucho necessarias, como diziendo: *después de idos los embaxadores fueron a Carthago, de donde, no alcançada la paz, tornaron se a donde avían partido;* porque harto era dezir: los embaxadores fueron a Carthago e, no impetrada la paz, tornaron se. E llámase macrología, que quiere dezir luengo rodeo de razones e palabras".

No podían faltarle también a Aznar, con esta manera de despreciar la lengua, algunas incorrecciones gramaticales. Ni un error léxico que reiteraría luego durante sus debates con cada representante político: "Hay que preservar a la justicia del debate partidario" (12.50). ¿Partidario de qué? Aznar habría hablado correctamente si hubiera dicho "partidista", palabra que, paradójicamente, suele repeler a los miembros de los partidos.

El ex presidente Felipe González, en aquel momento todavía secretario general del Partido Socialista Obrero Espa-

ÁLEX GRIJELMO

ñol (PSOE), no quedó mejor parado. González improvisó su discurso, lo cual le llevó a caer en continuas reiteraciones fonéticas (cacofonías), como ésta: "...A la que voy a dedicar la siguiente reflexión de mi intervención" (16.42); pero también de vocabulario: "No va a pasar como en el pasado" (16.32); incluso de una misma palabra: "Era una estimación lo que pedía. No se puede hacer una estimación del coste. Eso es un presupuesto: una estimación, y eso es un plan de convergencia, una estimación de ingresos y gastos" (16.17).

Precisamente el uso de "estimación" constituye un error, puesto que se trata de un cálculo y no del aprecio que se otorga a algo (un cambio de significado por vía de clonación). Lo mismo le ocurrió con el empleo de "valoración" (16.09): "hacer una valoración" en vez de "hacer una evaluación" o simplemente "evaluar" (valorar equivale a dar valor: "yo valoro tu trabajo", por ejemplo; y eso no significa que lo analice).

El hecho de que Felipe González repentizara su discurso —siguiendo algunas notas— propició menos frases ampulosas que en el caso de Aznar, pero no faltaron: "Hay que hacer un esfuerzo transversal capaz de abarcar al mayor número de fuerzas políticas" (16.13) —¿será difícil lograr un esfuerzo transversal?—; "un modelo que articule España, que mantenga elementos de cohesión" (16.18) —¿huyó de la expresión "un modelo que una España", sin más?—; "desarmonización fiscal del territorio" (¿quiso *no decir* "desigualdades fiscales"?); "la articulación de España desde el punto de vista del desarrollo competencial debe ser un problema de todos" (16.22) —¿significará esto algo parecido al traspaso de competencias a las regiones?—. "La cohesión es una política complementaria del esfuerzo necesario para tener una política macroeconómica" (16.33). Sin más comentarios.

Felipe González aportó también al debate su particular neologismo, al explicar el sistema de financiación de la comunidad autónoma vasca: "Eso está constitucionalizado", dijo (16.24). Fue probablemente la palabra más larga del debate, y algunos pensarán que, por tanto, también la más prestigiosa.

Los errores de sintaxis salpicaron asimismo su intervención parlamentaria: "No podemos dejar pasar este momento para hacer una reflexión" (16.26), en vez de "sin hacer una reflexión". "No hay que vender la piel antes de cazar el oso" (16.35) —¿qué piel: la construcción correcta es "no hay que vender la piel del oso antes de cazarlo", porque de otro modo podría entenderse que se trata de la piel del propio Felipe González—. "Me parece inaceptable lo que ha pasado por parte del Gobierno cubano" (16.41) —parece que ello no fuera aceptable por el Gobierno cubano—. "Es como si en la religión católica se volvieran todo el mundo talibanes" (16.30) —el verbo debió expresarse en singular; y, si bien esto ya es para nota, con "talibanes" se comete una reiteración de plural, puesto que "talibán" es ya el plural de *tálib* en el dialecto persa llamado pastún.

Y tan preocupado parecía Felipe González por su país que incluso habló de "los problemas hispanoespañoles".

El comunista Julio Anguita, en cambio, apenas cometió incorrecciones en relación con sus dos principales contrincantes políticos. Eso sí, se gustó en el moderno uso "políticamente correcto" al explicar que su discurso no sólo tenía como destinatario al Parlamento: "Mis palabras también van a estar dirigidas a los ciudadanos y ciudadanas". Pero más adelante se olvidó de tal duplicidad, que resulta agotadora si alguien habla durante un buen rato: "...que los ciudadanos pagan en el recibo de la luz" (19.12); para volver a ella después: "La mayoría de los ciudadanos y ciudadanas que están escuchando mi intervención" (19.12); "cuántas veces he subido yo a esta tribuna, compañeros y compañeras, para hablar de..." (19.24).

Pero el vicio de estirar las palabras no le resultó ajeno. "Plantea la obligatoriedad (la obligación) de mantener un régimen público" (19.05); "ha crecido la siniestralidad (los siniestros) laboral" (19.06); "... y para mayor clarificación (claridad) ahí están los gastos fiscales" (19.16).

Así se expresan —y se ocultan— los principales políticos españoles, en un lenguaje que no se diferencia mucho del que emplean los dirigentes de otros países hispanohablantes. Y así surgen las palabras del televisor para inundar las conciencias de los votantes, esas gentes que forman la base del

ÁLEX GRIJELMO

pueblo y de los hablantes, los ciudadanos que tan lejos quedan y a los que se distancia más con estos mensajes cifrados, donde los términos largos y ampulosos que el habla común evita se convierten en alimento hueco que llena la boca de los políticos y deja vacíos los oídos de quienes les pagan.

Lo ha denunciado Luis María Cazorla, autor del libro *La oratoria parlamentaria*[6]: "La oratoria actual se caracteriza por ser más directa, más coloquial; pero sufre otras invasiones, como los extranjerismos, tecnicismos y, sobre todo, circunloquios y expresiones carentes de contenido que tienden a disfrazar una realidad".

Y aquí vemos cómo se cumple la evidente propensión física de los huecos a llenarse. Si el pueblo deja de interesarse por el lenguaje, la gramática, la semántica... otros ocuparán su lugar. Y quienes desempeñan el poder saben muy bien la rentabilidad que eso produce. ¿A qué interesarse en prestigiar la lengua, en cuidarla desde arriba siguiendo las directrices marcadas desde abajo? Da mejor rendimiento suplantar a los creadores de palabras —el pueblo— y dominar así las ideas.

Los políticos nos acogotan con su verborrea y permiten después que las palabras no comunicativas se instalen a su antojo en el lenguaje administrativo, en las leyes y decretos, en las resoluciones, en la relación de los funcionarios con los ciudadanos. Se crea así un nuevo dialecto que, como ocurría con la informática, sirve para diferenciar a una casta y protegerla del contacto con el resto de la sociedad. Lo cual resulta mucho más grave en este caso, porque estamos hablando de servidores de la sociedad.

Repasar el *Boletín Oficial del Estado* o el *Boletín de las Cortes Españolas* puede deparar magníficas perlas. Y lejos de resultar anecdóticas, reflejan con fidelidad una tendencia disgregadora que busca la incomunicación, siquiera sea inconscientemente.

Podremos leer, por ejemplo, en un proyecto de ley sobre "disciplina presupuestaria":

---

[6] Luis María Cazorla, *La oratoria parlamentaria*, Madrid, Colección Austral, Espasa Calpe, 1985.

DEFENSA APASIONADA DEL IDIOMA ESPAÑOL

"El órgano de contratación competente, sin obligación de tramitar expediente administrativo, podrá ordenar la ejecución de lo necesario para remediar el evento producido, satisfacer la necesidad sobrevenida o contratar libremente su objeto, en todo o en parte".

O en una disposición sobre "medidas liberalizadoras de suelo":

"El aprovechamiento urbanístico que corresponde al titular de un terreno de suelo urbano incluido en una unidad de ejecución, será el que resulte de aplicar a su terreno el 90% del aprovechamiento tipo del área de reparto en que se encuentre. Si no estuviera determinado el aprovechamiento tipo se tendrá en cuenta el aprovechamiento medio de la unidad de ejecución o del correspondiente sector en que se halle".

Nadie puede pensar que a quien redactó esto le preocupaban los ciudadanos a los que se han de aplicar las normas legales.

La torpeza y despreocupación con el lenguaje originó recientemente que una proposición presentada en el Parlamento español llegara a legitimar que los objetores de conciencia eviten el servicio militar a cambio de matar niños. Entre comas puestas como por desplome, decía así:

"Realizar los cambios de tipo legislativo es condición necesaria, aunque no suficiente, y requiere además un amplio reordenamiento institucional, con mejoras efectivas en las formas de atención a la infancia, con especial énfasis en aumentar las políticas sociales básicas, por ello, consideramos que la institución básica y más cercana para aplicar estas políticas sociales es el Ayuntamiento y, que en gran medida, pueden verse ayudados en dicha labor por los objetores, quienes, con su entrega podrían conseguir eliminar, o al menos reducir, los menores que en la actualidad tienen graves problemas, de marginación y abandono"[7].

---

[7] Joaquina Prades. Reportaje titulado "Sus embrolladas señorías". *El País*, domingo 15 de diciembre de 1996.

Pero lo malo es que hay quien defiende en público esta manera de expresarse. Así, el diputado del Partido Popular español Fernando Fernández de Trocóniz, presidente de la Comisión de Economía del Congreso, declaraba: "¿Qué tiene de malo llamar a un alumno *unidad de módulo educacional*? El lenguaje se hace cada día"[8].

Esta última frase se ha convertido en muletilla de atrevidos destructores del idioma. Con ellos, el lenguaje no se hace cada día, sino que se deshace.

Según cuentan los letrados del Congreso español, la mayor parte de los diputados desconoce que los servicios jurídicos de la Cámara elaboran informes con correcciones lingüísticas introducidas en las leyes; y quienes sí lo saben reconocen no hacerles ningún caso.

El mismo diputado referido se ha mostrado satisfecho con que a un paciente de un hospital se le denomine en el lenguaje administrativo "unidad elemental de atención sanitaria" o "titular pasivo de la acción administrativa en materia de sanidad".

¿Y, ya puestos, por qué no "objeto humano receptario de la acción ejerciente de la sanidad"?, le preguntó la periodista. Y Fernández de Trocóniz respondió: "Eso sería demasiado, pero sí creo que, dada la complejidad que nos rodea, es suficiente con que lo entiendan los técnicos, que tampoco ocurre siempre".

Bonita idea la que tiene este hombre sobre a quién debe servir: a los técnicos. ¿Serán todos técnicos en su circunscripción electoral?

Su compañero de partido Gabriel Cisneros —uno de los ponentes de la Constitución Española de 1976— no se muestra mucho más fino al abordar las cuestiones del lenguaje: "Cada vez se legisla peor y se habla peor, pero los parlamentarios somos el reflejo de la calle. Recogemos el deterioro general del lenguaje, el que se escucha en la radio y se emplea en la televisión"[9].

---

[8] Joaquina Prades, *art. cit.*

[9] Joaquina Prades, *art. cit.*

¿De verdad el lenguaje de la calle habla de "núcleo poblacional", o de "configuración original del marco orgánico", o denomina al recreo de los colegios "segmentos de ocio"? Mal debe de conocer este diputado a la gente de su pueblo. Las palabras que borbotean en la televisión sí pueden parecerse en algo a esta ingeniería lingüística, pero distan mucho de las palabras de la gente.

La anterior Administración española, en manos del PSOE, no mostraba hábitos diferentes. Aquí pasan inadvertidas las tendencias políticas, porque los altos cargos y quienes les imitan se agrupan en una clase particular, la que mira a la sociedad desde la cúpula. Así respondió el Gobierno de Felipe González a una pregunta del diputado del Partido Popular César Villalón:

"La protección de la maternidad y de la natalidad está concebida como una cuestión integral, en la que está implicada toda la estructura social y que, por tanto, requiere medidas dirigidas a la estructuración de un grado de bienestar alto o integral que abarque a toda la población: la potenciación de los valores que incidan en la consecución de una sociedad más igualitaria, integrada y solidaria".

Pero el diputado Villalón tenía con esta respuesta su merecido. No en vano había preguntado por las ayudas a la natalidad con esta frase: "¿Cuáles son las medidas del Gobierno para favorecer el crecimiento demográfico de nuestro país?" [10].

Un labrador vallisoletano que en 1991 esperaba obtener el "subsidio de desempleo" ("cobrar el paro", dice con más llaneza la gente) recibió esta respuesta de la Administración:

"Resultando que según certificación que usted ha presentado puede jubilarse en estos momentos, ya que tiene cotizaciones a 1-1-67 y por tanto no tiene derecho al Subsidio para mayores de 55 años, es decir que usted puede jubilarse en estos momentos

---

[10] José F. Beaumont. Reportaje titulado "La mala lengua de los diputados". *El País*, 3 de marzo de 1993.

Considerando que de conformidad con el art. 21 de la Ley de Protección por Desempleo, el Instituto Nacional de Empleo es competente para resolver en razón de la materia y

Considerando que de acuerdo con lo establecido en los artículos 1 y 13.2 y disposición transitoria 2ª, Ley 31/84, para tener derecho al subsidio para mayores de 55 años no es necesario reunir en el momento de la solicitud todos los requisitos, salvo la edad para acceder a cualquier tipo de jubilación. Esta Dirección Provincial, vistos los preceptos legales citados y demás de general aplicación

Acuerda denegar el subsidio por Desempleo solicitado".

El labrador sólo entendió esta última frase.

Y quizá ya no tuvo muchos deseos de leer la coletilla:

"Puede usted interponer escrito de reclamación previa conforme a lo previsto en los art. 58 al 63 del Texto refundido de la ley de Procedimiento Laboral aprobado por Real Decreto legislativo 1.568/1980 de 13 de junio *(BOE* nº 182 de 20-7-80)".

De tan farragosas oraciones se deduce sin esfuerzo que estamos así ante un instrumento de poder travestido en lenguaje.

¿Podemos llamar idioma español a estas frases formadas, efectivamente, con palabras españolas? No. En ningún caso será ésta la lengua de Cervantes, porque el autor del *Quijote* hizo decir a uno de sus personajes en el *Retablo de Maese Pedro:* "Llaneza, muchacho, no te encumbres, que toda afectación es mala". Y a la esposa de Sancho Panza dirigiéndose a su marido: "Desde que os hicisteis miembro de caballero andante, hablais de tan rodeada manera que no hay quien os entienda".

No cabe duda de que el funcionario que escribió la resolución estaba no sólo encumbrado en su castillo y hablando de tan rodeada manera, sino además poseído por el miedo. Cualquier incursión en otro tipo de lenguaje le habría supuesto un tremendo esfuerzo, además de un gran riesgo. Porque si el administrado comprende la negativa que le están dando, podrá contestar y aportar nuevos argumentos. El papel que ha recibido, sin embargo, le desanima con rotundidad si aún le quedaba alguna intención de seguir reclamando, ni siquiera gracias "al Texto refundido de la ley de Procedimiento Laboral aprobado por Real Decreto legislativo 1.568/1980 de 13 de junio".

El problema radica en que ante párrafos como éstos el hablante de la lengua real se deslumbra, como le dejan estupefacto también los vocablos ingleses que otros introducen en sus frases. De nuevo la falta de gimnasia gramatical en la escuela conduce a estas situaciones, porque a quien tiene bien amueblada la cabeza con léxico abundante y sintaxis clara las manipulaciones le saltan a la vista, puede comprender la incompetencia que se esconde detrás de tan ampulosa escritura y, en lugar de sentir admiración por tal verborrea, simplemente le entrará la risa. Y contestará con un recurso.

El Ministerio para las Administraciones Públicas aprobó en 1990 un *Manual de estilo del lenguaje administrativo* —elaborado por los lingüistas Ramón Sarmiento y Emilio Náñez— que pretendía acabar con estas incomunicaciones. Pero años después de su difusión, el lenguaje administrativo sigue incólume, y se apodera lo mismo de las licencias urbanísticas que manejan los constructores que de los impresos para pagar los impuestos que con tanta paciencia rellenan los contribuyentes.

La abundancia superflua de palabras delata a menudo a los malos políticos. Sucede que ellos mismos han vaciado de contenido tantos vocablos que para llenarlos de nuevo necesitan palabras-refuerzo. Que, sin embargo, los oyentes adivinan innecesarias.

El secretario de Estado responsable de la administración del deporte en España elogió engoladamente en el verano de 1998 la medalla de bronce obtenida en los Campeonatos de Europa de Atletismo por el equipo de 4 por 400 metros, la primera que se logra en una especialidad de relevos. Y dijo que "ha sido una hazaña muy importante". ¿No suena a falso y artificial eso de "hazaña muy importante"? ¿Es que no cree en la palabra "hazaña"? ¿Se ha vaciado tanto ese término a fuerza de usarlo que ahora hay hazañas importantes y hazañas a palo seco?

Continuamente encontramos a políticos que hablan de haber asumido un "difícil reto" (¿no creen en la palabra reto?), y a comentaristas que describen el auditorio que escuchó ese discurso como "absolutamente repleto de gente" (¿no creen en la palabra repleto?).

Los jueces deben asumir idéntica responsabilidad que los políticos y los funcionarios, pues también ellos administran el lenguaje para que lo reciban quienes les sostienen con sus impuestos y ejercen además la propiedad del idioma. Lamentablemente, eso no impide que un juez español escriba que el coche que ha sufrido un accidente "se movía por el espacio vial acotado", en lugar de circular tranquilamente por la carretera. Pero la desidia en las más simples sentencias lleva a los anacolutos en las de mayor complicación. Por increíble que parezca, algunos magistrados son capaces de escribir lo contrario de lo que quieren decir.

Así les ocurrió a José Jiménez Villarejo y a Gregorio García Ancos, magistrados del Tribunal Supremo español, en la crucial sentencia del *caso Marey*, proceso en el que se condenó a un ex ministro del Interior, José Barrionuevo, y a otros altos cargos de su departamento por haber organizado el secuestro de una persona a quien creían vinculada a la organización terrorista ETA. Ambos magistrados explicaban en su voto particular, discrepante de la sentencia condenatoria:

"Consideramos que, ante determinadas imputaciones realizadas en las conclusiones fácticas de las acusaciones, se ha debido decir en la declaración probada que *no* ha quedado acreditado, porque efectivamente así ha sido, que la idea de realizar acciones contra ETA al margen de la ley *no* fue nunca asumida por el Gobierno de la nación en 1983". (Las cursivas son nuestras).

Es decir: *no* se ha acreditado que *no* se cometió delito. Por tanto, en lugar de escribir "no se ha acreditado que sí" tropezaron con "no se ha acreditado que no".

Con tal frase, los dos jueces decían exactamente lo contrario de lo que deseaban, habida cuenta de su desacuerdo con el fallo.

La farragosa redacción de esa frase —además de otras similares— confundió al redactor de *El País* que dio cuenta de ese voto particular, porque escribió lo siguiente como supuesta parte integrante de su contenido: "La idea de realizar acciones contra ETA al margen de la ley no fue nunca asumida por el Gobierno de la nación en 1983", una aseveración tan categórica, tan adentrada en la telepatía, que no podía proceder de dos juristas de tanto prestigio.

Lo que sí podía proceder de dos juristas de tanto prestigio era un grave error de sintaxis, cometido además en un texto que no se supone improvisado sino leído y releído.

El escritor Rafael Sánchez Ferlosio envió una "carta al director" de *El País* para hacer notar la cadena de errores cometidos [11].

El fiscal general del Estado español, Jesús Cardenal, compareció el 30 de junio de 1998 ante la Comisión de Justicia e Interior del Congreso de los Diputados, para explicarse así (leyendo un texto que él mismo se había preparado):

"(…) La superior sujeción a los principios de legalidad e imparcialidad orienta los mecanismos de formación de la voluntad unitaria del ministerio fiscal a un fin más amplio y trascendente, como es el de velar por que la función jurisdiccional se ejerza eficazmente y con independencia. No se puede olvidar, sin embargo, que el logro de este postulado, la defensa de la legalidad, se realiza día a día en concreto, no en abstracto, a través del cauce procedimental oportuno y que la ley, como obra humana perfectible, está sujeta a interpretación y debate. La naturaleza polémica del proceso afecta a la posición del fiscal, que es parte, aunque sea imparcial, y que ha de responder de la debida inmediatez a las vicisitudes que se suceden en el curso de la causa en el ejercicio de su función de alegar y probar. Quiere esto decir que la facultad atribuible al fiscal general del Estado en el artículo 25.1 del Estatuto orgánico del ministerio fiscal de impartir a sus subordinados órdenes e instrucciones en asuntos concretos y específicos no coarta ni incapacita a la opinión libre y personal del fiscal que la recibe, quien, cumpliendo la orden recibida, puede ha-

---

[11] Rafael Sánchez Ferlosio, "Cartas al director", *El País,* 2 de agosto de 1998.

cer oralmente aquellas alegaciones que crea más oportunas para articular e incardinar el contenido de la orden, casi siempre genérico, al momento y estado en que se encuentra la causa" [12].

Todo lo cual se puede decir así en román paladino:

"La ley orienta a los fiscales a que velen de manera conjunta por la eficacia y la independencia de su función. Sin embargo, eso tendrá que concretarse día a día, y no hay que olvidar que mientras tanto las leyes pueden cambiar. Un proceso polémico puede afectar al fiscal aunque sea imparcial, y éste deberá actuar deprisa ante lo que vaya surgiendo. Por tanto, la facultad del fiscal general de dar órdenes a los demás fiscales no impide que cada uno de ellos tenga su opinión al respecto, y que la exprese, y que luego aplique la orden al caso concreto según le parezca".

Frente a todos estos ejemplos de lenguaje concebido para confundir o manipular, se erige como una isla entre tanta barbaridad el Rey de España, cuyos discursos constituyen un modelo de buen español, con ausencia de paños calientes y general uso de expresiones llanas y comprensibles por todos. Parece claro que entre sus asesores figuran lingüistas o escritores de prestigio que saben tomar el lenguaje del pueblo y devolvérselo sin adulterar, y ponderar cada palabra para construir con ladrillos limpios unas disertaciones de sólida arquitectura argumental.

El mensaje de Navidad que Juan Carlos I dirige cada año a los españoles suele constituir una pieza acabada y fina de auténtico idioma español, el idioma que las clases cultas asumen y embellecen, pero que procede de la decisión del pueblo, porque el pueblo decide sobre el significado de cada sílaba. Don Juan Carlos se ha hecho así heredero del compromiso que adquirió Carlos V, "que se esforçaría a lo hazer", y él no sólo se esfuerza sino que "lo haze".

---

[12] Jesús Cardenal Fernández (1998), comparecencia ante la Comisión de Justicia e Interior del Congreso de los Diputados. Cortes Generales. *Diario de Sesiones*, número 502, sesión 50ª, pp. 14436 y ss.

El lenguaje de los médicos guarda mucha relación con todas las jergas anteriores. Un interesante libro, *La jerga médica*, escrito por el oncólogo Amelio Ordóñez Gallego, del hospital madrileño La Paz, critica el descuido de tantos profesionales que hablan de que "el paciente ha hecho una neumonía" o "ha hecho un infarto", el mismo verbo que se aplica a quien hace una mesa; como si el enfermo tuviera la culpa de lo que ha hecho. O la incorrecta equiparación de "patología" y "enfermedad" ("patología" es el conjunto de síntomas y alteraciones que concurren en una enfermedad, pero no la enfermedad misma"). "Es triste reconocerlo, pero es así: hay compañeros que nunca han leído un libro no médico y ni siquiera leen un periódico habitualmente", se queja Ordóñez. Y eso se refleja "en el desprecio que tiene hoy día la mayoría de los médicos por el buen uso del idioma".

En un hospital de Córdoba (España) sucedió en 1997 (si bien los hechos no se conocieron hasta un año después) que una mujer de treinta y un años, embarazada de poco tiempo y con alguna dolencia ginecológica, sufrió por una equivocación médica la extirpación del útero y los ovarios, al ser confundida con otra paciente del mismo nombre... aunque de setenta y un años de edad. Aquel caso descubrió que tener unos apellidos comunes —Rafaela Martínez Ruiz se llamaban ambas— resulta peligroso para la saud, porque en tal motivo consistió la disculpa de los doctores. En efecto, los errores humanos forman parte de la terca estadística de los grandes números, y todos podemos entender un cambio de papeles, un accidente con las historias clínicas...

Pero podemos imaginar también qué condiciones de brutal incomunicación entre la mujer embarazada y los médicos pudieron conducir a semejante desastre. Cómo pudo ocurrir que nadie conversara con ella, que ningún enfermero le comentase los problemas de una esterilización, que los médicos no la prepararan psicológicamente... Y cómo no pensar que esa incomunicación entre médico y paciente no guarde alguna relación con la distancia psicológica que impone a los doctores su propio lenguaje, que los aleja de los enfermos y les encumbra en una fortaleza donde pueden sentirse ajenos al mundo que los rodea.

Muchos médicos explican pacientemente a las personas que han acudido a ellos el problema que presentan, les explican con metáforas cómo se ha producido un atasco en una arteria, cómo la suciedad se apodera de los pulmones de un fumador, cómo se desatornillan ligeramente las cervicales y repercuten en el dolor de espalda, cómo se ha desgarrado un músculo igual que un trozo de tela y no puede estirarse... Frente a ellos, otra casta de profesionales se escuda en palabrerías científicas que sólo los entendidos pueden comprender, y en efecto "se escudan" en ellas porque las emplean como barrera protectora, porque psicológicamente sienten con esas palabras que no asumen una responsabilidad propia, sino que aplican los criterios que otros resolvieron.

En el momento en que un médico explica al paciente con lenguaje llano qué enfermedad va a tratar y qué soluciones aplicará, toma como propio el problema, intentará darle una solución personal lo más honrada posible.

En el otro supuesto, el médico no habla sino que —en expresión brillante del escritor español Juan José Millás— "es hablado"; el lenguaje creado por otros entra en su mente y sale por su boca, pero son los otros quienes hablan por él. De ese modo, psicológicamente no tiene por qué asumir ninguna responsabilidad ante sí mismo —se trata de algo inconsciente, por supuesto— porque toda su actuación entroncará con lo que ha aprendido en el pasado, en la universidad y los libros, y, por tanto, su decisión no forma parte del presente. En realidad, su decisión, al no formar parte del presente, no existe. Él "es decidido" por otros, por los mismos que le transmitieron el lenguaje y las soluciones.

Por el contrario, el médico que detalla una operación con explicaciones que el paciente puede comprender no es hablado por otros, sino que asume con su propia interpretación la consecuencia presente y futura de sus actos.

Los médicos alejados del enfermo suelen argumentar que el lenguaje científico les resulta más riguroso, puesto que sustituir esas palabras determinadas por otras más corrientes genera ambigüedad o imprecisión. Y podemos preguntarnos de qué sirve tanta precisión —al margen de los círculos especializados— si perdemos capacidad comunicativa y, por consiguiente, el rigor queda inútil porque no encuentra el destinatario adecuado; para qué quiere ser preciso quien dispara al aire.

Al perder esa *capacidad* comunicativa los médicos pierden la *necesidad* de la comunicación. Y a raíz de eso se confunde a una paciente con otra por culpa de un mero error administrativo.

¿Por qué razón los ciudadanos no se rebelan contra ese lenguaje científico que sólo pretende confundir, alejarnos del mundo donde se toman las decisiones, considerarnos en un nivel inferior? Por la misma razón de siempre: por falta de gimnasia.

El académico Francisco Rodríguez Adrados ha alertado con precisión sobre este problema: "Si queremos comprender el mundo —en la medida en que es comprensible— tenemos que comprender el sentido de las palabras que intentan expresarlo. Son armas de conocimiento y de comunión humana, también de ocultación, prejuicio e incomunicación. Hay que estar siempre en guardia"[13].

El hecho de transitar por la vida sin reflexiones en torno a nuestro lenguaje y el de los demás nos deja indefensos, nos priva de un arma fundamental para entender la sociedad y sus miedos. Los ejercicios de gramática y de sintaxis elaborados a regañadientes, explicados por profesores desapasionados, vulnerados luego en la práctica por el profesor de matemáticas y el de química, aprendidos con el deseo de olvidarlos cuanto antes, empujados luego fuera de nuestras cabezas por la irresponsabilidad de locutores, periodistas y, en general, de quienes tienen el poder, no pueden garantizar, en tales condiciones, que en la edad adulta analicemos espontáneamente lo que hay detrás de cada frase ininteligible. Porque nos quedamos perplejos ante ellas, con la sensación de

---

[13] Francisco Rodríguez Adrados, *Abc*, 11 de noviembre de 1997.

inferioridad derivada de no haber adquirido en su momento el significado profundo de la lengua. Damos por hecho que quien utiliza ese vocabulario tiene mayor formación que nosotros, y que ni siquiera seremos capaces de ponernos a su nivel en la mera expresión de las palabras, empezando por la sensación de que para él resultará engorroso aproximarse a nuestra altura. ¿Para qué conversar con alguien así? ¿Para qué explicarle el deseo de tener un hijo o las preocupaciones que nos despierta una complicación en el embarazo? Aquello sucedido en Córdoba constituyó, sin duda, un grave error médico. Pero, sobre todo, fue un grave problema de incomunicación humana, tal vez consecuencia de la distancia entre el dialecto de los médicos y el lenguaje de los pacientes.

Todavía un tiempo después, pero con el escándalo desatado en los medios informativos aún vivo, Isabel Keller, la subdirectora gerente del hospital Reina Sofía de Córdoba, el centro sanitario donde ocurrió la desgracia, anunciaba que se investigaría a cuantos participaron en el "proceso asistencial". También ella "era hablada", no pudo hallar una expresión más fría, técnica y distante para retratar algo tan cálido como cuidar al que sufre; y eso nos hace pensar que difícilmente tendrá independencia de criterio para analizar lo sucedido. Ni para comprenderlo.

El jefe del servicio de Ginecología, Santiago Carrasco, fue destituido dos meses después, tal vez por la indignación que produjo en la opinión pública lo sucedido, más que por un análisis médico del desbarajuste hospitalario. Pero el 17 de septiembre de 1998, dos meses después de estallar el escándalo, 66 médicos del hospital cordobés enviaron una carta a la prensa en apoyo de Santiago Carrasco. Con ese texto, suscrito "ante las inexactitudes aparecidas en los medios de comunicación" —sin explicar cuáles exactamente— pretendían comunicarse con el público para obtener su benevolencia. Y comenzaban así:

"La paciente fue intervenida en nuestro servicio de una histerectomía total más doble anexectomía por carcinoma de endometrio. Éste fue el resultado de una biopsia previa que se le había realizado".

Los lectores del periódico ni siquiera podrán encontrar esas palabras en el *Diccionario*.

Qué magnífica lección, en cambio, nos dan las medicinas orientales, de conocimientos ancestrales y cuya eficacia se empieza a reconocer sólo en estos últimos años (la acupuntura era tenida por un engaño de curanderos hace apenas dos decenios, la homeopatía por un invento de hechiceros). Un médico que aplique técnicas japonesas o chinas no hablará a su paciente de que sufre un problema depresivo, sino que le explicará cómo tiene bloqueada "la puerta del espíritu" *(shen men* en chino) y que, por ese motivo, la energía del riñón no le llega al corazón. Una erupción cutánea se convierte en imagen certera al reflejarse como "un viento-calor en la sangre", porque la intoxicación genera esa sensación de rubor transmitida por el plasma sanguíneo. Estos herederos de las técnicas milenarias de curar jamás dirán que una persona padece un "bolo histérico", esa apariencia —y sólo apariencia— de opresión en la garganta que impide tragar bien, que nos incita a imaginar un cuerpo extraño en la boca, y que en el metafórico lenguaje de quienes quieren hacerse entender se traduce como "la energía del hueso de ciruelo", lo cual consiste en que "la energía del hígado se obstruye y se atasca en el cuello", como si hubiéramos tragado la semilla de un melocotón. Qué imagen tan diferente y tan alejada del culpabilizador "bolo histérico".

Y así es posible tener también "un viento en el hígado", y que los músculos del torso, al haberse encogido, le impidan a uno "abrir la puerta de la felicidad".

No necesariamente éstas que aquí hemos reproducido, pero las metáforas pueden siempre sustituir con mejor rendimiento a los complicados términos científicos de la medicina. No estamos defendiendo el eufemismo, sino la necesidad de explicaciones comprensibles para quien desea conocer su propio cuerpo. No estamos proponiendo un tipo de medicina, sino un tipo de lenguaje. Tanto nos ha alejado de nosotros mismos ese idioma críptico de los médicos, que hemos dejado de atender a los mensajes de nuestro organismo. Si las técnicas del Seitai parten de que no escuchamos al cuerpo, tal vez tenga eso algo que ver con las murallas de palabras que sería necesario saltar para ello, las descomunales vallas que han levantado los tecnicismos. Con el Katsugen nos llegan en cambio expresiones sugerentes que nos invitan a "recuperar la fluidez del movimiento involuntario" y conocer la propia sabiduría instintiva, el lenguaje más íntimo de nuestras capacidades físicas.

A todas estas palabras acuden el yuki, el shiatsu... sistemas que pretenden ayudar a las personas y no mejorar las estadísticas de un hospital. Métodos cuyo vocabulario ayuda también a sanar.

XIII. LA CREACIÓN DE PALABRAS

Con todos estos problemas para moldear el lenguaje, con tanta cortapisa de purista (así se suele llamar despectivamente a quienes defienden la pureza del lenguaje, pero no a quienes propugnan la del vino, los bosques, el agua o los museos), ¿acaso no se pueden crear palabras? ¿Hemos de prohibir el neologismo?

Por supuesto que no. Pero tampoco podemos aceptar la innovación empobrecedora, manipuladora... o simplemente inglesa.

Resulta curioso, no obstante, que una de las principales obsesiones de quienes integran la corriente despreciadora de la gramática y del idioma consista en crear palabras. Obsesionados con la evolución, a ellos concierne más que a nadie, al parecer, que aumente el número de vocablos, que el *Diccionario* oficial pase de las 83.500 entradas actuales a más de 100.000, por ejemplo. Como si se tratara de batir una plusmarca.

Pero conseguir tal objetivo no supondría ningún mérito. Porque no se presenta tarea difícil inventar una palabra. Basta escribir con guantes en el ordenador. Podemos crear así, por ejemplo, la palabra "añuf". Con ñ y todo, no se diga que parece ajena al español. Pero una vez inventada deberemos lanzar toda una campaña publicitaria para explicar a nuestros paisanos idiomáticos lo que deseamos significar con ella. Y, por supuesto, habremos de buscar el concepto nuevo que pretenda representar. Lo cual supondrá industriosa tarea: cualquier concepto que pretendamos pensar para ese vocablo nos llegará, para ser tal pensamiento, con una palabra ya inventada. Con lo cual carecería de sentido el neologismo. Un camino más corto consiste en traerla del inglés. No sé... "hushear", sin ir más lejos; que vendría de *hush,* imponer silencio. Y como se trata de algo onomatopéyico, incluso esperaremos que la gente lo entienda enseguida. Bueno, tal vez se entienda algún día, pero no enseguida. Y para ese viaje, mejor podíamos haber utilizado la alforja de la palabra española "chistar", que acabamos antes. Vaya, no parece fácil crear palabras así como así. El problema radica en que tanto "añuf" como "hushear" carecerían de cromosomas. Sólo conseguiremos inventar un vocablo realmente si lo formamos con raíces que los demás puedan identificar (es decir: en caso de que pretendamos inventar un vocablo para usarlo, y para que nos entiendan, y para que se acomode a un concepto determinado y que quien escuche o lea identifique bien lo que se ha representado en nuestra mente al pronunciarlo). De ese modo, no precisaremos una ingente campaña publicitaria que dé a conocer el significado elegido.

Los que adoptan un neologismo lo hacen generalmente por tres motivos: uno, por prestigio mal entendido (se toma una expresión de otro idioma porque parece más elegante que la equivalente española, generalmente sin serlo); otro, por ignorancia o incapacidad de dar con la palabra adecuada del español (así el que pide un *cutter* sin saber lo que es un estilete; o el que usa un tecnicismo sin plantearse una voz alternativa); o, en tercer lugar, porque con él se llena un vacío o se gana en expresividad (como la palabra *whisky,* o *geisha,* o *striptease)* [1]. Además, se pueden crear neologismos semánticos (no se inventa o se adopta la palabra, sino que ésta toma otro

---

[1] He tomado como base de estas tres posibilidades lo que escribe el lingüista Pedro García Domínguez en el prólogo de *El neologismo necesario,* editado por la agencia Efe en 1992 con las ponencias de un congreso celebrado en San Millán de la Cogolla (La Rioja).

significado), como el "reajuste" de tarifas que equivale a subir los precios (nunca a bajarlos), por vía de eufemismo. De estas cuatro posibilidades, sólo la tercera enriquece el idioma. Las otras tres lo adulteran, lo empobrecen o lo manipulan.

¿Qué condiciones ha de reunir, pues, un neologismo?

Cabe en primer lugar una división sin paliativos: que la palabra sea o no necesaria. Y resultará necesaria sólo en el caso de que su casilla semántica no esté ocupada por otro término del español; en el supuesto de que realmente designe un concepto que hasta ese momento no existía, ni se pueda formar con los genes propios de nuestro lenguaje, con los sufijos y partículas que prevé nuestra gramática, ni siquiera con palabras arraigadas en el idioma pero caídas en desuso (el caso de "azafata" o "chupa").

Una vez superado ese requisito, aún precisará otras condiciones: que el neologismo sea adoptado por un amplísimo número de hablantes; que se imponga paulatinamente de abajo hacia arriba, y no al revés. Que mantenga, por todo ello, la unidad del español en el tiempo y en el espacio.

Aún podemos establecer otro filtro: que el neologismo se adapte a la morfología y los sonidos del español, como sucedió, por ejemplo, con "jardín", o con "mitin", "líder", "fútbol" o "gol".

Ése es el requisito más peliagudo. Podemos pensar, por ejemplo, que la palabra *traveling* (en inglés, "viajando" o "que viaja" o "viajero") se ha presentado ante nosotros como neologismo necesario para designar el desplazamiento de una cámara de cine o televisión hacia adelante o hacia atrás por un carril o un brazo articulado. La Academia así lo ha considerado, y por eso tal palabra figura en el *Diccionario;* pero con esta escritura: "travelín". Hoy en día parece que ningún amante del cine se siente reconocido en ella, y todos los críticos o expertos siguen empleando, con pronunciación esdrújula, *traveling*, cuyas últimas letras la alejan de la morfología del español y dificultan la formación del plural. ¿Qué hacer?

Para empezar, resulta chocante que la cámara de cine encargada de ejecutar los movimientos hacia adelante y hacia atrás tenga un nombre específico, y que, sin embargo, no reciba asimismo una denominación propia la cámara que Canal + coloca en los estadios de fútbol españoles para seguir la carrera del extremo izquierdo o el extremo derecho, también por un carril. Si al futbolista que cubre ese espacio de terreno se le llama "carrilero", ¿no podría adoptar el mismo nombre la cámara que le acompaña, la cámara carrilera o simplemente la carrilera? El locutor que adoptase esa decisión no estaría creando propiamente un neologismo, no estaría interviniendo arteramente en el lenguaje: sólo emplearía una raíz y un sufijo del español para ajustarlos a un concepto que las palabras de nuestro idioma ya eran capaces de designar.

Pero el caso es que por ahora parece no tener nombre, como no lo tuvo en español la cámara que usa también el carril, pero hacia adelante o hacia atrás. Quizá pudo haberse llamado igualmente "la carrilera", y sus tomas se habrían convertido entonces en "planos de carril".

Ya no hay caso. El *traveling* del cine probablemente acabará consolidándose en el español una vez que siga extendiéndose el concepto; y lo hará con la acentuación esdrújula que ya tiene: "trávelin"; un desplazamiento de acentuación de lo asumido en el habla frente a lo establecido en el *Diccionario*, algo parecido a lo que sucedió con "élite", voz procedente del francés y que en ese idioma se pronuncia "elít" (razón por la cual la Academia la incorporó como llana: "elite"; pero la grafía del francés *élite*, con ese acento abierto que ha confundido a los hispanohablantes, quizá influya en que finalmente se acepte también como esdrújula; una vez que no hemos acudido a expresiones como "los escogidos" o "la flor y la nata", "los selectos", "los elegidos").

El mayor problema de los neologismos radica en que desplacen a una palabra española, con lo que se produce una pequeña fractura en la unidad del idioma respecto del pasado (nos interesa, insistimos, seguir entendiendo a quienes han usado nuestra lengua hasta hoy; y que las generaciones futuras les entiendan a ellos y también a nosotros) y se corre el peligro de que su aceptación siga un camino desigual en todo el mundo hispanohablante.

Y he aquí la otra gran dificultad: que la asunción de la nueva palabra se produzca de forma homogénea en los 21 países que tienen el español como lengua oficial. Ésos son los miedos que quienes aman esta lengua sienten ante la invasión de vocablos extraños. Hemos visto que se producen diferencias de léxico hoy en día entre unos y otros países, pero todavía nos parecen insignificantes. Lo malo es que ahora el ingente caudal neológico que se aproxima puede derivar en inundación. Y hasta tal punto se observa con preocupación ese fenómeno desde hace algún tiempo que la propia Academia decidió hace años sacrificar la "pureza" del idioma cuando estuviera en juego su "unidad".

"Una lengua que nunca cambiara sólo podría hablarse en un cementerio", ha dicho con tino Fernando Lázaro Carreter. Y además algunos neologismos nos han llegado con extremada belleza, porque aún cabe una quinta posibilidad que se puede añadir a las cuatro establecidas anteriormente: el neologismo genético. Que puede residir en la palabra "trancón" inventada por los colombianos, por ejemplo, o en otros hermosos hallazgos aportados, verbigracia, por los grandes escritores.

La generación del 98 (Unamuno, Valle-Inclán, Baroja...) ha sido considerada con acierto gran creadora de palabras. Algunas se han quedado incluso en el *Diccionario*. Otras siguen dormidas en sus libros, pero despiertan cada vez que alguien pone los ojos sobre ellas y descubre exactamente lo que querían decir.

¿Por qué lograron tomar vida y convertirse en transmisoras de mensajes, sentimientos y hechos? Porque fueron dotadas de los cromosomas adecuados. La genética del idioma se observa en sus raíces, sufijos y derivados. Todos estos autores mostraban "una creatividad gobernada por las reglas y una creatividad que modifica las reglas de formación de palabras, por asociarse los sufijos a bases no predecibles, o por cambiar la categoría gramatical del derivado", según la descripción de Consuelo García Gallarín [2]. En efecto, logran combinaciones

---

[2] Consuelo García Gallarín es autora de la obra *Léxico del 98* (Madrid, Editorial Estudios Complutenses, 1998), un magnífico y exhaustivo trabajo

distintas con los propios genes del español, lo que produce finalmente un vocablo del español.

Baroja, por ejemplo, crea "fantasmonada" (en *La juventud perdida*), hija biológica de "fantasmón" y del sufijo "ada", partícula que nos trae la idea de una "acción peculiar", como "paletada" (acción peculiar de un paleto), "horterada" (acción propia de un hortera), "gansada" (de un ganso) o "pendejada" (lo que suele hacer un pendejo).

Con el mismo sufijo inventa Unamuno "cadaunada": cada uno es cada uno y tiene sus "cadaunadas", lo cual no precisa más explicación.

En los últimos tiempos, los locutores deportivos han creado un neologismo parecido (no todo lo van a hacer mal) en cuanto a sufijo y estructura: la "pañolada", que suele acompañar al presidente de un club de fútbol cuando se retira del palco después de que su equipo haya perdido 0-5. "Pañolada" se relaciona con "pañuelo y "pañolería" (lugar donde se venden pañuelos), y no aparece en el *Diccionario de la Real Academia* pero guarda todas las señas de identidad necesarias para ingresar en él. Habrá que distinguir en la definición, no obstante, entre la pañolada taurina que pide la oreja del astado para el matador como señal de reconocimiento y la pañolada futbolística que no pide sólo la oreja sino la cabeza entera del presidente del club, por el descontento ante la goleada recibida.

Valle-Inclán, por su parte, se inventa la palabra "friaje", mediante el sufijo "aje" que designa realidades en su conjunto, para significar aquí el frío en sus distintas intensidades acumulado por una persona: "...Para echar fuera el friaje" *(El resplandor de la hoguera)*.

Baroja acude a la terminación en "al" con objeto de formar palabras que, aunque tienen sinónimos en español, le

que describe con precisión el vocabulario de los principales autores incluidos convencionalmente en esa generación. De esa obra extraigo la mayoría de los ejemplos referidos a estos escritores, apenas una pequeñísima muestra de su extenso estudio. Si en los comentarios que se les adjuntan aquí se ha deslizado algún error, la responsabilidad será sólo mía, puesto que se trata de añadidos e interpretaciones propias a partir del trabajo de García Gallarín.

sirven para aumentar su expresividad: "Era, indudablemente, funerario, feretral, panteónico". En efecto, "feretral" y "funerario" se distinguen poco; pero "feretral", que él se inventa, carga con mayor fuerza sobre la tristeza de un personaje.

Y Valle compite en esta carrera con un sufijo muy expresivo que se une a la palabra "exorbitante": "Piden una exorbitancia", escribe en *Viva mi dueño*. En efecto, si de "abundante" se deriva "abundancia", el lector podrá asociar estas formas y comprender sin problema que si piden una exorbitancia se trata de una cantidad exorbitante. El neologismo añade economía, precisión, riqueza y, sobre todo, sorpresa (la principal cualidad del estilo).

Y también inventa éste: "Las figuras se definen en una luz verdosa y acuaria" *(Divinas palabras)*. Le ayuda a ello haber buscado un nombre en femenino (luz), porque de otro modo no le habría resultado útil el neologismo masculino "acuario" (lo cual da pistas de que hallará dificultades para integrarse en el sistema lingüístico): por ejemplo, "las figuras se definen en un color acuario". En este caso, el lector podría entender la última palabra como un sustantivo en función adjetiva, y quedar desconcertado: el acuario, o depósito donde aletean animales acuáticos vivos. Esta creación de Valle figura en el *Diccionario* histórico de la Academia, pero no en el *Diccionario* oficial.

Sin embargo, sí aparece en él la palabra "ideación", empleada por Unamuno en *Andanzas y visiones de España*: "Acabarán por acordar y aunar mucho de su ideación" (que se define en el lexicón oficial como "génesis y proceso de la formación de las ideas"). Y también está en el *Diccionario* el invento de Valle-Inclán "alardosa" ("alardosa petulancia"), que se deriva de alarde y del sufijo "oso" (el cual refleja abundancia respecto de la raíz: pantanoso, acuoso, fangoso...).

Y por analogías crearon estos autores palabras cuya genética podemos reconocer con facilidad: "unimismado", por ejemplo; o "yernastro", ambas de Unamuno [3] y que podemos re-

---

[3] Es conocida la expresión bromista de Unamuno según la cual se había decidido algo por "unamunidad"; es decir, con el único voto de Unamuno pero de valor absoluto.

lacionar con los cromosomas de "ensimismado" y "herma-
nastro" [4].

A menudo los autores del 98 acudían también a helenismos o latinismos, como el "genuflexo" que ideó Valle en *La
marquesa Rosalinda,* y que recogió la Academia en su edición
de 1992; y que usó el juez español Javier Gómez de Liaño en
1996 para criticar a la justicia que rendía protocolo al presidente Felipe González, "una justicia genuflexa".

Además, los creativos autores del 98 acudieron al vocabulario popular de la época, como no podía ocurrir de otra manera, para ambientar sus escenarios o definir a sus personajes.
Y también a vasquismos (Baroja principalmente) o galaicis-
mos (Valle, por supuesto). Pero en estos casos tanto Baroja
como Unamuno solían molestarse en explicar el significado
de tales expresiones, conscientes de que pocos de sus lectores
las entenderían al proceder de una lengua que no comparte cromosoma alguno con el español. Valle, por el contrario,
no precisa muchas aclaraciones gracias a la similitud de vocablos. "El amo del caserío dijo entonces que a una de las casas del barrio le habían hecho algún hechizo, un beguizco
[mal de ojo] o algo malo, gaitz emana"; "[...] la traté de zu y
no de beorri, que es sinónimo de su merced" (Baroja); "[...]
el schischeo del interior, algún que otro yiyá de guipuzcoa-
no de beterri, el canturreo de la costa" (Unamuno).

A Gabriel García Márquez le oí una hermosísima voz neológica, en un almuerzo en Madrid junto con otras personas
vinculadas al mundo de la literatura o el periodismo. Y tan
fascinado quedé que no he podido recordar la frase que la
acompañaba, pero sí la explicación posterior del escritor
colombiano tras mi pregunta curiosa. La palabra es "eterni-

---

[4] En *El estilo del periodista* —donde se exponen otros neologismos tomados
de la prensa— propuse como neológica la palabra "dormibundo", siguiendo esta misma técnica. Con ningún éxito. La repito en esta nota por
si la insistencia sirviera para algo. Y añado otra: "dibugénico": "Aquella
persona que aparece muy favorecida en los dibujos y generalmente mal
en las fotografías", puesto que si fuera fotogénica no se haría copiar al
carboncillo, que sale más caro.

tud"; y, según él, se puede decir que uno quiere a alguien para toda la eternitud, porque tal concepto se diferencia de la eternidad en que en este segundo caso no se puede mantener el sentimiento vivo cuando uno ya se haya muerto. Por tanto, no se puede querer a alguien una eternidad. En cambio, la eternitud dura tanto como nosotros mismos, y podemos usar esa raíz para mostrar con fuerza y expresividad nuestro sentimiento: te quiero una eternitud.

Me pareció una definición preciosa y una palabra de fina riqueza, caída de sus labios con tanta naturalidad que casi nos pasa inadvertida a todos los contertulios.

¿Cómo va a negar alguien la posibilidad del neologismo, si se pueden incorporar a nuestro acervo palabras como todas éstas? Las voces que nos dejaron en herencia Unamuno, Baroja, Valle-Inclán o García Márquez, entre otros muchísimos recreadores del idioma, nos sirven para conocer sus pensamientos y reproducir con ellos certeras imágenes en nuestra mente.

Hasta una lengua muerta como el latín ha admitido neologismos. En efecto, el Vaticano (único Estado que tiene el latín como lengua oficial) necesitaba tratar en sus documentos religiosos algunos nuevos hallazgos, males y problemas de la sociedad. Y ha incorporado a su *Diccionario* palabras como motocicleta *(birota automataria)*, ovni *(res inexplicata volans)*, *playboy* o donjuán *(iuvenis voluptuarius)*, champú *(capitilavium)*, eslalon o zigzag *(descensio flexuosa)*, esnob *(novissimorum morum affectator)*, soltero *(solitarium)*, *spot* o anuncio de televisión *(intercalatum laudativum nuntium)*, *spray* o aerosol *(liquor nubilogenus)*, *stripteaser* o persona que practica el *striptease (sui ipsius nudator)*, tenis *(manubriati reticuli ludos)*, tirita *(fasciola glutinosa)*, vídeo *(instrumentum telehornamentis exceptorium)*, V.I.P o personalidad *(amplissimus vir)*, mirón *(obscena observandi cupido)*, coche cama *(currus dormitorius)*, water *(cella intima)* y whisky *(vischium)*.

De estas alternativas latinas —todas las cuales buscan en sus propios genes las soluciones—, sólo dos *(capitilavium y solitarium)* tendrían éxito en la vida real, porque las demás suponen un engorro. De todas formas, la asunción de tales neologismos nos hace pensar que la lengua muerta ha resucitado.

Recientemente he oído una feliz palabra inventada para definir los hallazgos neológicos de los periodistas, esos palabros que sólo ellos emplean (porque la gente a la que se dirigen suele tener mejor sentido del idioma). "Eso es un periodistismo", me dijo al teléfono alguien cuyo nombre lamento no recordar. Y creó una expresión que bien podía haber inventado Unamuno.

También forman aparentes neologismos algunos humoristas, principalmente Antonio Fraguas, *Forges*, que ha esparcido en España creaciones como "tocata" (tocadiscos), "bocata" (bocadillo) o "cubata" (cubalibre), y que a su vez han dado hijos como "drogata" (drogodependiente). Pero todos ellos parten de una raíz ya existente para, cambiándole el sufijo, dejar la palabra igual; sólo que con diferente sonido. Sí constituye un neologismo magnífico, en cambio, el verbo "esnafrarse", inventado también por el propio Forges para dar idea de lo que sucede cuando alguien se estrella contra algo… con la nariz.

En general, todos estos inventos parten de algún lugar reconocible. Las nuevas palabras que no tengan genes de nuestra especie serán, pues, monstruos de otra naturaleza, tal vez monos sabios pero monos al fin.

No obstante, la teoría del idioma no debe caer en la sentenciosidad porque cualquier regla puede toparse con una excepción. En efecto, nuestro sistema lingüístico cuenta con neologismos de nuevo cuño —no siempre extendidos entre el pueblo— cuyas raíces no se hunden en el fondo de la historia sino que sobreviven aferradas a la propia superficie, sin apenas profundidad. Por ejemplo, las palabras derivadas de siglas y acrónimos (como sida, sidoso, sídico, sidatorio; o radar, o láser, o gulag…) [5]; o las que nacen de nombres propios muy concretos: boicoteo y boicotear, que se derivan de

---

[5] Sobre palabras originadas por siglas, me extiendo en el libro *El estilo del periodista, op. cit.* Por eso no lo hago aquí.

Boycott, el administrador irlandés a quien, en 1880, se aplicó el primer boicoteo (hacer el vacío); o "linchar" (matar tumultuariamente a un sospechoso) traída del nombre de un expeditivo juez, Charles Lynch, que ejerció su profesión en Virginia en el siglo XVIII; o "un donjuán", palabra tan ligada a la cultura del idioma español que no se precisa siquiera haber leído a José Zorrilla para pronunciarla con tino; "marxismo", la doctrina que explicó Karl Marx, o "cantinflismo" esa manera de hablar defensiva, reiterativa y cómica, la manera de Mario Moreno, *Cantinflas* [6]; o "saxófono", que debe su nombre a su inventor, Adolphe Sax… Y hasta de nombres comerciales hemos hecho palabras comunes: maicena, aspirina, tebeo…

Pero en todos los casos se trata de raíces con tal fama en su tiempo y en los siguientes que, cuando pasaron al idioma general, los hablantes podían identificar sin problemas de qué se estaba tratando (como ocurre ahora con "sida" o con "radar"). Palabras que, en fin, sirvieron para denominar fenómenos tan nuevos y sorprendentes que a menudo llevan el nombre de los personajes que los vivieron por vez primera o los descubrieron.

Otra vía legítima de creación de palabras alejada de la genética natural —y de modo que no se dañe ni al idioma ni al oído— la constituyen las onomatopeyas. Si decimos de alguien que se expresó "con un chorroborro verbal" no hace falta apenas describir la palabra (que figura en el *Diccionario de la Real Academia*). Quien la inventara no necesitaba acudir a los cromosomas de los significados (pese a lo cual atinó con el núcleo "chorro", tal vez por casualidad), sino sólo a la percusión de sus fonemas.

---

[6] El divertido actor mexicano ha dejado una sana herencia en el *Diccionario:* en él figuran su propio apodo ("cantinflas: persona que habla o actúa como Cantinflas", en una definición muy poco afortunada porque el término definido figura en la definición; pero que da idea de la extendida fama del personaje porque ni siquiera se considera preciso explicar más) y sus derivados "cantinflada", "cantinflesco", "cantinflear" y "acantinflado".

Ahora bien, todo lo escrito hasta aquí no significa que las palabras se dejen moldear tan fácilmente, ni que los sufijos, afijos y prefijos sirvan lo mismo para un roto que para un descosido. La creación de palabras que responda al genio del idioma precisa algo más.

No podemos inventar que "camionar" signifique "construir camiones", aunque "asfaltar" sí lo entendamos como "poner asfalto". Aquí entra en juego un concepto del que hablamos al principio de esta obra: la afinación musical según el criterio moldeado por los hablantes al través de los siglos. Algunas fórmulas neológicas partirán de los genes del idioma, pero molestarán a su genio. No tenemos medidas de precisión para determinar cuándo se produce la disonancia y cuándo no. Sin embargo, nuestro oído se muestra en esto mucho más exigente que el inglés.

Los trabajadores de las televisiones españolas usan por ejemplo el verbo "locutar" cuando quieren referirse al hecho de dar voz a un vídeo. Llegan unas imágenes a la emisora y un locutor les pone el texto para que ambas franjas de la comunicación se emitan simultáneamente. Así, dicen "voy a *locutar* estas imágenes". La palabra se ha formado con morfemas del español, tiene genes conocidos… y, sin embargo, nos resulta extraña. Algo misterioso separa el valor de ese "locutar" que alguien inventó en unos estudios de televisión de aquella "eternitud" que pronunció García Márquez en un almuerzo.

Lejos de nuestra intención establecer reglas en este punto. Sólo el buen gusto y el oído musical de los hispanohablantes decidirán al respecto. Cuestión de tiempo y de buena afinación general.

Los términos de la ciencia y la técnica plantean un problema peculiar, porque nacen con poco recorrido pero en algunos casos obtienen gasolina adicional. En general, no debemos considerarlos parte del lenguaje común y por eso no resultan destructivos si permanecen en los ámbitos que les son propios. Ahora bien, cuando pasan al habla general por el efecto de algún combustible peculiar sí deben cumplir los requisitos de los que hemos hablado antes para todo neologismo.

Alberto Gómez Font, en su ya referida conferencia en Venezuela, ponía un ejemplo muy descriptivo. Según la definición tomada del *Vocabulario Científico y Técnico* de la Real Academia de Ciencias Exactas, Físicas y Naturales, veamos qué es una "charnela desmodonta".

"Charnela desmodonta" es "la charnela propia de los pelecípodos clavículas, formada por repliegues ligamentarios paralelos al borde de la concha, sin verdaderos dientes".

Y si miramos la voz "charnela", veremos que se trata de la "estructura mediante la cual se articulan las dos valvas que forman el oxeoesqueleto en los pelecípodos, braquiópodos y ostrácodos. Punto de máxima curvatura que presenta un pliegue geológico en un perfil transversal al mismo".

Cambiemos ahora de diccionario y miremos qué es una charnela en la lengua general, en el *Diccionario de la Real Academia Española*.

"Charnela [del francés *charnière*]: Bisagra para facilitar el movimiento giratorio de las puertas. Gozne, herraje articulado. [Zool.] Articulación de las dos piezas componentes de una concha bivalva".

"Hay, pues", continuaba Gómez Font, "dos tipos de lenguajes, y, por tanto, dos tipos de mensajes. En primer lugar, los dirigidos a grupos a los que se supone únicos receptores posibles y que deben resultar inteligibles para aquéllos a quienes van dirigidos y sólo para ellos. Y en segundo término, los mensajes dirigidos a todos los usuarios de la lengua, que no pueden contener ningún rasgo que pueda ser no inteligible".

Tal vez resulten de interés estas reflexiones del venezolano Andrés Bello en su *Gramática de la lengua castellana:* "El adelantamiento prodigioso de todas las ciencias y las artes, la difusión de la cultura intelectual y las revoluciones políticas piden cada día nuevos signos para expresar ideas nuevas, y la introducción de vocablos flamantes, tomados de las lenguas antiguas y extranjeras, ha dejado ya de ofendernos cuando no es manifiestamente innecesaria, o cuando no descubre la afectación y mal gusto de los que piensan engalanar así lo que escriben. [...] Pero el mayor mal de todos, y el que, si no se ataja, va a privarnos de las inapreciables ventajas de un lenguaje común, es la avenida de neologismos de construcción, que inunda y enturbia mucha parte de lo que se escribe en América, y alterando la estructura del idioma tiende a convertirlo en una multitud de dialectos irregulares, licenciosos, bárbaros; embriones de idiomas futuros, que durante una larga elaboración reproducirían en América lo que fue la Europa en el tenebroso periodo de la corrupción del latín. Chile, Perú, Buenos Aires, México, hablarían cada uno su lengua o, por mejor decir, varias lenguas, como sucede en España, Italia y Francia".

La visión catastrofista sobre la fragmentación del español hasta el punto de derivar en otras lenguas separadas no parece por el momento real. Pero eso no significa que todos hayamos de cruzarnos de brazos, porque se supone precisamente que el español continuará unido gracias a que los hablantes así lo decidirán. Y para eso hace falta también una profunda conciencia de los peligros que le acechan, en un bosque oscuro cuyos habitantes se mueven muy deprisa y contagian a sus visitantes, que han de apresurarse a cruzarlo cada día sin tiempo para la observación y la reflexión.

XIV. LOS AJENOS NOMBRES PROPIOS

Los españoles que llegaron a América y la describieron desde allí para quienes permanecían en la Península pusieron mucho cuidado en reproducir con fidelidad los topónimos y los nombres propios de personas que fueron encontrando. Dice así el sevillano fray Bartolomé de las Casas: "El un reino se llamaba Maguá, la última sílaba aguda, que quiere decir el reino de la vega. Esta vega es de las más insignes y admirables cosas del mundo"... Y más adelante: "El otro reino se decía del Maríen, donde agora es el Puerto Real, al cabo de la Vega, hacia el norte, y más grande que el reino de Portugal, aunque cierto harto más felice y digno de ser poblado, y de muchas y grandes sierras y minas de oro y cobre muy rico, cuyo rey se llamaba Guacanagarí (última aguda), debajo del cual había muchos y muy grandes señores..." [1].

Y Hernán Cortés, al que no vamos a defender en otros aspectos de sus peripecias por México, llenó sus cartas de relación a Carlos V de topónimos preciosos: "En esta guerra nos anduvimos con ayuda de los naturales de la provincia de Tascaltecal y Churultecal y Guasucingo"... "...Para que hablasen al señor de aquel río que se dice Pánuco, para le atraer al servicio de vuestra sacra majestad"... "...Y descubrieron los llanos de Culúa y la gran ciudad de Temixtitan y las lagunas

---

[1] Bartolomé de las Casas, *Brevísima relación de la destrucción de las Indias*, Madrid, Ediciones Cambio 16, 1992.

que hay en la dicha provincia"… "…Me partí a un pueblo que está a dos leguas de allí, que se dice Amecameca que es de la provincia de Chalcao…" [2].

Los nombres de los lugares han despertado siempre cierta magia en cuantos han llegado a ellos y se han interesado por sus significados. Con los topónimos recuperamos también ideas, historia, sucesos…

Hoy en día el deterioro que sufre el idioma español se ha extendido también a estas voces, y el ya repetido complejo de inferioridad nos hace despreciar los nombres que pusieron a muchos lugares los propios españoles de América, aquellos pobladores de quienes hoy descienden millones de hispano-americanos que heredaron también sus apellidos. En unos casos respetaron el nombre indígena de cada lugar; en otros —pocos— lo cambiaron por uno español; y en otros, tan nuevos fueron el nombre como la ciudad que fundaban. Pero tales topónimos van desapareciendo también en nuestro propio idioma, donde los sustituyen, cómo no, expresiones inglesas.

Así, por ejemplo, propalamos la pronunciación "Mayami" para olvidar la española Miami (el apelativo que se daban a sí mismos los indígenas que vivían allí, como ya hemos comentado). Perdimos en nuestro propio idioma el nombre de las Bahamas, que ahora pronunciamos así tras olvidar que los españoles las llamaron "islas de Bajamar", por la escasa profundidad del agua que las rodea; y Key West sustituye, incluso en textos de periódicos escritos en español, a Cayo Hueso, que es como se denominó ese puerto de Florida cuando allí vivían los hispanos (la denominación inglesa es una corrupción fonética del nombre español). Y Bermuda apenas nos recuerda ya a su descubridor, Juan de Bermúdez. Y a Saint John's, en Canadá, sólo le queda el rastro traducido de San Juan de Pasajes, el nombre que dieron a aquel puerto los pescadores vascos en recuerdo de Pasajes de San Juan (ahora llamado Pasaia, por cierto). Tejas recibe ya en muchas publica-

---

[2] Hernán Cortés, *Cartas de relación a Carlos V,* Madrid, Ediciones Cambio 16, 1992.

ciones y mapas el nombre de Texas (que nada tiene que ver
con el caso de México y Méjico, porque en Tejas primero fue
la letra *j;* y en México primero fue la *x* que comparte con los
mexicas, palabra ésta que, por cierto, tampoco aparece en
el *Diccionario).*

Y también vemos a menudo en textos hispanos grafías ajenas como "New York" (Nueva York), "Pennsylvania" (Pensil-
vania), "Grenada" (isla de Granada), "North Carolina" (Carolina del Norte), "Louisiana" (Luisiana), o las alemanas
"Frankfurt" (Francfort), "Dresden" (Dresde), Nüremberg
(Núremberg o Nuremberga), Gottingen (Gotinga)... y esto
sucede hasta con nombres suecos como "Göteborg" (Gotem-
burgo) o "Malmö" (Malmoe)... y holandeses como "Maastricht" (Mastrique) [3], y marroquíes como "Fes" (Fez), "Marra-
kech" (Marraquech) o "Tetouan" (Tetuán).

En este punto habrá que luchar contra el papanatismo de
las agencias de viajes, que muestran así una desinhibida ignorancia sobre la historia de su idioma con folletos que nos
incitan a viajar a "Torino" o "Firenze" como si eso resultara
más exótico que ir a Florencia y Turín. Y contra la desatención de los periodistas que han venido escribiendo Tatarstán
para designar a una de las ex repúblicas soviéticas, olvidando
así que en español se llamó siempre Tartaria, lugar que nos
dio como regalo no sólo un nombre muy literario sino también la rica "salsa tártara".

La inercia de carril se nota, por otra parte, en la transliteración de nombres que originariamente se escriben con
otro alfabeto: el chino, el árabe, el japonés, el hebreo, el
griego, el ruso... En la mayoría de estos casos adoptamos la
transcripción que harían un francés o un inglés, cuyos idiomas agrupan determinadas letras para pronunciar la palabra de la manera más parecida a como se oye decirla a un
nativo. Por ejemplo, un británico escribe "Khartum" para

---

[3] Maastricht, la ciudad donde se firmó el nuevo tratado de la Unión Europea, perteneció durante siglos a la corona española con el nombre de
Mastrique.

pronunciar "Jartum"; pero en español tenemos el sonido de la *j* como equivalente del que emplearía un sudanés al nombrar su capital (si un inglés leyera "Jartum" pronunciaría "Yartum"). Por su parte, un francés necesitará escribir "Khartoum" para reproducir lo más fielmente también el sonido *j* (del que igualmente carece) y el sonido de la *u*.

La capital de Indonesia se escribe "Djakarta" en francés y "Jakarta" en inglés y holandés, pero la correcta grafía española es "Yakarta" (o "Yacarta" si nos pusiéramos puristas y utilizáramos la letra ca sólo para el comienzo de una palabra). Los mismos criterios debemos aplicar a nombres de personas de lengua árabe, griega, rusa... Así, la cantante griega Nana Mouskouri debiera apellidarse "Muskuri" según la fonética española; y la actriz Melina Mercouri, "Mercuri"; y al ex atleta "Said Aouita" deberíamos citarlo como "Saíd Auita", y al plusmarquista El Gerrouj, "El Gerruj"; y llamar "Nurredín" a Nourredin Morceli... y por eso algunos periódicos escriben correctamente Yasir Arafat y no "Yasser Arafat", porque de ese modo pronunciaremos "Yasir", muy parecido a lo que articula un inglés que escribe "Yasser" y a lo que el propio dirigente palestino pronuncia cuando cita su propio nombre. No hay razón para transcribir con criterios franceses o ingleses nombres propios representados con otros alfabetos. ¿Qué suerte de agarrotamiento nos impide trasladarlos a nuestra pronunciación con nuestras propias reglas fonéticas? De ese modo parece que el español necesitara siempre de un intermediario, de la ayuda del inglés o del francés, para ser capaz de transliterar los nombres de alfabeto diferente.

La Academia y las enciclopedias escritas en español nunca se han ocupado de este asunto, que no carece de interés.

Los nombres rusos, por ejemplo, tienen formado un caos descomunal como consecuencia de la falta de criterio unitario para transcribirlos, y por la influencia del inglés o el francés. Así, "Gorbachov" se escribe "Gorbachev" (y "Gorbatchev") en algunos periódicos, como consecuencia de una transcripción "letra por letra" que no sirve de nada, puesto que obliga a decir "Gorbachev" cuando un ruso pronuncia "Gorbachov". En efecto, la letra cirílica que se transcribe ahí como una *e* ejerce ese papel fonético en la mayoría de los casos, pero al final de palabra se pronuncia *o*. Si estamos *traduciendo* el sonido de otro alfabeto parece más lógico emplear nuestras equivalencias para reproducir el sonido total de la palabra, y no una equivalencia de cada letra, cuando ésta además no siempre es igual. Para comprenderlo mejor, esto sería parangonable con que el apellido español Quesada, por ejemplo, se trasladase al árabe con la pronunciación "cuesada", al tomar un valor equivocado de la *u*.

Por eso mismo hay que acentuar y escribir "Borís Yeltsin", y no "Boris Eltsin", porque un ruso pronuncia "Borís" (si fuera un nombre alemán efectivamente diríamos "Boris") y "Yeltsin", porque la *e* inicial de palabra adquiere el sonido de nuestra *y* precedida de vocal.

No se trata de cuestiones anecdóticas. Es posible que necesitemos buscar en un ordenador o en un archivo de prensa lo que se ha escrito en español sobre el premio Nobel ruso (1970) Alexandr Isáievich Solzhenitsin. Y bastará que una de las letras del apellido se haya transcrito incorrectamente para que el ordenador no encuentre nada. O para que encuentre sólo… aquellos textos en los que se escribió con la misma incorrección.

El inglés y el francés ya tienen establecidos unos criterios de transcripción, pero las vacilaciones de los usuarios del español se han convertido en un problema.

Un rastreo del estudioso Pedro Jiménez ha descubierto hasta ¡53 grafías diferentes! en el nombre del citado escritor ruso publicadas en los periódicos y revistas españolas —y algunos de América— entre 1972 y 1990. Así pues, quien quisiera hacer una búsqueda en un moderno banco de datos informatizado debería introducir sólo el grupo de letras "Sol", y aun así se perdería algunos documentos porque, por ejemplo, el *Boletín de Novedades* de la librería Piloto, de Buenos Aires, recogía la trasliteración "Zolyenitzyn" en su número de agosto de 1974. Curiosamente, la primera cita que aparece en el trabajo de Jiménez muestra la transcripción correcta: Solzhenitsin (diario *Abc*, 2-11-72). Pero el mismo periódico se rectifica a sí mismo dos años después: "Solzhenitsyn".

DEFENSA APASIONADA DEL IDIOMA ESPAÑOL

Y más tarde se esparcen por otras publicaciones "Solzhenytsyn", "Solzhenytcin", "Soljenitsyn" (de nuevo *Abc*), "Soljenitzyne", "Solchenitsin", "Soldjenitzen", "Solzhenistkyn"... Entre las 53 posibilidades anotadas se hallan 10 no coincidentes en el mismo diario *Abc*, y 9 distintas en *Cambio 16*, además de tres en *El País*. Y a su vez todas ellas difieren entre sí.

Algo similar sucede con nombres históricos como Leonid Bréznev o Nikita Jruschov, que en el estudio de Pedro Jiménez aparecen con 25 y 21 grafías distintas, respectivamente [4]. Aún más variedades habría encontrado el citado autor si hubiese incluido en su análisis al ciclista "Djamolidine Abdoujaparov", célebre velocista uzbeko que ganó infinidad de etapas en el Tour de Francia y otras carreras durante los años noventa y cuyo nombre significa en árabe "Belleza de la Religión y Esclavo del Poderoso" [5] (Yamal ad Din Abd al Yabar, grupo al que ha de unirse el patronímico ruso *ov*). Muy pocos periódicos reproducían la transliteración más lógica: Yamolidín Abduyapárov.

Por ventura, el Gobierno chino, consciente de la dificultad de trasladar sus textos a las lenguas occidentales, puso en vigor el 1 de enero de 1979 el sistema pin yin (unificación de sonidos) que regaló al mundo una sola grafía internacional para todos sus nombres propios, a fin de resolver el tremendo desbarajuste que se había alcanzado ya. El sistema parte de la pronunciación de la lengua mandarín (las diferencias fonéticas del chino casi constituyen varios idiomas dis-

---

[4] Sobre los criterios de transcripción, recomiendo la consulta *del Libro de estilo* de *El País* y del *Manual del Español Urgente* de la agencia Efe. También puede servir como referencia el inmenso trabajo del académico mexicano Guido Gómez de Silva *Diccionario geográfico universal*, México, Fondo de Cultura Económica, 1997. No obstante, estoy en desacuerdo con algunas de sus transcripciones. Entre otros casos, por ejemplo "Ouagadougou", capital de Burkina Fasso, ha de transcribirse, a mi juicio, "Uagadugu"; y la República de "Djibouti" debiera convertirse al español como "Yibuti"...

[5] Traducción extraída de la respuesta a una consulta interna cursada por el Departamento del Español Urgente, de la agencia Efe.

tintos), y de ahí procede por ejemplo el cambio de Mao Tse Tung a Mao Zedong. Y una conocida ciudad que se escribía hasta entonces Suchou en español, Soochow en inglés y Soutcheou en francés se llama ya solamente Suzhou en los tres idiomas. Esta población podía confundirse a su vez con otra llamada Xuzhou, para la que existían otros tantos modos de escribir su nombre: Siutcheou en francés, Hsuchou en inglés y Suchou en español (¡el mismo que para Suzhou!).

Pero el propio sistema pin yin establecía excepciones en los nombres geográficos o históricos que ya tuvieran una grafía consolidada en otro idioma, y afortunadamente podemos decir aún "archipiélago de Pescadores", "isla de Macao" o "Mongolia Interior".

Porque se trata de nombres que ya nos pertenecen a todos los hispanohablantes, y no parecía correcto cambiarlos unilateralmente —y mucho menos imponerlos— para que los usen de otro modo millones de personas que los tienen asumidos en su cultura y en su historia. Los chinos supieron comprender eso.

Por todos estos argumentos, no resulta fácil estar de acuerdo con algunas modificaciones que se han producido en la toponimia de España.

En efecto, la dictadura franquista impuso los topónimos tradicionales en español, consagró las Vilanovas catalanas como Villanuevas, hizo de Sant Boi "San Baudilio", y de Poble Sec "Pueblo Seco"… y lo mismo ocurrió con nombres y grafías del País Vasco y de Galicia. El afán de dar nombre en castellano a cada pequeña localidad española con topónimo catalán, vasco o gallego (o bable o altoaragonés…) no tiene sentido, como tampoco inventar una denominación en nuestro idioma para Southampton o Aix en Provence. La naturaleza del español y de la historia han otorgado denominación propia a los lugares importantes del resto del mundo —Londres (London), Múnich (München), Milán (Milano) [6]…—, y también a aque-

---

[6] El equipo de fútbol que lleva el nombre de Milán se llama "Milan A. C.", con acento prosódico en la primera sílaba. Es la denominación que le

llos que, siendo de menor trascendencia o tamaño —Marsella (Marseille), Perusa (Perugia), Padua (Padova)...—, han tenido una parte relevante en las relaciones con el mundo hispano; o han sido hispanos en algún momento de la historia. Por tanto, devolver sus nombres originales a todas las poblaciones rebautizadas por el franquismo constituía una tarea de justicia. Otra cosa es, sin embargo, que el proceso se haya invertido y que las autoridades de algunos municipios remeden lo que hizo Franco y sustituyan ahora por nombres catalanes o vascos los topónimos que ya nacieron en castellano (y que nacieron incluso antes del franquismo).

Una sugerente localidad de la provincia de Ávila se llama Mingorría, nombre de indudable procedencia vasca. Pero a ningún abulense se le ha ocurrido hasta ahora cambiar su denominación oficial por "Mal Rojo", o "Cara Roja" o "Sarampión", que serían posibles traducciones al castellano.

Según el estudioso donostiarra Rafael Castellano, el origen del topónimo Mingorría se remonta al reinado de Felipe II. Una colonia de canteros vascos se afincó allí para la tarea de cortar bloques de piedra con destino a la sillería de El Escorial. "Procedían los cinceladores, en su mayoría, de la parte de Andoain [Guipúzcoa], y su maestro se llamaba José de Chinchurreta. Éste llegó a ser *caballero cubierto* [privilegio de llevar el sombrero puesto en palacio]. Al cundir el sarampión en la colonia y quedar detenidos los trabajos, Chinchurreta fue llamado por el sombrío monarca, que quiso saber qué epidemia era aquélla; contestándole el cantero en vascuence: Min gorria, jauna [el mal rojo, señor]. Dispuso el rey entonces que se enviaran físicos y remedios a la colonia, pero, a pesar de todo, la mortandad fue grande y el lugar quedó bautizado para siempre según su calamidad: Mingorría (Sarampión)".

---

dieron sus fundadores ingleses, como ocurre con otros equipos: Athletic de Bilbao, Racing de Santander, Sporting de Gijón, Sporting de Lisboa... Así que en aquella ciudad italiana juegan —y comparten el estadio de San Siro— el Milan y el Inter de Milán.

Traducir ahora ese topónimo —y otros eusquéricos que persisten en Castilla, como el río Valderaduey; o en Aragón, como Alcubierre; o en Guadalajara, como Alcarria— constituiría una solemne estupidez. Mingoría perdería una parte de sus cromosomas históricos... y de su gracia.

En el terreno contrario, la Diputación de Vizcaya decidió en 1998 que la eterna ría de Bilbao ya no se llame ría del Nervión sino ría de Ibaizabal, atendiendo a un dictamen histórico y linguistico de la Academia de la Lengua Vasca ("Euskaltzaindia" en euskera o vascuence). El periodista bilbaíno Patxo Unzueta escribía en *El País* con tal motivo: "Será muy académico ese dictamen, pero ¿en nombre de qué, con qué derecho se empeñan en ofender a gentes que nada les han hecho? ¿Por qué es más auténtico el nombre que proponen que el que los ciudadanos de Bilbao, sus padres y sus abuelos, y los padres de sus abuelos, han utilizado siempre para designar al río que pasa por su ciudad antes de perderse en la mar? El cancionero local, las páginas que Unamuno consagró a la ría del Nervión, los poemas de Blas de Otero [o de Gabriel Aresti] ¿no tienen más valor que las obsesiones de esos lingüistas, expertos sobre todo en amargar la vida de la gente?" [7].

El afán por rebautizar sin criterio y a la medida personal genera problemas. En Extremadura aún se recuerda cómo un gobernador civil adulador hizo añadir el genitivo "del Caudillo" (en referencia a Franco) a los topónimos de una comarca que iba a visitar el dictador, siguiendo el ejemplo de "El Ferrol del Caudillo". Pero el insigne funcionario no cayó en la cuenta de que uno de esos nombres era El Zángano (lugar próximo a un puerto de montaña del mismo nombre), y que por tanto se habría de decir —y se dijo— "El Zángano del Caudillo".

Las ciudades que forman parte del ámbito general de conocimiento de los hispanohablantes cuentan con unos nombres que ya no pertenecen sólo a sus propios vecinos. Palabras como "Madrid" o "Valencia" o "Sevilla" y como las

---

[7] Patxo Unzueta, *El País*, 30 de agosto de 1998.

capitales de provincia españolas y ciudades importantes pertenecen a todos los hispanoablantes, igual que Bogotá, Medellín, Acapulco, Monterrey, Mendoza, Puebla, Punta del Este... o Cuzco. Todas las ciudades relevantes tienen traducción a otros idiomas.

Por tanto, cabe preguntarse si el Parlamento tenía competencia para cambiar —desde arriba— el nombre que en español se dio siempre —desde abajo— a Gerona, Lérida, La Coruña y Orense (que han pasado a denominarse oficialmente Girona y Lleida, en catalán, y A Coruña y Ourense, en gallego). ¿Se supone que lo mismo han de asumir los argentinos, chilenos, ecuatorianos...?

Por otro lado, los catalanes, por ejemplo, cuando hablan en su lengua, utilizan con todo derecho sus propios exónimos [8] para referirse a las ciudades de España, pese a que tengan éstas lógicamente un único nombre oficial y en castellano. Así, dicen y escriben Saragossa (Zaragoza), Terol (Teruel), Càdis (Cádiz), Conca (Cuenca), Xerez (Jerez)... y Sant Jaume de Compostel.la (Santiago de Compostela), denominaciones que no sólo se emplean en la radio y televisión autonómicas sino que se mantienen también en los documentos oficiales y hasta en indicadores comarcales de carreteras [9].

Quienes defienden que los castellanohablantes digan "Girona" (con un fonema inexistente en español para esa grafía) habrían de corresponder con la palabra "Zaragoza" incluso cuando hablan en catalán. Pero no consiste en eso lo

---

[8] Espero que, con arreglo a lo expuesto anteriormente sobre los cromosomas del idioma, el lector haya comprendido lo que significa la palabra "exónimo" en el caso de que la lea por vez primera. La podrá relacionar con "onomástica", "topónimo", "anónimo", "sinónimo"... y con la idea de "fuera de" que aporta la partícula *ex* ("excéntrico", "exterior"...). Por tanto, se refiere a los "nombres de fuera". Se trata de una voz muy usada por los lingüistas y que no figura en el *Diccionario de la Real Academia*.

[9] Por ejemplo, en el cruce de la carretera que llega a Alcarràs desde Vallmanya (Lérida) se puede leer en un indicador de dirección, en catalán: "A Saragossa"; pero en la salida de Zaragoza todos los carteles dicen, y no en castellano como correspondería según el criterio anterior: "A Lleida".

que defendemos aquí, puesto que tal argumento nos llevaría a que los catalanes olvidaran sus propios exónimos y a que los hispanohablantes rompieran con los del idioma español. Los dos perderían sin que ganase nada ninguno. Y los dos renunciarían al orgullo de que sus respectivas ciudades tengan traducción a otros idiomas, lo que implica que lejanos hablantes las conocen y las consideran de importancia [10].

También aflora en esto un complejo: el de los castellanos que penan por culpas ajenas. Fueron Franco y su régimen fascista los que aplastaron los derechos propios de catalanes, vascos y gallegos (y todos los demás derechos del resto de los españoles, lo que a veces se olvida desde posturas nacionalistas muy preocupadas por arrogarse el monopolio del sufrimiento durante la dictadura, y aun durante la democracia). Pero, como ha recordado muy acertadamente el crítico literario Miguel García Posada, "el castellano no domina hoy el territorio español como consecuencia de la expansión militar o imperial. Su rango dominante deriva de que en un momento dado, durante la Edad Media, se convirtió en lengua franca —como hoy el inglés en el mundo— de quienes no sabían latín y hablaban vasco, aragonés y catalán y se sirvieron de una *coiné* vasco-castellano-navarro-aragonesa como instrumento de intercomunicación [...]. Por eso, al comenzar el siglo XVI, cuando aún no se habían producido agravios políticos de ningún tipo [las leyes de Felipe V, que son centralistas y ajenas a la tradición española], el castellano era la lengua de todas las Españas —de todas, no de una; hace bastante tiempo que se conoce la pluralidad nacional, la cual dista de ser un invento del irredentismo. Lo de la lengua del imperio o frases similares ha sido una trágica necedad de la ultraderecha fascista" [11].

---

[10] En este punto estoy en desacuerdo con el *Libro de Estilo* de *El País,* pese a ser su responsable. Me parece más acertado el criterio que permaneció vigente en las ediciones comprendidas entre 1990 y 1996, modificado luego por la dirección del periódico.

[11] Miguel García Posada, *El País,* 3 de septiembre de 1998.

Por otro lado, la misma palabra "Lérida" da idea de que en estos casos —al contrario, insistimos, de lo ocurrido durante el franquismo con localidades menores— no se buscó zaherir a nadie con la adopción de tal denominación. Porque Lérida fue el primer nombre en catalán que tuvo la ciudad, evolución del "Ilerda" romano asumida pronto por los castellanohablantes.

En Galicia hay quien defiende a su vez que el cabo de Finisterre pase a llamarse "Fisterra", su denominación en gallego. Nada que oponer a que así se diga cuando alguien habla el idioma galaico, pero generalizar la palabra autóctona supondría traicionar, para el resto de los hablantes de lenguas romances, la componente mitológica que tuvo y tiene ese lugar, considerado durante tantos siglos el "final de la Tierra".

Una hermosa ciudad marroquí se llama oficialmente Casablanca. Habría que preguntarse incluso si los propios marroquíes tendrían derecho a imponer al resto del mundo, en caso de volverse locos, que se pronunciase a partir de ahora "Dar al baida", cuando Casablanca ya forma parte del patrimonio cultural de la humanidad... gracias al cine.

¿Tienen derecho por su parte los peruanos a convertir Cuzco en "Cusco"?

En agosto de 1995, la empresa Telefónica del Perú, filial de la Telefónica Internacional de España, fue multada por el Ayuntamiento de esa ciudad —de mayoría marxista— porque en su publicidad aparece el nombre de la localidad escrito con z. La demanda legal explicaba que esa letra tiene un contenido extranjerizante y peyorativo, puesto que, a su entender, la palabra Cuzco fue creada por los conquistadores españoles de Perú con la aparente intención de llamar "perrito faldero" (el nombre común "cuzco" se define en el *Diccionario* efectivamente como "perro pequeño") a la otrora capital del imperio inca. Tiempo atrás, en 1983, los mismos dirigentes políticos habían retirado de la sede del Ayuntamiento el antiguo escudo español de la ciudad y todos los símbolos hispanos. Estos representantes defienden la denominación Qosgo, del quechua (y aceptan, no obstante, como mal menor la grafía "Cusco"). Pero resulta sorprendente la forma Qosgo, sobre todo si se tiene en cuenta que el quechua, como todas las lenguas amerindas, carecía de escritura. "Cuzco" es la transliteración que aplicaron los españoles, probablemente con mal oído, de lo que oían a la población indígena. Y así se escribió durante los siglos XVI y XVII. Cuando se generaliza la pronunciación andaluza en América, a mediados del XVII, la z deja de tener un valor fonético distinto de la s, y a partir de ahí se encuentra ya la grafía "Cusco", pero alternando con "Cuzco".

Como en el caso de Lleida y Girona, los filólogos salieron al paso de las razones políticas: un ilustre bilingüe como el mestizo Garcilaso de la Vega empleaba la grafía "Cuzco". Demetrio Tupac Yupanki, miembro de la Academia de la Lengua Quechua, abundó en que varios escritores peruanos escribieron Cuzco con z, como José Gabriel Cosío, rector de la Universidad de Cuzco y exponente de la cultura quechua.

Y la Academia Peruana de la Lengua dictaminó, según consta en un escrito fechado a 10 de septiembre de 1990: "La grafía usada desde los comienzos de la escritura castellana en el país es Cuzco, no contradicha en esto por Garcilaso el Inca ni por otros notables bilingües. Es este siglo, por inexactas apreciaciones sobre la reconstrucción del quechua antiguo y del español clásico, así como por una exagerada interpretación del ideal fonético de la ortografía indígena, se ha pretendido difundir y aun imponer por autoridades municipales la grafía Cusco, que nos parece inadecuada".

Pero de nuevo la autoridad competente en la lengua fue ninguneada por la autoridad competente en la política, y Cusco es hoy nombre oficial de la maravillosa ciudad peruana, mal que le pese, por ejemplo, a la plaza de Cuzco madrileña —sita en el paseo de la Castellana y muy próxima al estadio Santiago Bernabéu—, que difícilmente se llamará algún día "plaza de Qosgo"… El burgomaestre de la población peruana no llegará hasta la Compañía Metropolitano de Madrid para que modifique asimismo el nombre de la estación denominada Cuzco (bajo la misma plaza), ni a las enciclopedias inglesas, francesas o alemanas que escriben Cuzco —no se busque en ellas "Cusco", no aparece— y amenazar a todos sus responsables también con una multa de 20.000 nuevos soles (9.500 dólares). Pero tal vez sí prohíba el alcalde cuzqueño los textos de Garcilaso en que se emplea esa grafía, o los de Fernández de Oviedo y Valdés (1535), Francisco de Xerez (1534), Antonio de Herrera (1601) o Pedro Cieza de León (1554). La palabra Cuzco, pues, que anda en boca de tan extenso mundo, ya no puede pertenecer sólo a los peruanos.

Se han producido en los últimos tiempos otros intentos de imponer a los demás cómo deben decir en su propia lengua los nombres que tienen una denominación oficial en otra. Por ejemplo, Costa de Marfil ha logrado que la ONU (Organización de las Naciones Unidas) considere que su nombre en español es "Côte d'Ivoire". En serio. La razón de tal empeño consiste en que, empleando tal denominación francesa para todas las lenguas figura en la parte superior de cualquier relación establecida por orden alfabético (lo que no sucedería con la denominación "Ivory Coast"). Lo habrá logrado con la ONU, pero, mal que le pese, Costa de Marfil no puede extender sus leyes hasta nosotros en la conversación diaria y los escritos que producimos.

Como ya hemos dicho, las autoridades chinas, al adoptar sus nombres propios al sistema pin yin, admitieron modélicamente que se aplicaran excepciones con su capital y con otros nombres históricos. Así, en todo el ámbito español se sigue hablando del río Yangtsé, pese a su denominación pin yin "Changjiang", y de Hong Kong en lugar de "Xianggang"; y por eso decimos "Pekín" —nombre de la capital china en español desde hace siglos— y no "Beijing".

Un diario de Madrid, El Mundo, utiliza, sin embargo, esta última denominación (aunque conserva "Hong Kong" y "Yangtsé", en un alarde de incoherencia). Por tanto, es de suponer entonces que mantendrá esa lógica particular en los anuncios por palabras a la hora de incluir los avisos de los lectores y clientes. Porque con cierta frecuencia veremos escrito que se ha perdido "un perrito beijinés".

XV. La Academia y la ley

En las calles de Zacatecas, olvidarse de la letra *e* puede costar 900 pesos. El hostelero Carlos Salmón, un hombre dicharachero, cuentachistes y aficionado a los toros, tuvo que abonar ese dinero (unas 15.000 pesetas al cambio español) por haber escrito "restaurant" sobre la puerta de su restaurante. Una transgresión que en cualquier otro lugar habría pasado inadvertida, envuelta en un cocido de rótulos extraños y platos de escaso sabor pero rentables para quien los sacase a la mesa.

Salmón asegura haberlas pagado con gusto, porque se trató de un despiste y no de una provocación. En efecto, toda Zacatecas (250.000 habitantes) está adornada con carteles elaborados en correcto español, sin *boîtes* ni *parkings*, ni *snacks* ni *Emiliano's bar*. Y al dueño de una tienda que lucía el letrero "discos y cassettes" le obligaron a escribir "discos y cintas".

La Junta de Protección y Conservación de Monumentos y Zonas Típicas del Estado Mexicano de Zacatecas prohíbe además los letreros luminosos, y la tipografía de cualquier cartel no ha de superar los treinta centímetros de altura, no se pueden exponer anuncios en los toldos, ni números telefónicos, ni avisos en paredes laterales… así hasta 21 prohibiciones, entre las que figura la de usar palabras "en idiomas extranjeros". Para mostrar cualquier leyenda o cartel anunciador han de cumplirse dos condiciones: que estén "pintados directamente sobre los paramentos de las fachadas con letras negras o doradas, sin invadir superficies ornamentadas"; y que sirvan "exclusivamente para anunciar el nombre y giro [1] del establecimiento comercial o industrial y en su caso el nombre y la especialidad del profesionista".

Se basa para todo ello en los artículos 31 y 32 de la benefactora Ley de Protección y Conservación de Monumentos y Zonas Típicas del Estado [2].

Los zacatecanos muestran tal sentimiento de propiedad sobre la lengua española, que unos muchachos dispuestos a entrar en una de las sesiones públicas del I Congreso Internacional de la Lengua Española reunido allí en abril de 1997 le comentaron al corresponsal de Televisión Española, Juan Restrepo, cuando les preguntó por qué habían acudido: "Es que hemos oído que quieren quitarnos algunas palabras".

No se trataba de palabras, sino de letras; pero tal vez les había llegado con deformaciones el discurso pronunciado el día anterior por Gabriel García Márquez.

El resultado de esta persecución del extranjerismo y del mal gusto de la que presume Zacatecas nos muestra una ciudad hermosa, con piedras seculares y edificios armoniosos, en cuyas zonas de sólo andar podemos imaginar, cuando cae la noche y se duermen los ruidos, que nos hallamos en 1834; y recrearemos entonces la gran gala de apertura de su monumental teatro Calderón, y sentiremos la percusión rítmica que marcan en el empedrado los cascos de los caballos al tirar de un carruaje. Alrededor de la escena, las mujeres y los hombres de Zacatecas hablan con voces secas llenas de colores, y dan música a las palabras certeras.

Un solo, insignificante, cartel de *Cocacola* nos destrozaría todo el ensueño.

¿Hay que emprender campañas de *despepsicocacolización* como la que se puso en práctica en Zacatecas? ¿O eso conver-

---

[1] "Giro", en su cuarta acepción: "Conjunto de operaciones o negocios de una empresa".

[2] *Reglamento de letreros y anuncios,* Zacatecas, julio de 1987. Junta de Conservación de Monumentos y Zonas Típicas.

tiría a tales normas en muestras peculiares de fascismo que arruinan la libertad de expresión y de empresa?

Como la supresión de letras, como la reforma ortográfica de distintos idiomas, el debate sobre la necesidad de una ley de defensa del español también resucita en ciclos una vez muerto sucesivamente. Y con él llegan todos los recelos que despiertan los imperialistas del idioma, y todos los peligros que desatan quienes lo desprecian.

El Gobierno francés intentó en 1994, cuando lo presidía el conservador Édouard Balladur, promulgar una Ley de Defensa del Idioma que había promovido el ministro de Cultura, Jacques Toubon. Poco antes, el mismo propósito alentó al ministro argentino Jorge Asís. El Consejo Constitucional francés anuló los principales artículos de la ley, atendiendo el recurso de los socialistas. Y el argentino Asís presentó su dimisión tras el aluvión de críticas y protestas.

El lingüista francés Phillippe Rosillon, secretario general de la Unión Latina, llegó a proponer, por su parte, la creción de leyes comunes en los países donde se hablan lenguas romances, para defenderse del inglés como los habitantes de Fuenteovejuna. Todas a una, deseosas de dar orgullo como buenas hermanas de sangre a su padre el latín, para que éste recordase sus viejos poderes frente a los bárbaros.

En los años ochenta se creó en México una Comisión para la Defensa del Idioma Español, que tuvo una vida muy corta. En Colombia, un decreto de la presidencia promulgado en 1980 obligaba a expresar en español "la denominación de todo establecimiento, empresa industrial o comercial, así como la de institutos de educación, centros culturales, sociales o deportivos, hoteles, restaurantes y en general la de todo establecimiento, negocio o servicio abierto al público".

En Costa Rica, una ley prohibió en julio de 1996 que las empresas utilizasen rótulos en idiomas que no fueran el español o las lenguas aborígenes (las de los bri-bri, cabecar y guaymi, etnias que agrupan a unos 35.000 indígenas, el 1 por ciento de la población, que gozan de educación bilingüe desde principios de los noventa). Una propuesta similar se ha puesto en marcha también en las islas Baleares, donde la invasión turística ha ocasionado que hasta la carta de los restaurantes se exponga en su exterior escrita en alemán, inglés o francés, y donde hasta las agencias publicitarias extranjeras sitúan en las carreteras vallas comerciales que hablan al consumidor en esos idiomas. Un lugar de España donde un español puede sentirse extranjero.

Los argumentos contra estos propósitos bienintencionados no carecen de solidez. El Consejo Constitucional francés expuso en su sentencia que la ley de Balladur y Toubon antentaba contra "la libre comunicación de ideas y opiniones", establecida en la Declaración de los Derechos Humanos del Hombre de 1789 y que pone fuera del alcance del Gobierno el control del lenguaje. En efecto, el proyecto francés preveía incluso multas para los ciudadanos que usasen anglicismos.

Ahora bien, el intérprete de la Constitución francesa sí le daba la razón al Gobierno en que puede imponer un uso correcto del idioma en todos aquellos organismos y servicios que dependan de sus competencias administrativas, y en lo que se refiere a la comunicación pública: colegios, universidades; televisión, prensa y radio; publicidad; contratos, etiquetas, congresos… La sanción máxima puede llevar al incumplidor a la cárcel (seis meses), además de que habrá de pagar una multa de 50.000 francos (1,2 millones de pesetas).

La sentencia desmontó también el comité de expertos que preveía la ley para que se encargara de establecer qué expresiones son incorrectas. "Sólo el uso", sentenciaron los jueces con buen juicio, "podrá determinar cuál es la evolución del idioma".

El fallo anulaba asimismo un artículo que habría impedido las subvenciones oficiales a todo trabajo de enseñanza o de investigación que no fuera publicado en francés. Un artículo que en España habría abierto las carnes de todos los nacionalistas catalanes, vascos o gallegos… y de cualquier demócrata.

No reconforta mucho a quienes defienden este tipo de leyes saber que Benito Mussolini se erigió en pionero de tales medidas. En 1930 dictó una ley de defensa del idioma italiano que obligaba, por ejemplo, a doblar todas las películas. Como no podía ser menos, el general Francisco Franco le imitó en 1941.

¿Hay que promover leyes de defensa del español en cada país hispanohablante?

No, a mi juicio. Y menos con esos tintes fascistoides. El Gobierno, en efecto, no puede inmiscuirse en las palabras que empleen los hablantes o la sociedad privada en general. Ahora bien, este aserto general admite matizaciones.

Para empezar, los gobiernos sí deben defender el idioma español en el ámbito de sus competencias, y siempre sin invadir el terreno de otras lenguas autóctonas: pueden imponer a los funcionarios que se comuniquen con claridad en su idioma oficial; lograr que las empresas y organismos estatales no utilicen los extranjerismos en sus anuncios; convertir a las emisoras y televisiones públicas en modelos idiomáticos de prestigio; redactar las leyes sin errores sintácticos ni ortográficos; obligar a que los controles oficiales sobre la calidad de los electrodomésticos y de sus piezas se extiendan a los manuales que los explican; crear departamentos que recojan las protestas de los ciudadanos que no hayan comprendido determinada disposición o impreso oficial que se les dirige; dotar de mayores medios económicos a las Academias... y, sobre todo, dedicar más atención a la enseñanza del idioma español y de las tres lenguas principales que lo arroparon en sus balbuceos: el latín, el griego, el árabe; así como favorecer el conocimiento de los idiomas que, salvados los conflictos históricos, deben aprestarse a convivir con el español durante los siglos venideros sin menoscabo alguno de su cultura y sus palabras: el guaraní, el catalán, el quechua, el vascuence o euskera, el aimara, el gallego...

No sólo en esto pueden las autoridades servir a los hablantes. También los ayuntamientos o gobiernos regionales de todo el mundo hispano suelen tener competencias sobre la conservación de sus cascos históricos. Con sus ordenanzas y reglamentos pueden impedir la construcción de un edificio que tape la vista de una iglesia románica o arruine la perspectiva de un palacio colonial, o prohibir cualquier obra que altere el casco histórico de la localidad o su legado cultural. Con tanto mayor motivo podrán también —al menos en determinadas zonas— censurar carteles desmedidos, luces deslumbrantes, palabras destructoras que desprecian a quien las lee.

Sólo con esos cuidados de los gobiernos estatales y locales ya habríamos salvaguardado gran parte de nuestro patrimonio lingüístico, no menos importante que el artístico o el histórico.

Porque el resto del problema corresponde a las Academias.

El ingente trabajo actual de la Española —veloz y eficazmente informatizada durante el mandato de Fernando Lázaro Carreter— y su despliegue de relaciones e integración con Latinoamérica —donde mueve los hilos con suma habilidad el lingüista cubano y académico puertorriqueño Humberto López Morales desde su puesto de secretario general de la Asociación de Academias de la Lengua Española— son deudores aún, sin embargo, de infinitos errores cometidos en el pasado. Ninguna obra humana puede prescindir de cuanto la precedió.

Muchos aún tienen en el recuerdo, por ejemplo, cómo se definió el marxismo en el *Diccionario de la Real Academia* hasta 1984:

"Doctrina de Carlos Marx y sus secuaces, que se funda en la interpretación materialista de la dialéctica de Hegel aplicada al proceso histórico y económico de la humanidad, y es la base teórica del socialismo y del comunismo contemporáneo".

Afortunadamente, ya podemos leer esta otra explicación:

"Doctrina derivada de las doctrinas de Karl Marx [1818-1883] y Friedrich Engels [1820-1895] consistente en la interpretación económica [materialismo histórico] de la dialéctica hegeliana, la tesis de que la fuerza fundamental de la historia es la lucha de clases, que conducirá inevitablemente a la destrucción del capitalismo, la dictadura del proletariado y, finalmente, al establecimiento del comunismo y a una sociedad sin clases".

En consonancia con aquella ideología fascista que tan bien se definía a sí misma en sus definiciones de lo otro, todavía en el *Diccionario* de 1970 el matrimonio se concebía sólo para toda la vida: "Unión de hombre y mujer concertada de por vida mediante determinados ritos o formalidades legales". En la edición de 1984 ya no figura la expresión "de por vida".

La Academia cometía en esta entrada un error científico y un desatino político; se mostró en esto desmedidamente española, pues el divorcio ya existía en muchos países de Latinoamérica antes de que muriera Franco.

Pero no es ésta la única descortesía del *Diccionario* que se elabora en Madrid.

Porque aún define al limón como un fruto "siempre de color amarillo", entre otras características. Y en la entrada "amarillo" se dice: "De color semejante al del oro, el limón, la flor de retama"...

Sin embargo, en casi toda Latinoamérica los limones son verdes.

Esta visión hispanocentrista de las palabras ha hecho mucho daño al sentimiento de unidad cultural e idiomática. Durante mucho tiempo, los americanos que hablan español han visto a las autoridades de Madrid como unos colonizadores en la distancia, personajes oscuros que aún mantenían vivos los sentimientos de dominación que navegaron hacia América hace 500 años y que en cualquier momento podían regresar.

El *Diccionario* —que, sin embargo, ha sido asumido históricamente con todo respeto en Latinoamérica como referente de palabras y significados— cita numerosos vocablos como "americanismo", "mexicanismo", "colombialismo"... pero no aparecen "españolismos". Y los hay: algunos términos que en él figuran se utilizan hoy en día sólo en España, como ese "vosotros" tan peculiar que ni siquiera es común a todas las regiones peninsulares.

Y la adopción oficial de vocablos muy extendidos en América no fue nunca generosa, como si los funcionarios de esa' especie de aduana en que se convirtió la Academia no sólo examinaran el género con su natural desdén sino también con desconfianza por su mera procedencia. El "ninguneo" del que hemos hablado más arriba sólo entró en el *Diccionario* en 1992; y curiosamente lo ha hecho con plena carta de naturaleza, sin etiqueta previa de "mexicanismo" o "americanismo", lo que da idea de la rapidez con que han asumido ese término los hispanohablantes europeos... y también del retraso de la propia Academia.

El lingüista y académico mexicano José Moreno de Alba escribía en una obra elaborada antes de esa inclusión:

"Me sorprende que el diccionario académico no dé cabida al hermoso y utilísimo mexicanismo *ningunear* (con su derivado *ninguneo*), y me extraña asimismo que no se haya extendido a otros ámbitos geográficos de la lengua española, pues a mi ver se trata de una voz no sólo perfectamente formada, de acuerdo con las reglas de derivación (se añade simplemente el sufijo verbal *ear* al pronombre o adjetivo indefinido negativo *ningún, ninguno*), sino que además puede verse casi como necesaria, ya que de no emplearse hay necesidad de acudir a largas e inexactas perífrasis. *Ningunear* es hacer ninguno a alguien. La expresividad del vocablo es innegable; es enorme la cantidad de matices semánticos que pueden observarse en los variadísimos contextos y situaciones en que aparece; su frecuencia de uso entre los hablantes mexicanos es muy alta y pertenece a todos los niveles sociales. He aquí un ejemplo (entre muchos otros) de un neologismo o, si se quiere, de un dialectalismo feliz. El español mexicano, los hablantes mexicanos, generan a cada paso, con sorprendente naturalidad, vocablos destinados a permanecer. Muchos neologismos, hay que reconocerlo, resultan no sólo innecesarios sino vulgares y estúpidos; no deben preocuparnos mucho, pues están condenados a la desaparición. Los neologismos que se quedan son los que, como *ningunear*, son resultado de la inteligencia y de la sensibilidad de los hablantes, y no necesariamente de los más cultos, ya que con frecuencia es el pueblo el mejor inventor de palabras. Ése es el caso, creo yo, de *ningunear*" [3].

Hechos como éste han inspirado aquella famosa frase de Gabriel García Márquez: "La Real Academia es el mausoleo donde finalmente yacen las palabras".

---

[3] José Moreno de Alba, *op. cit.*

En los últimos tiempos, la institución ha sentido vergüenza póstuma, ha intentado acoger términos todavía vivos y ha cometido errores por el lado contrario, como la aceptación de algunas voces no consolidadas por el uso común. Errores a veces extravagantes, por ejemplo el cometido en 1998 con la voz "antofagasta", a la que se dio como nombre común el significado de pelma, pesado, plomo o metepatas ("antofagasta: persona cuya presencia en una tertulia o café desentona y fastidia"). Y que desató la ira de los habitantes de Antofagasta (Chile) y del vicedirector de la Academia Chilena, Ernesto Livacic, quien se quejó por no haber sido consultado. ¿Qué necesidad tenía la Academia de admitir una palabra que nadie usa, y que como mucho se habrá pronunciado alguna vez en el Café Gijón de Madrid?

Las críticas llegadas desde América con éstos y otros ejemplos tenían y tienen toda la razón (y con "antofagasta" lograron que se suprimiese el invento). Porque tal parece que desde España se dictara siempre la norma universal, cuando los 40 millones de españoles suman sólo el 10 por ciento de quienes hablan español en el mundo.

Y de todos los hablantes del español, a buen seguro que cerca del 50 por ciento son mujeres. El *Diccionario* las ha marginado durante años, reflejando así la situación machista de la sociedad. Hoy en día ya no se pueden mantener, sin embargo, muchas de las definiciones del léxico oficial. Por ejemplo, la entrada "gozar" incluye entre sus acepciones: "conocer carnalmente a una mujer", sin que se añada en lugar alguno que también puede gozar la mujer al conocer carnalmente a un hombre. Y el sexo femenino se asocia con "endeble" mientras que al masculino se le asigna "enérgico", como si no pudieran invertirse tales correspondencias y no existieran muchas mujeres enérgicas y muchos hombres endebles, calificativos que pueden merecer las personas independientemente de su sexo. Además, "sacar a bailar" es lo que hace un hombre con una mujer, y no al revés. Un "comadrón" es un "cirujano que asiste a la mujer en el acto del parto", pero una "comadrona" es una "partera" (que se define a su vez así: "mujer que, sin tener estudios o titulación, ayuda o asiste a la parturienta").

Un completo estudio sobre estas cuestiones fue publicado en septiembre de 1998 por el Instituto de la Mujer español [4]. Ahí se pueden observar muchas discriminaciones léxicas, ingentes argumentos insoslayables; pero algunas definiciones, aun con su censurable sesgo machista, no se pueden eliminar del *Diccionario,* por la sencilla razón de que esos significados guardaron durante siglos, y así se han reflejado en la literatura. La palabra "jueza" equivalía en el mundo rural a "la mujer del juez"; y "alcaldesa", a "la mujer del alcalde"… Cualquier español o extranjero que hallase esas voces en *La lozana andaluza* o el *Lazarillo de Tormes* tendría derecho a que el *Diccionario* le explicara que también guardaron ese sentido. Lo cual no significa que se deba desdeñar el nuevo, concebido ya conforme al pensamiento de la sociedad actual.

El *Diccionario* no juzga la historia, sólo la refleja. El mero hecho de que no gusten algunas definiciones no nos autoriza a desterrarlas, como un periodista no podrá omitir la existencia de Augusto Pinochet aunque le desagraden sus vómitos logorreicos.

No obstante, aún le queda mucho trabajo a la Academia para compensar tantos deslices cometidos. Y no sólo en la tarea lexicográfica, sino también en la diplomática. Los académicos españoles han de viajar más a Latinoamérica, entonar a menudo el *mea culpa* en persona y mostrar propósito de la enmienda. Y las instituciones radicadas en España pueden favorecer la llegada de académicos latinoamericanos, eminencias lamentablemente desconocidas en países que hablan su propio idioma; y promover que pronuncien conferencias en la Península y las islas, y en Ceuta y Melilla. Y siempre, participar conjuntamente en los asuntos de la lengua, intercambiar conocimientos y reunir nuevos congresos similares al de Zacatecas.

---

[4] Ana Vargas, Eulàlia Lledó, Mercedes Bengoechea, Mercedes Mediavilla, Isabel Rubio, Aurora Marco, Carmen Alario, *Lo femenino y lo masculino en el Diccionario de la Lengua de la Real Academia Española*, Madrid, Ministerio de Trabajo y Asuntos Sociales, Instituto de la Mujer, 1998.

También a las Academias de América Latina —fundadas en 1871 con la creación de la Academia Colombiana— les corresponde un esfuerzo mayor si pretenden una tarea común. El hecho de que el *Diccionario* general no incluya a veces determinados vocablos se debe a la escasa presión que aquéllas ejercen, a su falta de respuesta a muchas consultas desde Madrid. También a la carencia de documentos que avalen el uso generalizado de un término. Es hora de acabar con agravios históricos y construir entre todos el futuro de nuestro idioma. Porque aún hay que introducir muchos cambios en el *Diccionario* actual. Ha de acoger, por ejemplo, más americanismos, de modo que los hispanohablantes europeos podamos hallar definiciones precisas cuando el cada vez mayor intercambio cultural nos ponga ante voces nuevas y, sin embargo, españolas. Para que tiempo después desaparezca la precisión "americanismo" o "peruanismo" o "españolismo", que habrá de hacerse constar cuando así lo exija el caso—... y se fundan todas en un vocabulario rico y extendido, donde todos podamos leer y comprender nuevas voces como "engentarse", y "achicopalarse"; y "cuadra" como equivalente de grupo de edificios; y también "balseros" (ocupantes de una balsa, y no sólo su conductor), y "patera" (como barco de poco calado), y "hacer dedo" (antes "hacer autoestop"), y "mitinero"; y "móvil" y "celular" (teléfono sin línea terrestre), y "telemando" (o mando a distancia), y "metrobús" (billete combinado de metro y autobús), y "sidoso" (enfermo de sida, formada como tuberculoso, canceroso, catarroso, griposo...) [5].

La Academia disfruta aún, pese a los errores comentados, de un sólido prestigio en todo el mundo hispanohablante. A su *Diccionario* se dirigen enseguida quienes se tropiezan con una duda. Según Manuel Criado de Val, "una cada día más

---

[5] En *El estilo del periodista*, pp. 426 a 432, ofrezco un diccionario de neologismos que, a mi juicio, son perfectamente asumibles. Y también, de la p. 432 a la 437, una relación de neologismos desaconsejables, según mi criterio. De ahí que no me extienda aquí con más ejemplos de los apuntados en este párrafo.

amplia masa de hablantes de un nivel culto medio mira, como último refugio, hacia la Academia" [6]. Y el académico Francisco Rico coincide: "Cuando la lengua plantea dudas o despierta curiosidades, la Academia aparece con toda naturalidad en el horizonte mental del hispanohablante" [7].

Por ejemplo, el congreso sobre recursos del lenguaje que se celebró en Granada en mayo de 1998 acordó instar a la Academia a que encabece la adaptación del español a la tecnología. Las conclusiones piden "que la Academia muestre un mayor interés por este asunto y asuma su papel de defensor del idioma frente a todo tipo de agresiones, no ya de las incorrecciones sino también de los extranjerismos"; y los reunidos exigen "que tanto los responsables de la Real Academia como la comunidad científica española se pongan de acuerdo para buscar equivalencias terminológicas o la españolización de términos de uso común en ese ámbito" [8].

La docta entidad puede aprovechar este prestigio privilegiado para difundir sus opiniones: que sus boletines periódicos adquieran mayor difusión, y lleguen a muchos periodistas y responsables de medios informativos; que cuente con un gabinete de prensa y comunicación capaz de trasladar a la sociedad los debates académicos mientras se producen, y no sólo al final del proceso. La institución debe expresarse con solemnidad y sin prisas en sus documentos oficiales; pero también le cabe una misión más contingente, de modo que pueda aprovechar mejor los grandes medios de comunicación de nuestro tiempo y aparecer en ellos como intelectual colectivo que aconseja y orienta.

Los hablantes del español están deseando siempre oír la voz de la Academia. Porque debajo de las críticas superficiales —a menudo fundadas, sin embargo— permanece un espíritu de

---

[6] Manuel Criado de Val, "Así hablamos", *El espectador y el lenguaje*, Madrid, Prensa Española, 1974.

[7] Francisco Rico, "Un diccionario para 1992", *El País*, 4 de junio de 1987.

[8] Francisco Ruiz, *Abc*, 1 de junio de 1998.

ÁLEX GRIJELMO

profunda admiración a la indudable altura intelectual de sus integrantes. Y ellos deben responder a tan noble expectativa. Porque ¿cómo pueden cumplir si no su papel de fijar, limpiar y dar esplendor? Si la Academia se anquilosa en la cómoda posición de sancionar lo que ya existe, lo que está en uso, y admite así vocablos como "liderar" o "magacín" —tras los cuales algún día entrarán en el *Diccionario* por el mismo camino "realitichou" o "niuspéiper"—, ¿en qué consiste su misión de *limpiar*? ¿Cómo se *da esplendor* con palabras que empobrecen, casi todas obtenidas de la jerga periodística o política, casi nunca del habla popular? ¿Cómo se podrán *fijar* los conceptos para que no sean modificados y manipulados por ese dialecto que han formado quienes abusan de la información y de la política?

Al menos una mayor presencia pública de la Academia como institución —y no sólo de un ubicuo, voluntarioso, brillante y atareado director; papel que desempeñó con galanura Lázaro Carreter— contribuiría a deshacer equívocos y aunar voluntades.

Ahora tal vez sus responsables tienen recientes aún las ofendidas reacciones que provocó la carta que el propio Fernando Lázaro Carreter dirigió al presidente del Gobierno en noviembre de 1994. En ella le pedía mayor protección para el castellano en las comunidades bilingües. La Academia consideraba además "deficiente" el conocimiento de la lengua oficial española "por parte de quienes la usan en público, por lo que invita a considerar su actual enseñanza para evitar una grave carencia que debe ser conjurada en todo el territorio nacional, acudiendo a su remedio con urgencia"; y pedía, entre otras medidas, la doble rotulación de los topónimos en las zonas bilingües, "de manera que ningún español pueda sentirse desorientado y peregrino en su patria".

Algunos contestaron exaltados, y eso ahogó las sensatas propuestas de Lázaro Carreter para difuminarlas en un agotador y estéril debate político. Y sólo tres años después, la ya referida macroencuesta que elaboró el Ministerio de Educación, en 1997, dio como resultado una estremecedora diferencia en el manejo del castellano entre los alumnos de las

273

comunidades bilingües y los del resto de España, favorable a estos últimos. Nadie recordó entonces aquella carta de Lázaro.

Aunque a veces las respuestas abran un debate político poco enriquecedor, habrá merecido la pena que la Academia coloque el dedo en la llaga cuando lo considere oportuno, porque sus estatutos le imponen que se interese por todo cuanto concierne a la lengua española. Después, en la calma de su mesa oval, los académicos analizarán el estado del idioma, repasarán los nuevos vocablos aportados por la Academia de Ciencias...

...La Academia de Ciencias Exactas, Físicas y Naturales (¿se le añadirá el término "Informáticas"?). Si esta institución alcanza a igualar el crédito que los hablantes han concedido al *Diccionario de la Real Academia Española,* le corresponderá un papel fundamental en el propósito de mantener la unidad del idioma.

Mientras tanto, la Academia de Ciencias puede dotarse aún de mayor agilidad de movimientos públicos y, tras estudiar los nuevos vocablos y darles equivalencias salidas de la genética del español, presentarse ante las empresas y los técnicos con la fuerza moral suficiente para extender, por vía de convencimiento, los términos que se ofrecen como alternativa a la invasión inglesa. Muchos directivos tal vez reflexionen sobre su propia responsabilidad si los académicos recuperan el viejo género epistolar para explicarles los beneficios de emplear un vocabulario científico razonable y compartido.

La Academia de Ciencias presentó en junio de 1996 su *Vocabulario científico y técnico* con 50.000 palabras. (El *Diccionario de la Real Academia Española* suma 83.500, lo que da idea de la inmensidad del léxico científico). Pero habría que saber cuántos laboratorios, sociedades anónimas y facultades trabajan con él.

Ojalá se cumpla en estos cruciales años el propósito de su presidente, Ángel Martín Municio (también académico de la Lengua): "La Real Academia recoge el uso, pero nosotros nos hemos impuesto el sentido de la anticipación".

La Academia de Ciencias sí puede anticiparse, aconsejar a los científicos y técnicos mejores vocablos que los recién llegados del inglés. La Real Academia Española, en cambio, sólo puede ejercer esa anticipación en las intervenciones de su director y sus miembros, o con cartas privadas y comunicados públicos... pero no en el *Diccionario.*

Tal vez un sentido erróneo de la anticipación —que se confundió con la impaciencia— llevó a sus páginas palabras como "travelín", ya comentada, o "esplín" (del inglés *spleen*, melancolía o tedio de la vida), o "liderar". Un cierto tiempo de espera hasta verificar el uso real de ésos y otros términos por el pueblo llano nunca está de más (con tal de que la espera no se prolongue medio siglo como antes). Porque, insistimos, a menudo entran las palabras en el *Diccionario* por el mero hecho de haberlas empleado unos cuantos periodistas, por más que las escriban o las propalen todos los días y las oigamos tantas veces que creamos haberlas encontrado por todos los rincones de España y América.

¿Hay que intervenir en el idioma, entonces? Lo menos posible. Y dentro de lo menos posible, lo menos posible desde arriba. Y si se interviene desde arriba, lo más posible con la intención de sumarse a las corrientes léxicas del pueblo, y no para vulnerarlas o entorpecerlas. Como los biólogos intervienen en el mar.

Los hablantes irán decidiendo con acierto sobre neologismos y evoluciones. Ellos sabrán encontrar alternativas como "manguera" o "pasarela" a los *fingers* del aeropuerto —así ha ocurrido ya; ahora sólo falta saber cuál de las dos triunfa, pero ya sabemos que no lo hará la expresión inglesa—. Y eso sólo puede ocurrir si previamente no se ha puesto en circulación desde arriba —los periódicos, la televisión, los políticos...— un vocablo que perturbe la búsqueda y aplace la solución española frente a la extraña.

¿No han de intervenir entonces los medios informativos para designar nuevas ideas o hallazgos?

Sí, porque no pueden dejar de nombrar las cosas. Ahora bien, en este punto caben dos soluciones: o seguir la corriente histórica del español, que siempre halla soluciones propias si tiene la oportunidad de hacerlo (adaptando el término a su morfología o buscándole un equivalente con genes españoles que los demás reconozcan); o emplear sin más la palabra que viene de fuera (dejando a muchos sin comprenderla y poniendo en riesgo la unidad del idioma).

Sin duda, resulta más fácil esto último.

Pero si optamos por la solución imaginativa no sólo tendremos el placer de servir a la comunidad, sino que podrán entendernos incluso quienes, en perfecto uso de sus derechos, dieron con otra solución también española (así "teléfono móvil" y "teléfono celular", así "trancón" y "atasco", así "computadora" y "ordenador"). Habremos intervenido en el lenguaje, pero no contra la corriente que lo alienta en los últimos siglos, sino en su misma dirección. Aun así, deberemos hacerlo con todas las cautelas, pues en esto no caben dictaduras.

Es en tales momentos cruciales, de duda o falta de recursos idiomáticos, donde la Academia puede divulgar un consejo público, pero no sin haber aplicado antes el oído al habla de la gente y a las analogías que se pueden establecer con casos similares al planteado. Con cierto talento. Y viajando.

Estamos hablando de ideas y hallazgos nuevos que alborotan de repente nuestras vidas; no de conceptos que ya existen, que se presentan con distinto color (aunque con la misma esencia) y que hacen creer a algunos confundidos que se necesita para ellos un término distinto, peculiar y, sobre todo, breve; como si los adjetivos, los verbos o las preposiciones resultaran a partir de ahora inconvenientes y todas las frases debieran componerse de una sola palabra, y cada una de las ideas de ser humano reflejarse en un solo término.

Ahora bien, los medios informativos han de asumir responsablemente su papel capital.

Lo mejor que ha ocurrido en los últimos años a este respecto es la propuesta lanzada en diciembre de 1991 por el recién elegido director de la Real Academia, Lázaro Carreter, de crear un *libro de estilo* único para todos los periódicos que se expresan en español. Uno de los grupos de trabajo del congreso de Zacatecas asumió esa iniciativa y ya se ha constituido una comisión (amparada por el Instituto Cervantes) que se encarga de desbrozar el camino y elaborar un primer análisis sobre todos los manuales publicados hasta ahora, de modo que se observen sus coincidencias y discrepancias.

Tal vez la expresión "libro de estilo" no resulte muy adecuada (cada diario conservará sus propias características de redacción y su propia concepción profesional, por supuesto). Se trata sobre todo de abordar los problemas grafemáticos (uso de las cursivas, de la coma que marca el mil en una cifra en México o el punto que cumple igual misión en España, del uso común de siglas internacionales —todavía conviven en España, por ejemplo AELC y EFTA para designar a un solo organismo—, denominaciones de países y de accidentes geográficos, transcripciones de nombres propios escritos en otros alfabetos...); para, en una segunda fase, dar respuesta conjunta a cada extranjerismo que se presente; y siempre que se pueda, tomando la solución que hayan dado los hablantes. Todo ello mediante la colaboración entre periodistas y académicos de América y España.

Y una tarea importante le compete también a la Academia: establecer de una vez por todas, y ahora con firmeza, cómo se ha de llamar la lengua que hablamos. No se trata de una cuestión baladí, pues mal podemos progresar en el entendimiento de los problemas del idioma si carecemos de su primordial palabra.

Al debatirse la Constitución Española de 1978 se planteó una interesante discusión sobre este punto. El proyecto inicial hablaba del "castellano" como lengua oficial de España. Durante el debate en el Senado, el ahora premio Nobel Camilo José Cela, que formaba parte del cupo de senadores designados por el Rey (fórmula ya abolida), propuso que se añadiera "o español". Recibió el apoyo de la izquierda en general, pero el senador Josep Benet, miembro de la coalición Entesa dels Catalans, defendió que ese añadido no resuelve ningún problema político sino que resulta innecesario y además conflictivo, puesto que "irritará incluso a los castellanos, que verán cómo se les despoja del nombre de la lengua que crearon". Además, "la enmienda gustaría a los separatistas, que oponen lo español a lo catalán o vasco". El senador Fidel Carazo (que había sido procurador en Cortes durante la dictadura franquista) defendió que al idioma oficial se le llamara sólo "español", y envolvió sus argumentos en un discurso de corte tan caduco que el nacionalista vasco

Manuel de Irujo le gritó desde los bancos: "¡Esto parecen unas cortes del siglo XVII!". Finalmente, el texto constitucional se quedó sólo con la palabra "castellano".

En efecto, la expresión "lengua española" se puede aplicar tanto al español como al catalán, al vascuence o al gallego, puesto que lenguas españolas son. Por ese motivo, tal vez algunos entiendan que el hecho de otorgar el adjetivo "español" o "española" al idioma o la lengua oficial implica un olvido de las demás lenguas que se hablan en España. Desde ese punto de vista, convendría emplear el término "castellano".

Pero a su vez los murcianos, andaluces o extremeños pueden considerar que aplicar a la lengua oficial el nombre de una sola de las regiones españolas otorga a ésta en exclusiva el patrimonio de su creación, cuando toda la Península participó en la evolución desde el latín y sólo en un origen muy remoto se podía hablar de "castellano".

En Latinoamérica conviven los términos "español" y "castellano". Sin embargo, el lingüista venezolano Andrés Bello titula su principal obra *Gramática de la lengua castellana*. Y explica en las nociones preliminares: "Se llama lengua *castellana* (y con menos propiedad *española*) la que se habla en Castilla y que con las armas y las leyes de los castellanos pasó a América, y es hoy el idioma común de los Estados hispanoamericanos".

Por su parte, la Academia hace imprimir el título *Diccionario de la Lengua Española*. Y ella misma se llama Real Academia Española. Pero precisamente en ese diccionario una y otra voz son sinónimas.

Y equivalentes las consideró también esta institución durante el debate constitucional, en el que envió oportunamente a las Cortes un documento oficial donde pedía que se introdujera la siguiente enmienda:

"Entre todas las lenguas de España, el castellano recibe la denominación de *español o lengua española,* como idioma común a toda la nación".

Basaba tal solicitud en que, en efecto, todas las lenguas que se emplean en España son españolas; pero "puesto que se reconoce que la lengua castellana será oficial en todo el territorio de la nación y servirá de instrumento de comunicación para todos los ciudadanos españoles, parece natural que sea denominada lengua española por antonomasia". Además, "este idioma constituye un patrimonio que España comparte con numerosas naciones americanas. Una decisión tan importante como es la de reconocer constitucionalmente su nombre oficial no parece que deba ser adoptada por nuestro país, desconociendo el hecho de que en tales naciones, tras los lógicos recelos que surgieron a raíz de su independencia y que las llevaron a favorecer el término *lengua castellana*, existe hoy una preferencia generalizada por el de *español* y *lengua española*. Resultaría sorprendente para millones de hispanohablantes que, en el propio solar de la lengua, se frenara legalmente el proceso de difusión de ese término".

La Academia explicaba asimismo que la palabra "español" es la más extendida en el mundo no hispano, y que el término "castellano" se suele reservar "para referirse a los fenómenos específicos de la lengua de Castilla frente a los que se producen en otras áreas románicas", porque "científicamente, el castellano, como modo de hablar propio de su viejo solar, es hoy un dialecto del español. Sólo por costumbre, consagrada por el *Diccionario*, se llama al español con el término *castellano*. Pero sería abusivo que este último nombre desplazara al anterior en el texto constitucional, donde, insistimos, la igualdad sinonímica de ambas designaciones debe quedar reconocida".

La carta terminaba con una especie de *prueba del nueve:* de no adoptarse esa sugerencia, "pueden producirse circunstancias tan chocantes como ésta: los departamentos que en nuestras universidades se denominan de Lengua Española tendrán que pasar a llamarse de Lengua Castellana, para ajustarse a lo que determine la Constitución, mientras que en las facultades extranjeras, a las cuales, como es natural, ésta no obliga, podrán seguir manteniendo su denominación actual, es decir, la de Departamento de Lengua Española".

Pese a tan sólidos argumentos, los parlamentarios de la nueva democracia española comenzaron en ese momento su notorio desprecio del idioma, para convertir ya las palabras en arma política de separación en lugar de patrimonio histórico y cultural de entendimiento.

Pero las Constituciones de los distintos países de América Latina a las que aludía la carta de la Academia no pueden servir para reforzar los argumentos expuestos en ella, pues aquellas que se pronuncian sobre este particular no ofrecen una línea común: emplean el término "castellano" las de Ecuador (que data de 1977), El Salvador (1962) y Venezuela (1961). Y vemos la palabra "español" en las de Cuba (1940), Guatemala (1956), Honduras (1957), Nicaragua (1939) y Paraguay (1967). Contando con el "castellano" de la Constitución de España, se produce una victoria de "español" por el apretado marcador de cinco a cuatro.

Y por si fuera poco, algunos países han cambiado la palabra en las sucesivas Constituciones que han elaborado. Cuba denominaba a su lengua "castellano" en la ley de 1936, pero cambió a "español" en 1940; Ecuador empezó a su vez con "español" en 1929, y se cambió a "castellano" en la Constitución de 1945 y lo mantuvo en las sucesivas hasta ahora. Y Panamá prefirió "castellano" en el texto de 1941, pero "español" en el de 1946.

Otros países no especifican en su ley fundamental cómo se llama la lengua oficial del Estado, entre ellos México, Argentina, Chile, Bolivia, Perú, Colombia, Costa Rica, República Dominicana y Uruguay.

Nebrija tituló su gran obra con la definición *Gramática de la Lengua Castellana* (1492), pero el primer diccionario de nuestro idioma, el de Sebastián de Covarrubias de 1611, se titula *Tesoro de la Lengua Castellana o Española*.

Así pues, parece claro que la Academia acierta al consagrar ambas palabras como equivalentes. Sólo las diferencia la perspectiva desde la cual se miren: "castellano" debe figurar, necesariamente, en los textos científicos que analicen el nacimiento de la lengua —no puede decirse con propiedad que las *Glosas emilianenses* estén escritas en español— y también en aquellos momentos en que se parangone con los demás idiomas hablados en España (así, no se puede establecer esta enumeración: el vascuence, el catalán, el español y el gallego).

"Español" queda apartado, por tanto, de esos usos reservados en exclusiva al "castellano". En el resto de los ámbitos, son sinónimos.

Pero llegados a este punto, ¿no convendría escoger entre ambos términos uno principal que defina por sí mismo a toda la cultura que compartimos 400 millones de personas? De nuevo con perspectiva informática, convendremos en que perderá información quien busque en una red "lengua española" porque no hallará todos aquellos textos introducidos bajo el epígrafe "lengua castellana". Podrá plantear dos veces la misma búsqueda, pero los sucesivos cruces que desee hacer con otras palabras o conceptos le dificultarán el trabajo. Por otro lado, esa hipotética decisión arbitral de la Academia puede acabar con algunos conflictos y malentendidos que genera esta diferencia de términos.

Como burgalés de nacimiento y castellano de conciencia, puedo inclinarme sin complejos por la opción "idioma español" (sin excluir por eso la voz "castellano" en los trabajos científicos o cuando figure con otras lenguas españolas, según acabamos de exponer). Porque me parecería una insensatez designar la obra de Roa Bastos o la de Vargas Llosa como integrantes de la "cultura castellana" o la "cultura del castellano". Qué más quisiéramos los de Burgos.

No se trataría, por consiguiente, de prohibir o no recomendar el uso general de "castellano", que continuará en las bocas de los hispanohablantes por mucha decisión oficial que se adopte o se deje de adoptar. Sino de asumir un nombre que defina ya para siempre a nuestra lengua, tal vez la única en el mundo con dos denominaciones en su propio idioma. Un nombre que se pueda emplear sin reservas mentales, sin cuidados absurdos, con toda la inocencia de quien persigue sólo el entendimiento, porque estamos en un tiempo en el que la piel de todos nosotros se ha regenerado y podemos olvidarnos ya de las viejas heridas.

Otro logro de la Academia que los hablantes agradeceríamos puede consistir en alcanzar un acuerdo general sobre la denominación que deben recibir en su conjunto los países que hablan español en América. He venido usando en estas páginas las expresiones Latinoamérica y América Latina, por entender que ésas son las que allí se prefiere emplear. Pero ante eso, otros ponen el grito en el cielo y la palabra "Hispanoamérica" en el papel, con argumentos sobre su mayor precisión. Y algún tercero defenderá con buena intención la voz "Iberoamérica". Y, como ocurre con "castellano" y "español", las interferencias políticas y partidistas acaban entrometiéndose en un campo que no debe ser escenario de disputas, sino de convenciones.

Vayan las disputas políticas a las distintas formas de entender la sociedad, que el idioma ha de salvaguardarse de ellas para que con su gramática dialoguemos precisamente sobre nuestras diferencias en torno a la sociedad. El español cumple el papel de enlace entre los disconformes, la función de nexo natural en la diplomacia de nuestros países y de puente entre nuestras empresas. No pueden empezar las distancias con el distinto significado de nuestras palabras más definitorias. Mal podríamos acercarnos entonces en los demás desacuerdos.

XVI. Apología del idioma español

Con todos los idiomas se puede crear arte. Todas las lenguas son capaces de enredarse en nuestros sentidos y mostrarnos los sentimientos desnudos, los paisajes luminosos. No hay una lengua por encima de otra. Ningún pueblo, ningún ser humano, puede considerarse superior a otro por haber heredado un acento, unas palabras, la riqueza de una historia literaria. Nadie ha de sentirse acomplejado ante una cultura ajena, ni caer por ello en el error de imitarla, porque ninguna como la suya propia le servirá para expresarse.

El idioma constituye la expresión más fiel de cada pueblo, y por eso ningún otro idioma podrá definirnos. Nunca ya otra lengua ocupará ese lugar para explicarnos, porque entonces no seremos explicados, sólo suplantados. Qué tremenda sensación de muerte habrán sentido los indígenas obligados a pensar con palabras extrañas. Qué desarraigo el de las gentes de Hispania invadidas por romanos, godos, suevos, alanos, vándalos y árabes. Y qué riqueza la que nosotros hemos heredado de sus renuncias.

Llegarán nuevos avances técnicos, nuevas dominaciones, tal vez otras guerras. Pero ya no podemos repetir la historia porque nos hemos dedicado a conocerla. Sabemos así que ahora, si así lo deseamos, tenemos la oportunidad de elegir sólo lo mejor de aquellos pueblos, los pueblos que llegaron y los que esperaban inocentes. Que entre todos sus legados hemos hecho el nuestro, fruto de la dominación y de la resistencia, de la Conquista y de la Reconquista, del colonialismo pero también de la independencia.

Nadie exculpará a los criminales, pero tampoco contaminará con sus delitos a quienes extendieron con paz y buena fe la religión en la cual creían, a cuantos transmitían generosamente su cultura y aprendieron de los pueblos que los habían acogido, a aquellos que denunciaron la sevicia de sus propios hermanos. Ahora una inmensa parte del planeta es hija ya del mestizaje; en la Europa de la repoblación y las migraciones, en la América del Norte y de los que fueron esclavos, en la América Latina que lleva en tal nombre la mezcla de su propio suelo con la arena europea, en la España musulmana y romana y judía y católica.

Ahora todas las sangres también se han mezclado en nuestro idioma español, unas vertidas y otras cruzadas; y con ellas nos han llegado estas palabras que ya apenas podemos cambiar y que nos crean a nosotros mismos creando nuestro pensamiento, palabras del quechua, del aimara, del latín, del árabe, palabras euskaldunes, y galaicas, la voz del catalán, regalos del inglés y del francés que llenaron huecos de nuestra casa cuando aún no estaba formada.

Ahora ya podemos acariciarlas, pronunciarlas con todo el sentido que tienen sus sílabas. Nada nos quitará ya los matices de la palabra "triquiñuela", el sabor de "bisbiseo", el sonido táctil de "tersura", el terror de quien pronuncia "bomba", la acidez de los que "murmuran".

Muchos no podrían traducir jamás a otro idioma "mi viejo", ni "sombrita", ni celebrarán el día de los "muertitos" como lo vive un mexicano desde el momento mismo en que pronuncia esa palabra, ojalá nunca terminemos diciendo "pequeña sombra", "pequeños muertos"… con pensamientos extraños; ojalá incluyamos las palabras en los problemas de la ecología y conservemos los árboles que nos han hecho respirar hasta aquí de generación en generación, con sus genes reconocibles en cada una de nuestras células porque sus cromosomas nos han regenerado las neuronas.

Sabemos el valor de un "susurro", conocemos sin pensarlo el sonido del "bullicio" porque la voz nos viene pensada para describir en este caso exactamente lo que percibirán quienes la escuchen, de modo que su imagen coincida con nuestro propio pensamiento; nos molesta el "zumbido" desde el momento en que se pronuncia, oímos el "cañonazo" aunque lo veamos escrito, seguimos el "tintineo" del corcel por la senda que serpentea, percibimos cuánto ha llovido sólo con oír la pronunciación de "tromba", nos manchamos los dedos al tocar las letras de "pringoso", se nos conmueve el estómago si decimos "náusea" y sentimos amor con cada sílaba de la palabra "ternura".

Si tuvo razón Camus al decir que el idioma es nuestra patria, todos nosotros compartimos una nación sentimental con 400 millones de personas y con cualquiera de sus palabras o sus acentos, unidos por el pensamiento y con todos los colores de la piel.

Pedro Salinas hablaba del lenguaje como el instrumento de la inteligencia, pero el idioma español es sobre todo el instrumento de los sentidos y de las emociones; no lo manejamos únicamente como una lengua franca para los negocios o como un segundo idioma mediante el cual se entiendan pueblos de lejanos credos maternos; el español tiene una patria de 21 Estados y 400 millones de corazones, y sólo con sus palabras oídas desde la cuna podremos los habitantes de esta nación común soñar una novela a la sombra de un tilo, o recrear la mirada en la hornillera y los dujos donde se esconden las abejas. Hemos podido construir en los últimos siglos una lengua que ya no pise a los idiomas que conviven en su suelo, que olvide la diglosia para conocerlos y relacionarse con ellos con la misma naturalidad con que los hombres del bandolero Roque Guinart hablan en catalán al manchego Don Quijote, y todos ellos se entendían sin hacer cuestión del asunto; porque también el catalán podía ser una lengua de aquel caballero andante.

El uso de nuestro idioma y el intento de comprender a los semejantes nos retrata como seres humanos, las palabras nos revelan como somos, y a veces nos condenan como condenaron al ex ministro español José Barrionuevo después de haber llamado "delator" a un testigo de cargo, porque las formas de los vocablos llevan siempre consigo el significado profundo que atesoramos en nuestra mente, y que nos es revelado con las palabras mismas, que nos delatan cuando acusamos a alguien de delatarnos porque eso implica el reconocimiento de la culpa.

Este idioma rico, culto, preciso y extenso corre ciertos peligros que sus propios dueños deberemos conjurar, y a fe que lo conseguiremos si se da una sola condición: la consciencia del problema.

Ninguna lengua más homogénea que la nuestra. Alrededor del español se separan el portugués europeo y el americano, que empiezan a ser dos idiomas distintos; se enfría el inglés funcional en las viejas colonias que nunca lo asumieron como lengua materna; pelea el francés con los idiomas árabes de quienes lo usan sólo como instrumento de comercio. Se aísla el chino con sus 1.000 millones de hablantes y se divide en innumerables dialectos.

Frente a todo eso, el basamento léxico del español compartido ocupa millones de hectáreas en nuestra superficie intelectual, y su evolución genética cuidada hará crecer este vasto campo semántico: tan grande como la superficie contigua de la mayoría de los países que lo sienten, por la que algún día podrán viajar los libros escritos en español sin pago de aduanas y sin pedir permiso a gobiernos ni rábulas ni dictadorzuelos, para que en justa correspondencia podamos comprar libros argentinos en Madrid, y chilenos en Buenos Aires, y bolivianos en Quito; de extensión mayor que ninguna otra lengua materna en el mundo porque dentro de unos años la hablarán ya 430 millones de personas; que permite viajar por más de 11 millones de kilómetros cuadrados sin cambiar de idioma, y conversar con gentes que ya no sienten el español como una cultura impuesta sino como parte de su esencia latinoamericana, una lengua que se puede usar en las universidades y en los colegios para aprender con ella y con su escritura las lenguas indígenas, los idiomas autóctonos a los que puede prestar el alfabeto que algunos nunca tuvieron.

Hablan español 91 millones de mexicanos, 406.000 guineanos, 200.000 saharauis que lo tienen por idioma oficial en sus campamentos de refugiados.

Y lo hablan también 25 millones de personas en Estados Unidos que han dejado tan lejos a los dos millones de hispanos que lo empleaban allí en 1940, a los 10 millones de 1976 y hasta a los 17 millones de 1984. Todos ellos han creado una plaza mayor estadounidense a la que acuden 500 periódicos, 152 revistas, 94 boletines y 205 casas editoriales. Los diez principales diarios en español llegan cada día a 500.000 lectores; dos canales de televisión, Telemundo y Univisión, se unen a las emisiones de Televisa para hispanos, y la música latina inunda los transistores de Miami pero también los de Nueva York [1].

En 1998, por vez primera los hispanos han superado en número a los negros en la población menor de dieciocho años, y esos 10,8 millones de jóvenes que hablan español se convertirán dentro de muy poco tiempo en la primera minoría étnica estadounidense, y en el año 2020 los hispanos supondrán ya el 22 por ciento de los menores de dieciocho años [2].

Los medios de comunicación que ya se han consolidado podrán servirles de sustento para la unidad de su lengua. Y ningún papel como el que le corresponde al diario *El Nuevo Herald,* hijo adolescente del *Miami Herald* que se ha independizado para pasar de la función de suplemento del diario inglés a la edición propia en español. Su lenguaje de prestigio habrá de servir como referencia para crear ese idioma español de Estados Unidos, porque podrá haber un español de Estados Unidos como hay un español de Argentina y un español de Bolivia. Un español, en cualquier caso, que reconozca los genes de las palabras y cuyos cromosomas se puedan relacionar entre sí para crear de ese modo una música gramatical inteligible por todos los demás hispanohablantes. Para cumplir los designios del sabio Nebrija, que emprendió

---

[1] Datos extraídos de la ponencia presentada por Xosé Castro Roig ante el Hunter College, de Nueva York, y del anuario del Instituto Cervantes.

[2] El concepto "hispanos" incluye también a los brasileños, así como a los hispanohablantes de raza negra, quienes a su vez quedan excluidos del grupo étnico "afroamericano". El porcentaje de jóvenes negros previsto para el 2020 es el 16 por ciento.

su *Gramática* de modo "que lo que agora e de aquí adelante se escriviere pueda quedar en un tenor, y extender se en toda la duración de los tiempos que están por venir", una lengua que cuidemos, "assi ordenada, que muchos siglos, injuria y tiempos no la podrán romper ni desatar", para que con ella "florezcan las artes de la paz".

No hay idioma en el mundo que se haya extendido sin el saqueo de lo ajeno. Sólo el esperanto está libre de culpa para lograr tan idílico trono. Pero no lo hará. El esperanto no tiene defecto alguno, sólo la triste compaña de que ningún pueblo lo ama.

Y todos nosotros, los 400 millones de habitantes de la misma patria espiritual, la mayoría de los cuales amamos nuestra lengua con sus propios defectos y su intrincada historia, somos ya latinos y somos americanos, y somos africanos también cuando habla español un guineano, y nos sentimos ibéricos cuando sabemos que el Senado de Brasil ha establecido por fin nuestro idioma como enseñanza obligatoria en los cuatro años del nivel secundario, y más aún cuando en la declaración de intenciones de esa decisión política adoptada en agosto de 1998 se habla de que el español "constituye un elemento indispensable para la formación de una verdadera comunidad latinoamericana". Y somos asiáticos cuando oímos hablar nuestra lengua a alguno de los dos millones de filipinos que aún la conservan desde que fue abolida como idioma oficial el 2 de febrero de 1987. La identidad de una misma forma de expresarse, y, por tanto, de pensar, anula cualquier diferencia geográfica o racial, no existe entonces salto cultural porque habremos bebido juntos en Quevedo, en Lope, en Neruda, y por eso ha escrito el mexicano Carlos Fuentes: "Todos los libros, sean españoles o hispanoamericanos, pertenecen a un solo territorio. Es lo que yo llamo el territorio de La Mancha. Todos venimos de esa geografía, no sólo manchega, sino manchada, es decir, mestiza, itinerante, del futuro".

Ningún intento de enseñanza racista por vía de la lengua podrá frenar la creciente tendencia del mundo al mestizaje. Y en ese nuevo escenario, el español habrá de convivir como minoría en países de mayoría anglohablante, y habrá de respetar a su vez como lengua mayoritaria a las lenguas en minoría y a las culturas bilingües que le acompañan en su extenso territorio. Y promover su conocimiento. Quizá sea tiempo de pagar la deuda histórica de tantas letras impuestas con la sangre de quienes las aprendieron. Sin que ello signifique que renunciemos a ser quienes por fuerza somos.

BIBLIOGRAFÍA

ALATORRE, Antonio: *Los 1.001 años de la lengua española*, México, Fondo de Cultura Económica, 1995.

ALFARO, Ricardo J.: *Diccionario de anglicismos*, Madrid, Gredos, 1970.

ANSON, Luis María: *Abc*, 16 de febrero de 1998.

ARROYO, Carlos: "Primera radiografía de la ESO", en *El País*, 3 y 4 de marzo de 1998.

ÁVILA, Raúl: *El País*, 13 de abril de 1997.

AYALA, Francisco: Revista *Cambio 16*, 28 de enero de 1991.

BEAUMONT, José F.: "La mala lengua de los diputados", en *El País*, 3 de marzo de 1993.

BELLO, Andrés: *Gramática de la lengua castellana*, Madrid, Edaf, 1984.

BENITO, Eduardo de: *La palabra americana*, Santiago de Chile, Los Andes, 1992.

BESSES, Luis: *Diccionario de argot español*, Servicio de Publicaciones de la Universidad de Cádiz, 1984.

BOYD-BOWMAN, Peter: *Regional Origins of the Earliest Spanish Conolists of America*, Bogotá, Instituto Caro y Cuervo, 1956.

CADENAS, Rafael: *En torno al lenguaje*, Caracas, Universidad Central de Venezuela, 1989.

CANO, Luis Carlos: Diario *El Universal*, México, 5 de abril de 1997.

CASAS, Bartolomé de las: *Brevísima relación de la destrucción de las Indias*, Madrid, Ediciones Cambio 16, 1992.

CAZORLA, Luis María: *La oratoria parlamentaria*, Madrid, Espasa Calpe, 1985.

CEBRIÁN, Juan Luis: *La red*, Madrid, Taurus, 1998.

CORREAS, Gonzalo: *El País*, 13 de abril de 1997.

CORTÉS, Hernán: *Cartas de relación a Carlos V*, Madrid, Ediciones Cambio 16, 1992.

CRIADO DE VAL, Manuel: *El espectador y el lenguaje*, Madrid, Prensa Española, 1974.

Diccionario de la Lengua Española, 21ª ed., Madrid, Espasa Calpe, 1992.

FUENTES, Carlos: "¿China sí, Cuba no?", en *El País*, 4 de agosto de 1998.

GALA, Antonio: Diario *Excelsior*, México, 7 de abril de 1997.

GARCÍA GALLARÍN, Consuelo: *Léxico del 98*, Madrid, Estudios Complutenses, 1998.

GARCÍA MÁRQUEZ, Gabriel: *Cien años de soledad*, Buenos Aires, Sudamericana, 1967.

GARCÍA POSADA, Miguel: "¿Por qué traducimos tan mal los vocablos ingleses?", en *El País*, 25 de junio de 1995.

GARCÍA YEBRA, Valentín: *Teoría y práctica de la traducción*, vol. I, Madrid, Gredos, 1997.

GÓMEZ DE SILVA, Guido: *Diccionario geográfico universal*, México, Fondo de Cultura Económica, 1997.

GRIJELMO, Álex: *El estilo del periodista*, Madrid, Taurus, 1997.

HAMANN, Max, y GARAYAR, Carlos: Declaraciones a Paola Cairo en *El Comercio*, Lima, 23 de abril de 1998.

JUARISTI, Jon: *El bucle melancólico*, Madrid, Espasa, 1997.

LAPESA, Rafael: *Historia de la lengua española*, Madrid, Gredos, 1988.

—"América y la unidad de la lengua española", en *Revista de Occidente*, mayo de 1966. *Ibíd.*, *El español moderno y contemporáneo*, Madrid, Crítica, 1996.

LÁZARO CARRETER, Fernando: *Lengua española. Historia, teoría y práctica*, Salamanca, Anaya, 1974.

—Declaraciones a Joaquín Vidal, *El País*, 9 de febrero de 1996.

—*El dardo en la palabra*, Barcelona, Galaxia Gutenberg, 1997.

LECHUGA QUIJADA, Santiago: "El lenguaje en Internet y el cariño por el castellano", en *Alacena*, agosto de 1998.

Libro de estilo de *El Mundo*, Madrid, 1996.

Libro de estilo de *El País*, Madrid, Ediciones El País, 1988.

Libro de estilo de *Siglo XXI*, México, 1997.

LOPE, Manuel de: *Bella en las tinieblas,* Madrid, Alfaguara, 1997.

LORENZO, Emilio: *Anglicismos hispánicos,* Gredos, Madrid, 1996.

—"Lógica y gramática", en *Abc,* 17 de noviembre de 1997.

MARTÍN, Javier: "Antología de prosa electrodoméstica", en *El País,* 13 de febrero de 1995.

—"Un asturiano es el responsable de los manuales de Microsoft en castellano", en *El País,* 18 de junio de 1998.

MARTÍNEZ DE SOUSA, José: "Sobre la reforma de la ortografía española", en *El País,* 29 de diciembre de 1984. *Ibíd., Reforma de la ortografía española. Estudios y pautas,* Madrid, Visor, 1991.

Diccionario de Ortografía, Barcelona, Bibliograf, 1996.

MENÉNDEZ PIDAL, Ramón: *Poesía juglaresca y juglares. Orígenes de las literaturas románicas,* Madrid, Espasa Calpe, 1990.

MILLÁN, José Antonio: "Congreso de la lengua española", en *El País,* 13 de abril de 1997.

MORA FIGUEROA, Santiago de: entrevista de Tomás Bárbulo en *El País,* 23 de marzo de 1997.

MORENO, Víctor: Revista *Alacena,* Madrid, agosto de 1998.

MORENO DE ALBA, José: *Minucias del lenguaje,* México, Fondo de Cultura Económica, 1992.

MOSTERÍN, Jesús: *La ortografía fonémica del español,* Madrid, Alianza, 1981.

—*Teoría de la escritura,* Madrid, Icaria, 1993.

MUÑOZ MOLINA, Antonio: *Beltenebros,* Barcelona, Seix Barral, 1990.

NEBRIJA, Antonio de: *Gramática Española* (ed. de Antonio Quilis), Madrid, Centro de Estudios Ramón Areces, 1989.

NEIRA, Armando: "Informática analfabeta", en *El País,* 26 de mayo de 1996.

NERUDA, Pablo: *Confieso que he vivido,* Barcelona, Plaza & Janés, 1994.

PENNY, Ralph: *Gramática histórica del español,* Barcelona, Ariel Lingüística, 1993.

PEÑA, Luis, y MATAMORO, Blas: *El porvenir de la literatura en lengua española,* Madrid, Alfaguara, 1998.

PRADES, Joaquina: "Sus embrolladas señorías" en *El País,* 15 de diciembre de 1996.

PRATT, Chris: *El anglicismo en el español peninsular contemporáneo,* Madrid, Gredos, 1980.

Qué leer, mayo de 1998.

Rico, Francisco: "Un diccionario para 1992", en *El País,* 4 de junio de 1987.

—Declaraciones a Enriqueta Antolín, *El País,* 24 de julio de 1993.

Rico, Maite: Crónica en *El País,* 8 de abril de 1997.

Rodríguez Adrados, Francisco: "Alabanza y vituperio de la lengua", discurso de ingreso en la Real Academia Española de la Lengua.

—*Abc,* 11 de noviembre de 1998.

Rodríguez González, Félix, y Lillo Buades, Antonio: *Nuevo diccionario de anglicismos,* Madrid, Gredos, 1997.

Ruiz, Francisco: *Abc,* 1 de junio de 1998.

Salvador, Gregorio: *Semántica y lexicología del español,* Madrid, Paraninfo, 1985.

Sánchez Ferlosio, Rafael: "Cartas al director" en *El País,* 2 de agosto de 1998.

Savater, Fernando: "Un arte en desuso", en *El País Semanal,* 16 de agosto de 1998.

Seco, Manuel: *Diccionario de dudas de la lengua española,* Madrid, Espasa, 1998.

Unzueta, Patxo: *El País,* 30 de agosto de 1998.

VV. AA.: *El territorio de la Mancha,* Madrid, Alfaguara, 1998.

VV. AA.: *Lo femenino y lo masculino en el Diccionario de la Real Academia Española,* Madrid, Instituto de la Mujer, Ministerio de Trabajo y Asuntos Sociales, 1998.